ATLAS
DEL MUNDO

El fascinante planeta Tierra: países y continentes

Creación de
Starry Dog Books

Textos
Keith Lye y Philip Steele

Editor asesor
Brian Williams

Copyright © 2008 de la edición española: Parragon Books Ltd
Traducción del inglés: Vicenç Prat
para Equipo de Edición S.L., Barcelona
Redacción y maquetación:
Equipo de Edición S.L., Barcelona

ISBN 978-1-4075-3478-7

Impreso en Malasia
Printed in Malaysia

ATLAS
DEL MUNDO

El fascinante planeta Tierra: países y continentes

PaRragon

Bath · New York · Singapore · Hong Kong · Cologne · Delhi · Melbourne

INTRODUCCIÓN

EUROPA

CONTENIDO

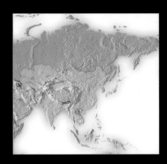

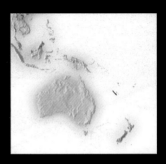

AMÉRICA

ASIA

ÁFRICA

OCEANÍA

OCÉANOS

REGIONES POLARES

PLANETA TIERRA

La Tierra es una inmensa esfera rodeada de aire y parcialmente cubierta de agua. El Polo Norte es el punto más septentrional de la esfera, y el Polo Sur, el más meridional. El eje de la Tierra es la línea imaginaria que une los dos polos pasando por el centro del planeta, y que presenta unos 23° 30' de inclinación.

Otra línea imaginaria discurre alrededor de la Tierra, a la misma distancia de los dos polos: es el ecuador, que divide el planeta en dos mitades llamadas *hemisferios*. En los globos terráqueos aparecen otras líneas, denominadas *paralelos*, que discurren paralelas al ecuador. La latitud es la distancia en grados desde el ecuador (0°) hasta los polos (90°), y corresponde al ángulo formado en el centro de la Tierra entre el ecuador y un determinado punto del planeta.

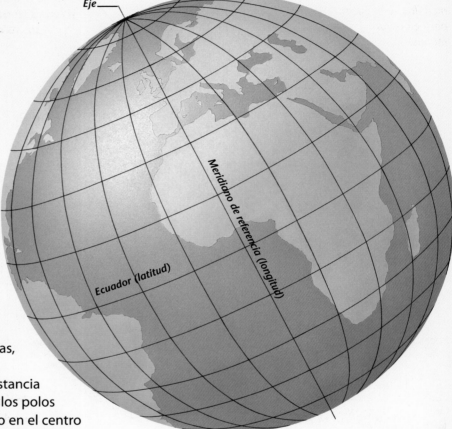

Eje

Meridiano de referencia (longitud)

Ecuador (latitud)

Las líneas perpendiculares a los paralelos son los meridianos. La longitud es la distancia entre el meridiano de referencia (0°),

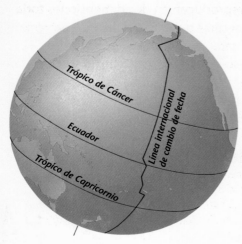

Trópico de Cáncer

Ecuador

Línea internacional de cambio de fecha

Trópico de Capricornio

↻ CÓMO ENCONTRAR EL CAMINO
Los exploradores utilizan brújulas para orientarse. La aguja de este artefacto señala hacia el Polo Norte magnético.

↻ PARALELOS ESPECIALES
La parte más cálida del mundo se extiende entre dos paralelos muy especiales: el trópico de Cáncer, a 23°30' N, y el trópico de Capricornio, a 23°30' S. Las partes más frías del mundo se extienden al norte del Círculo Polar Ártico (66°30' N) y al sur del Círculo Polar Antártico (66°30' S).

que se extiende a través de Greenwich (Londres), y un determinado punto de la Tierra en dirección este u oeste. El meridiano 180° este-oeste constituye la línea internacional de cambio de fecha.

☾ MEDICIONES SOBRE EL TERRENO

Los topógrafos miden la situación y la altitud de lugares de la superficie terrestre. Sus medidas se emplean para elaborar mapas.

⟳ LA PROYECCIÓN DE PETERS

Las proyecciones de los mapas son modos de traducir la curvatura de la superficie terrestre en una hoja de papel. La proyección de Peters (arriba) muestra fielmente las superficies de las masas de tierra, si bien distorsiona sus formas.

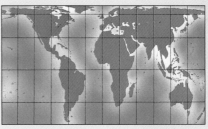

☾ LA PROYECCIÓN DE MERCATOR

Ninguna proyección es absolutamente exacta. La de Gerardus Mercator, que se remonta al siglo XVI, muestra con exactitud las direcciones. Los navegantes la usaron para seguir su rumbo. La proyección, no obstante, deforma las superficies.

Para elaborar los mapas de cualquier zona, los topógrafos miden la latitud y la longitud exactas de una red de puntos de la superficie terrestre. Luego miden las posiciones de todos los accidentes del terreno situados entre los puntos. Con esta información ya pueden dibujar un mapa. Elaborar mapas de zonas más extensas resulta más complicado a causa de la curvatura de la superficie terrestre. Los mapas del mundo que reproducen en dos dimensiones toda la superficie del globo deben deformarse para garantizar que las superficies, las distancias o las direcciones sean las correctas. El único mapamundi fidedigno es el globo, ya que puede reproducir la superficie curvada.

☾ ZONAS HORARIAS

La rotación de la Tierra en 24 horas es la causa de la división del globo en zonas horarias estructuradas a partir del meridiano de referencia. Tanto Canadá como Estados Unidos tienen seis zonas horarias diferentes.

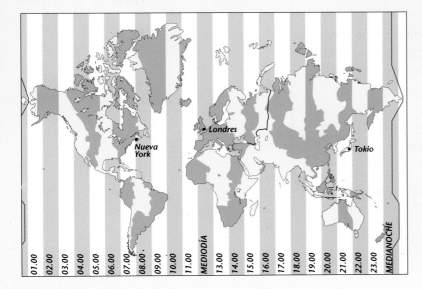

01.00 02.00 03.00 04.00 05.00 06.00 07.00 08.00 09.00 10.00 11.00 MEDIODÍA 13.00 14.00 15.00 16.00 17.00 18.00 19.00 20.00 21.00 22.00 23.00 MEDIANOCHE

Nueva York · Londres · Tokio

LA TIERRA EN EL
ESPACIO

La Tierra, el quinto planeta en superficie de nuestro sistema solar, no es más que un pequeño punto en el espacio. El Sol constituye una de los millones de estrellas que conforman nuestra galaxia, la Vía Láctea, la cual, a su vez, no es más que una de los millones de galaxias que conforman el universo.

La mayoría de los científicos cree que el universo se formó hace 10.000 ó 20.000 millones de años a causa de una potente explosión llamada «Big Bang». La Tierra y los planetas, en cambio, se formaron hace unos 4.600 millones de años a partir de un disco llano de gas y polvo que rodaba alrededor del Sol.

↻ **EL RESPLANDOR DE LAS GALAXIAS**
Las galaxias son sistemas astronómicos formados por millones de estrellas. Nuestro Sol es una de las estrellas de la galaxia llamada «Vía Láctea», una más entre los miles de millones del universo.

↻ **EL SISTEMA SOLAR**
Ocho planetas y un planeta enano (Plutón), así como sus respectivos satélites, giran alrededor del Sol. Con los demás cuerpos, como los asteroides, cometas y meteoros, conforman el sistema solar.

1	El Sol	6	Júpiter
2	Mercurio	7	Saturno
3	Venus	8	Urano
4	La Tierra	9	Neptuno
5	Marte	10	Plutón (planeta enano)

DATOS

EQUINOCCIOS Y SOLSTICIOS

Dos días al año, el 20 ó 21 de marzo y el 22 ó 23 de septiembre, el Sol a mediodía cae perpendicularmente sobre el ecuador. Tales días son denominados equinoccios, puesto que en todos los lugares de la Tierra hay 12 horas de día y 12 de noche.

Después del 21 ó 22 de diciembre, el hemisferio norte se inclina progresivamente hacia el Sol. El 20 ó el 21 de junio, el Sol a mediodía cae perpendicularmente en el trópico de Cáncer. Es el llamado solsticio de verano en el hemisferio norte y solsticio de invierno en el hemisferio sur.

Después del 21 ó 22 de junio, el hemisferio sur se inclina progresivamente hacia el Sol. El 21 ó 22 de diciembre, el Sol a mediodía cae perpendicularmente en el trópico de Capricornio. Es el solsticio de verano en el hemisferio sur y el solsticio de invierno en el hemisferio norte.

Nuestro planeta está siempre en movimiento. Efectúa una vuelta completa alrededor de su eje cada 24 horas, con una parte de día y otra de noche; la rotación en torno al Sol dura 365 días, 5 horas, 48 min. y 46 seg.: es el llamado *año solar*. Los años bisiestos de 366 días se instauraron para ajustar la diferencia entre el año solar y el calendario.

◆ LAS CUATRO ESTACIONES

Los lugares de la Tierra situados en las latitudes medias tienen cuatro estaciones al año a causa de la rotación de la Tierra en torno al Sol.

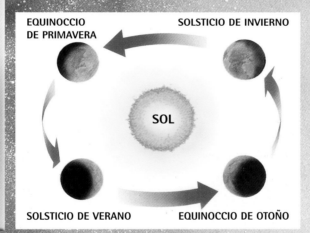

EQUINOCCIO DE PRIMAVERA — SOLSTICIO DE INVIERNO — SOL — SOLSTICIO DE VERANO — EQUINOCCIO DE OTOÑO

◆ NUBES EN ESPIRAL

Fotografías de nuestro planeta tomadas desde el espacio muestran nubes en espiral y océanos azules. El agua cubre la mayor parte de la Tierra.

Las mareas muertas se producen al formar la Luna y el Sol un ángulo recto con la Tierra.

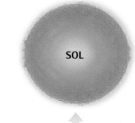

SOL

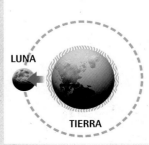

LUNA — TIERRA

◆ DÍA Y NOCHE

La Tierra gira alrededor de su eje y tarda un día o 24 horas en realizar un giro completo. El término día también se utiliza para el período en el que el Sol está por encima del horizonte. La noche, en cambio, se produce cuando el Sol está por debajo del horizonte.

◆ LAS MAREAS

La atracción gravitatoria de la Luna y, en menor medida, del Sol, provoca un ascenso pasajero de las aguas de los océanos, formando las mareas. Cada 24 horas y 50 minutos se producen dos mareas altas y dos mareas bajas. Las mareas más altas, denominadas mareas vivas, se producen al alinearse la Luna, la Tierra y el Sol: la atracción de la Luna y el Sol se combina. Las mareas más bajas (diferencia entre los niveles de pleamar y de bajamar) se originan al formar la Luna, la Tierra y el Sol un ángulo recto: la atracción gravitatoria de la Luna y el Sol es opuesta y causa las mareas muertas. Las mareas vivas y muertas ocurren unas dos veces al mes.

9

TIERRA Y MAR

L a superficie terrestre consta de un 29,1% de tierra firme, la mayor parte de la cual se encuentra agrupada en seis continentes, y un 71% de agua. El mayor océano es el Pacífico, que ocupa alrededor de un tercio de la superficie terrestre. Además de los océanos Ártico, Pacífico, Atlántico e Índico, se habla de un quinto océano, el Antártico. La mayoría de los geógrafos, sin embargo, considera estas aguas como partes de esos tres últimos océanos.

◑ ISLAS DE CORAL

Las islas oceánicas emergen del profundo lecho marino, y están formadas por volcanes activos o extintos, cuyas cimas contienen en su mayoría una capa de coral. El coral es una roca dura que crece en aguas calientes y poco profundas mediante la acumulación de pólipos coralíferos. En cambio, las islas continentales son partes emergentes de la plataforma continental.

Deriva del Atlántico Norte
Círculo Polar Ártico
Corriente de Labrador
Corriente de Oyashio
Corriente del Pacífico Norte
Corriente del Golfo
Corriente de las Canarias
Trópico de Cáncer
Corriente ecuatorial del norte
Corriente de Kuroshio
Ecuador
Corriente monzónica
Corriente de Humboldt
Corriente de Australia
Trópico de Capricornio
Corriente de Brasil
Corriente de Australia occidental
Corriente antártica circunpolar
Círculo Polar Antártico

◑ UN SUBMARINO INTRÉPIDO

El submarino Alvin ha conducido a muchos científicos hasta las profundidades oceánicas para tomar fotografías y recoger muestras. Los submarinos sin tripulación también se usan para explorar el lecho marino y filmar películas.

◑ AGUA DEL MAR EN MOVIMIENTO

El agua del mar siempre está en movimiento. Las olas, que provocan el desplazamiento del agua, las forma el viento. Una serie de corrientes lleva el agua caliente de los trópicos a los polos, mientras corrientes frías se desplazan hacia el ecuador. La corriente del Golfo es cálida, y se forma en el golfo de México, recorre la costa oriental de Estados Unidos y cruza el Atlántico hacia Europa.

◑ ALREDEDOR DE LAS CHIMENEAS SUBMARINAS

Agua caliente emerge de una chimenea oceánica. Los minerales alimentan minúsculas bacterias, que son alimento de almejas gigantes y gusanos.

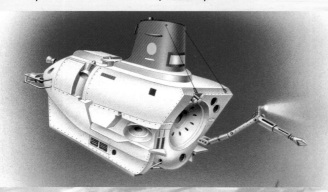

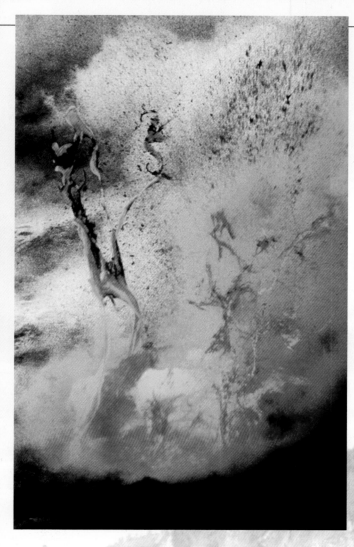

Alrededor de la mayoría de los continentes se encuentran mares poco profundos que cubren las llamadas *plataformas continentales*, de suave pendiente, que terminan en el talud continental, que, a su vez, desciende abruptamente hacia el fondo oceánico.

El fondo oceánico contiene inmensas llanuras fangosas y volcanes muy elevados, algunos de los cuales emergen de la superficie oceánica en forma de islas. También existen las dorsales, largas cordilleras submarinas que se ven cortadas por rifts o valles, en los que los terremotos son frecuentes. En ellos, los científicos han descubierto chimeneas submarinas, donde agua caliente rica en minerales alcanza el fondo a través de hendiduras en las rocas. Los minerales se depositan alrededor de las hendiduras para formar altas chimeneas, en torno a las cuales viven extrañas criaturas. A través de los rifts también emerge lava fundida que se solidifica y pasa a formar parte de la corteza oceánica. Otros accidentes son las fosas, donde los océanos alcanzan su mayor profundidad.

↻ ISLA VOLCÁNICA
La erupción de un volcán submarino y la salida de lava a la superficie del mar puede originar el nacimiento de una isla.

DATOS

LOS PICOS MÁS ALTOS DE CADA CONTINENTE

ÁFRICA		
Kilimanjaro		5.895 m
LA ANTÁRTIDA		
Vinson		5.140 m
ASIA		
Everest		8.848 m
AUSTRALIA		
Kosciusko		2.228 m
EUROPA		
Elbrus		5.642 m
NORTEAMÉRICA		
McKinley		6.194 m
SUDAMÉRICA		
Aconcagua		6.959 m

↻ EL LECHO OCEÁNICO
A lo largo del océano Atlántico, de norte a sur, se extiende la dorsal Medioatlántica, una enorme cordillera sumergida casi por completo.

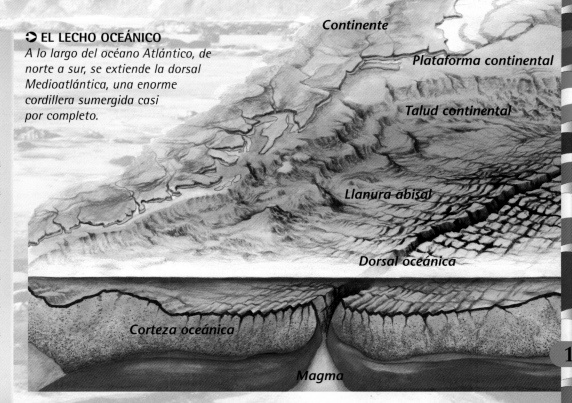

Continente

Plataforma continental

Talud continental

Llanura abisal

Dorsal oceánica

Corteza oceánica

Magma

LA TIERRA CAMBIANTE

◊ LAS PLACAS
Los terremotos suelen darse con mayor frecuencia donde dos placas se desplazan paralelamente en direcciones opuestas.

Millones de años después de la formación de la Tierra, su superficie debía de estar cubierta de rocas fundidas. Los elementos pesados, como el hierro, se hundieron hasta el centro del planeta para constituir un núcleo interno sólido y uno externo fundido, alrededor del cual se formó un espeso manto compuesto por rocas muy densas. Los materiales ligeros salieron a la superficie, mientras que los gases liberados por las rocas durante explosiones volcánicas originaron la atmósfera.

Al enfriarse la Tierra, su superficie se endureció formando una delgada corteza. Mientras tanto, la lluvia originaba los primeros océanos. Las rocas más antiguas halladas en la Tierra datan de unos 3.900 millones de años.

◊ LA DERIVA CONTINENTAL
Hace 280 millones de años, la tierra firme era un sólo continente llamado «Pangea».

◊ Hace 180 millones de años, Pangea empezó a separarse en Laurasia (al norte) y Gondwana (al sur).

◊ Hace unos 65 millones de años, el Atlántico se ensanchó, India se movía hacia Asia, y Oceanía y la Antártida aún estaban unidos.

◊ LA VIDA EN LA TIERRA
Imaginémonos la historia de la Tierra reducida a 24 horas. En esta escala, los primeros fósiles conocidos se habrían formado a las 5.45; las primeras criaturas con huesos (los peces), a las 21.20; las primeras plantas, a las 21.50; los primeros animales terrestres (anfibios), a las 22.00, y los dinosaurios, a las 22.50, aunque se extinguieron a las 23.40. ¡El hombre apareció cuando sólo faltaban 40 segundos para la medianoche!

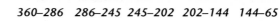

| cifras en millones de años | hasta 540 | 540–505 | 505–433 | 433–410 | 410–360 | 360–286 | 286–245 | 245–202 | 202–144 | 144–65 | 65 hasta el presente |

No se sabe con exactitud cuándo comenzó la vida: los fósiles más antiguos de organismos simples datan de unos 3.500 millones de años. A partir de su estudio, se sabe que la superficie del planeta cambia a menudo. Esto se debe a que las duras capas exteriores de la Tierra, es decir, la corteza y la rígida capa superior del manto, se dividen en inmensos bloques llamados *placas*, que flotan sobre el manto situado justo debajo de ellas, el cual está fundido. Las placas no siempre se mueven con suavidad; sus bordes irregulares suelen estar tranquilos, pero el aumento de la presión puede hacer que la roca se rompa y que la sacudida provoque un terremoto.

Núcleo interno

Núcleo externo

Corteza

Manto

♦ *Estos lentos movimientos de las placas que han modificado el aspecto de la Tierra siguen produciéndose.*

♦ EN EL INTERIOR DE LA TIERRA
La corteza terrestre es un delgado caparazón de entre 35 y 40 km en los continentes, y unos 6 km bajo los océanos. La corteza recubre un manto de 2.900 km de espesor, así como un núcleo externo líquido y otro interno sólido. El principal elemento del núcleo es el hierro.

♦ UNA ZONA MUY SENSIBLE
En la falla de San Andrés, en California, la placa del Pacífico norte y la placa norteamericana se mueven paralelamente en direcciones opuestas. A lo largo de dicha falla ya se han producido graves terremotos, como los que devastaron San Francisco en 1906 y 1989.

Existen tres tipos de unión entre placas. En los rifts de las dorsales oceánicas, las placas se distancian entre sí; la roca fundida, o magma, asciende por las fisuras hasta taparlas, formando una nueva corteza. En las fosas oceánicas, una placa se hunde debajo de otra. Cuando una placa oceánica choca con otra continental, la primera se hunde bajo la segunda, y el borde oceánico, llamado *zona de subducción*, se hunde en el magma. El tercer tipo, o borde de falla transformante, está formado por una fractura entre dos placas que se mueven paralelamente en direcciones opuestas, causando terremotos devastadores, como en la falla de San Andrés, EE. UU.

13

OROGRAFÍA

Los movimientos de las placas originan los accidentes geográficos (orografía). Por ejemplo, las cadenas de volcanes se forman donde una placa se hunde bajo otra. Así, cuando dos placas continentales chocan, las rocas situadas en sus bordes se pliegan hacia arriba y forman cordilleras como los Alpes o el Himalaya. Cuando las rocas se estiran y se fracturan, se crean largas fallas. A veces, un bloque de roca se eleva entre dos fallas y forma una montaña en bloque. Los bloques hundidos entre fallas forman valles escalonados llamados *rift*.

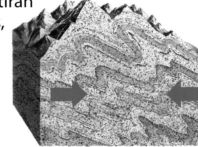

○ FORMACIÓN DE MONTAÑAS
Del movimiento de placas surgen las montañas en bloque y de plegamiento. Las redondas se forman por la roca fundida del manto.

○ MONTAÑA DE PLEGAMIENTO

○ MONTAÑA REDONDA

Al modelado del terreno también contribuye la erosión: cuando el agua se congela en las grietas de las rocas, el hielo ocupa más espacio que el agua. La congelación y el deshielo continuos van ensanchando las grietas, hasta que la roca se rompe a añicos y cae pendiente abajo.

Algunos fragmentos de roca son transportados por enormes masas de hielo llamadas *glaciares*, que se deslizan pendiente abajo. Las rocas heladas de la base o de los lados de los glaciares desgastan el terreno y excavan profundos valles en forma de U.

Los ríos también transportan fragmentos de roca cuya fricción con el lecho del río provoca una ulterior erosión y la aparición de valles en forma de V.

○ PLIEGUE DE MONTAÑAS
Los Alpes se formaron cuando el movimiento de las placas plegó las rocas.

○ GRANITO
Los antiguos egipcios extrajeron granito para construir estatuas y otros monumentos. Esta roca ígnea es resistente a la erosión y fácil de trabajar.

○ AMONITES
Muchos amonites fósiles se formaron a partir de animales muertos enterrados en el fondo del mar. Los restos se descomponían y originaban agujeros o moldes en las rocas, que más tarde se llenaban con minerales y se fosilizaban.

Las olas y las corrientes crean bahías, cabos, acantilados y grutas marinas a lo largo de las costas. En áreas secas, la acción del viento desgasta las rocas modelándolas en formas diversas.

Los fragmentos de roca erosionados, sean del tamaño de guijarros o de finas partículas de arena, suelen apilarse en los lechos de lagos y mares, creando capas de rocas que a menudo contienen fósiles de antiguos animales enterrados en el fondo lacustre o marino.

Las rocas formadas a partir de fragmentos de otras rocas se denominan *sedimentarias*. Los restantes tipos

◑ ROCAS SEDIMENTARIAS
Muchas rocas sedimentarias se formaron en capas en el fondo de mares o lagos. La erosión las transforma en hermosas montañas.

◑ EL GRAN CAÑÓN
El río Yellowstone ha excavado un profundo valle en forma de V en el Parque Nacional de Yellowstone, en Wyoming, EE. UU.

◑ MONTAÑA EN BLOQUE

◑ LA CALZADA DE LOS GIGANTES
El basalto, roca formada en la superficie terrestre a partir de lava, puede crear, al solidificarse, columnas hexagonales.

de rocas son básicamente las ígneas y las metamórficas. Las primeras se forman a partir de material fundido. Algunas, como el granito, se crean cuando el magma se enfría bajo tierra; otras, como el basalto, cuando la lava se solidifica en la superficie. Las rocas metamórficas son las que han sufrido modificaciones por efecto de temperaturas muy altas o una gran presión. Así, por ejemplo, el calor y la presión convierten la caliza en mármol.

◑ EL RIFT VALLEY
Este valle, que se extiende de Turquía a Mozambique, se formó por el movimiento de las placas.

◒ HIELO EN MOVIMIENTO
Los glaciares son ríos que se originan en regiones montañosas frías, y transportan trozos de roca llamados morrenas, que erosionan el terreno mientras se mueven.

Glaciar

Frente

Morrena

Agua de fusión

TIEMPO Y CLIMA

○ RADIACIÓN SOLAR

La radiación solar es más intensa en el ecuador. En los polos, los rayos del Sol se esparcen sobre una superficie mucho mayor.

Tundra
Bosque de coníferas
Bosque templado de árboles caducifolios
Sabana
Pradera
Selva
Estepa
Desierto

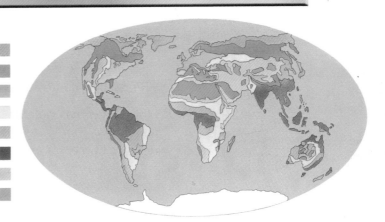

El tiempo es el estado del aire de un determinado lugar de la Tierra. El aire puede ser caliente o frío, húmedo o seco, estar en movimiento o en calma. La mayoría de los fenómenos que nos afectan ocurren en la capa inferior de la atmósfera, la troposfera, de unos 18 km de espesor en el ecuador y unos 10 km en los polos, donde se concentra el 75% del aire de la atmósfera.

○ COMUNIDADES CLIMÁTICAS

Los científicos dividen el mundo en varios biomas, comunidades de plantas y animales que ocupan grandes extensiones. El clima determina en gran medida los biomas, por ejemplo la tundra, bioma de la región polar septentrional.

La atmósfera contiene otras capas, como la estratosfera, situada justo encima de la troposfera, la cual contiene una capa de gas llamado *ozono,* que retiene la mayor parte de las radiaciones ultravioletas procedentes del Sol.

La atmósfera se mueve. Cerca del ecuador, el Sol calienta la superficie y el aire caliente se eleva; luego se enfría y se expande al norte y al sur. A unos 30° N y S, el aire desciende hacia la superficie. Parte de este aire regresa al ecuador mediante los vientos alisios, y el resto al norte o al sur según el hemisferio, pero siempre en dirección oeste, por lo que se denomina *viento dominante del oeste.* Otro viento dominante es el viento polar del este.

○ BRISAS MARINAS Y TERRESTRES

1. De día, vientos fríos soplan desde el mar a una tierra firme más caliente.

2. De noche, la tierra se enfría más rápido que el agua y vientos fríos soplan desde la tierra a un mar más cálido.

○ EL OJO DEL HURACÁN

El centro de un huracán, llamado ojo, es una zona de calma rodeada por violentos vientos en espiral.

☼ EL CIELO EN PEDAZOS

Los destellos de los rayos son enormes descargas de electricidad originadas en las nubes. El intenso calor creado por los rayos provoca los truenos.

El aire contiene vapor de agua. El caliente puede contener mayor cantidad de agua que el frío. Por tanto, cuando el aire caliente asciende y se enfría, adopta la forma de gotas o cristales de hielo. Millones de gotas y cristales de hielo forman las nubes.

Las nubes provocan la lluvia y la nieve. Enormes cumulonimbos causan las tormentas y fuertes precipitaciones. Muchas de ellas se originan en el ecuador, donde el aire asciende; otras, en las depresiones que se forman a lo largo del frente polar, el límite entre los fríos vientos polares del este y los cálidos vientos del oeste.

Otras tormentas más violentas, los huracanes, se forman en los océanos al norte o sur del ecuador. Cuando alcanzan tierra firme, pueden ocasionar grandes daños. Los vientos más fuertes se originan en huracanes relativamente pequeños: los tornados.

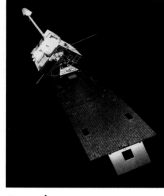

☼ SATÉLITE METEOROLÓGICO

Los satélites envían fotos de sistemas de nubes y otras informaciones climáticas.

☾ VIENTOS DOMINANTES

Los alisios, los del oeste y los polares del este, son los llamados vientos dominantes. En el ecuador, el viento sopla de este a oeste. Los vientos locales pueden soplar en direcciones opuestas a las de los dominantes.

Nube de lluvia

DATOS

El clima es el tiempo en un lugar determinado y durante un largo período. Los principales tipos de clima son: el tropical, el subtropical, el templado, el frío y el polar. Cada uno de ellos se subdivide en función de la temperatura y las precipitaciones. Algunos científicos añaden otro clima, el de montaña, porque en ellas la temperatura desciende con la altitud, por lo que montañas situadas en el ecuador pueden ser tan frías como los polos.

El río devuelve el agua al océano

☼ EL CICLO DEL AGUA

La cantidad de agua en la Tierra es siempre la misma. Dado que no podemos fabricarla, las nubes y la lluvia son partes importantes del ciclo del agua. La radiación solar convierte el agua de océanos, mares, lagos, árboles, el suelo y otras superficies húmedas en vapor, a partir del cual se generan las nubes. La mayor parte del agua cae en los océanos, y la que se precipita en tierra firme acaba por regresar a los océanos tras su paso por los ríos, donde el ciclo comienza nuevamente su curso.

PLANTAS Y ANIMALES

El clima afecta al suelo, las plantas y los animales. El suelo almacena calor, comida y agua, y sostiene las raíces de las plantas. Los científicos han dividido el mundo en varias regiones según el tipo de vegetación.

En las regiones subpolares se extiende una zona sin árboles llamada *tundra*, que en invierno está cubierta de hielo. No obstante, durante el corto verano, el hielo se funde y las plantas crecen en un suelo pantanoso. Animales migratorios como el reno o el caribú se desplazan hasta allí para alimentarse de plantas. Algunos pájaros nidifican en la zona y se alimentan de insectos, de los que el aire está lleno.

⚙ MONTAÑAS
En las alturas, las temperaturas bajan; así que, los hábitats de las plantas y animales varían en función de la altitud de la zona.

⚙ Cabra montés

⚙ LAS PRADERAS
Las praderas son zonas herbáceas de latitudes medias demasiado secas para el crecimiento de árboles.

⚙ SELVA TROPICAL
Las húmedas selvas poseen una gran riqueza de flora y fauna. Los científicos creen que en ellas habitan muchas especies aún no descubiertas.

⚙ Jirafa en la sabana africana

⚙ Rana arborícola

Existen varios tipos de bosque. En las regiones boreales, al sur de la tundra, se extienden bosques de coníferas perennifolias como el abeto, el pino, el alerce o la pícea, que albergan osos, visones, alces o lobos. En las regiones de clima templado abundan árboles caducifolios como el fresno, la haya, el castaño y el roble. Gran parte del bosque se ha talado para crear tierra de cultivo, aunque en algunas zonas aún sobreviven jabalíes, ciervos, zorros y comadrejas. Las regiones mediterráneas están cubiertas de grandes extensiones de brezales, con sus ásperos árboles y plantas como el alcornoque, el mirto o el olivo. El bosque ecuatorial contiene más de la mitad de las especies del planeta. Monos, serpientes y muchos pájaros viven en esa frondosa bóveda.

☼ ARRECIFES DE CORAL
Los arrecifes de coral, que crecen en aguas cálidas y limpias, están amenazados por la contaminación y el turismo.

↻ **Pez ángel**

☼ **Cocodrilo**

☼ AGUA DULCE
Los lagos, ríos y pantanos constituyen el hábitat de muchos animales y plantas. Cada especie se adapta a su ambiente.

La sabana (pradera diseminada de árboles) limita con la selva tropical. La sabana africana cuenta con una gran riqueza de animales salvajes, como el elefante, la jirafa, el león, el rinoceronte o la cebra. Pero existen sabanas mucho más secas, como las praderas de América del Norte o las estepas del sudeste de Europa o Asia central.

Las plantas y los animales del desierto han de soportar largos períodos sin agua. Por ejemplo, los cactus de América del Norte almacenan agua en sus tallos hinchados. De manera parecida, los camellos pueden andar varios días sin beber. Sólo ciertos animales, como el yak, el íbice o la cabra salvaje pueden subir por vertientes empinadas.

Otras regiones con vida animal y vegetal son los lagos, los ríos y los océanos.

↻ **Cactus saguaro**

☼ TUNDRA
Durante el corto verano, la desierta tundra se convierte en zona de reproducción de muchas aves migratorias. En invierno, la superficie se hiela.

☼ **Oso polar**

☼ DESIERTOS
Después de llover, cosa que ocurre raras veces, el desierto puede ser una alfombra de flores.

LA POBLACIÓN

Hace unos 10.000 años, la vida en la Tierra era dura. La mayoría de los humanos vivía de la caza y la recolección. No obstante, cuando aprendieron a cultivar la tierra, las reservas de comida aumentaron y con ellas también la población.

◔ LA EVOLUCIÓN DEL HOMBRE
Los humanos han evolucionado durante los últimos 4 millones de años. Su aspecto actual, sin embargo, es muy reciente.

4–1,5 millones de años atrás	2,5–1,5 millones de años atrás	1,5 millones–200.000 años atrás	120.000–30.000 años atrás	El hombre actual tiene 15.000 años

◔ VARIEDAD DE ETNIAS
La población mundial es el resultado de una curiosa mezcla de diferentes razas, lenguas y culturas.

Hacia el año 8000 a.C., la población mundial era de sólo 8 millones de habitantes (hoy en día, varias ciudades superan esta cifra), pero creció de forma continuada hasta llegar a los 300 millones hacia el 1000 a.C. Se alcanzaron los 1.000 millones hacia 1850, y los 2.000 millones en la década de 1920.

En 1975, la población mundial ya era de 4.000 millones, y en 1999 se sobrepasaron los 6.000. Se cree que el rápido crecimiento del siglo XX, conocido como *explosión demográfica*, prosiga durante el siglo XXI.

Todos los humanos pertenecen a una especie denominada *Homo sapiens,* si bien pueden clasificarse según su raza, lengua y religión. Existen tres grupos principales: caucasoides (blancos), negroides (negros) y mongoloides (chinos, japoneses, etc.). La discriminación racial ha causado muchos conflictos en el mundo.

◔ LENGUAS OFICIALES
Los europeos empezaron a viajar a otras partes del mundo en el siglo XIV y más tarde establecieron colonias en ultramar. Cuando dichas colonias obtuvieron la independencia, adoptaron a menudo como idioma oficial el de la antigua potencia colonizadora; por ello el inglés es ahora la lengua oficial del 27% de la población mundial, así como la lengua más utilizada en los negocios. Otros idiomas muy difundidos son el chino, el hindi, el español, el ruso o el francés.

◔ VIDA URBANA
En las ciudades son habituales la contaminación, el tráfico o las altas tasas de criminalidad. Aun así, las ciudades crecen, porque en ellas la población suele encontrar mejores trabajos y servicios que en las áreas rurales.

La lengua y la religión también dividen a los pueblos. Varios expertos estiman que hay entre 3.000 y 6.500 lenguas repartidas por todo el mundo. El grupo mayoritario es el indoeuropeo, que agrupa la mayoría de

CONTROL DE LA POBLACIÓN

China es el país más poblado del mundo. Para controlar su gran aumento demográfico, el gobierno anima a las familias a tener un solo hijo, como ejemplifica este cartel. Aun así, algunos se oponen a esta política y desean muchos hijos para que les puedan mantener cuando sean viejos.

las lenguas europeas, así como el persa o el hindi en Asia. La segunda gran familia es la sinotibetana, que incluye el chino.

Las principales religiones son el cristianismo (unos 1.900 millones de practicantes); el islamismo (1.100 millones); el hinduismo (780 millones), y el budismo (324 millones).

CRECIMIENTO DEMOGRÁFICO

En 1999, la población mundial superó los 6.000 millones de habitantes, y se espera que llegue a 11.000 millones en el año 2200.

Gráfico:

8.000
7.000
6.000
5.000
4.000
3.000
2.000
1.000

d.C. 1350 1450 1550 1650 1750 1850 1950 2050

DATOS

RELIGIONES DEL MUNDO

CRISTIANISMO
Los cristianos creen en un dios y en las enseñanzas de Jesucristo. Se trata de la principal religión en Europa, América y Oceanía.

ISLAMISMO
El islamismo fue fundado por Mahoma en Arabia en el año 622 d.C. Predomina en el norte de África y en partes de Asia, pero también tiene practicantes en Europa y América.

HINDUISMO
Los hindúes creen en muchos dioses. El hinduismo es una de las religiones más antiguas (empezó hace unos 3.500 años) y es la principal religión de India.

BUDISMO
El budismo evolucionó en India a partir de las enseñanzas de Gautama Buda (el Iluminado).

CONFUCIANISMO Y TAOÍSMO
El confucianismo se basa en las enseñanzas de Confucio, filósofo chino (h. 550 a.C.). El taoísmo es otra religión china, y se basa en las enseñanzas de Lao-Tzu (h. 300 a.C.).

JUDAÍSMO
El judaísmo es una religión monoteísta antigua surgida en el sudoeste de Asia.

SIJISMO
El sijismo fue fundado por guru Narak en el siglo XV. La palabra *sij* significa *discípulo*.

SINTOÍSMO
El sintoísmo es la religión más antigua de Japón. Los sintoístas adoran las fuerzas de la naturaleza, como las rocas o los árboles.

21

INDUSTRIA Y ECONOMÍA

⬢ AGRICULTORES SAJONES

Hasta hace aproximadamente 200 años, la mayor parte de la gente dependía de la agricultura. Actualmente, este sector comprende la mitad de la población mundial.

La agricultura suministra la mayor parte de la comida y la materia prima para fabricar ropa y otros productos. Es el sector que da más empleo, aunque su importancia ha decrecido a medida que ha aumentado la de la industria y los servicios. Estados Unidos es el principal comerciante del mundo. Le siguen Alemania, Japón, Francia y el Reino Unido.

⬡ MINERÍA

Algunos países subdesarrollados tienen grandes depósitos de petróleo, aunque poca gente se beneficia de ellos.

Una de las industrias más importantes es la minera. De ella se obtienen combustibles, sobre todo carbón, gas natural, petróleo, y uranio para centrales nucleares, así como metales y materiales usados en la industria manufacturera. Cuando las reservas se agoten, habrá que buscarlas en otros planetas.

El mundo se divide en países desarrollados, donde hay gente que vive lujosamente, y países en vías de desarrollo, donde la gente vive en la miseria.

⬢ SUBSISTENCIA
Mucha gente de África y Asia produce poco más de lo que necesita para mantener a sus familias.

⬡ REVOLUCIÓN INDUSTRIAL
La Revolución Industrial comenzó en el Reino Unido a finales del siglo XVIII, y se difundió con rapidez. Hoy, la industria da empleo a muchas personas, si bien en algunos países se ha automatizado, y su población ha pasado a trabajar en el sector de los servicios.

PNB PER CÁPITA

El Producto Nacional Bruto (PNB) per cápita, expresado en dólares, es la cantidad total de bienes y servicios que un país produce en un año dividida por su población. En países desarrollados, donde las familias cuentan con altos ingresos, el PNB se acerca a los 23.500 dólares, mientras que en países en vías de desarrollo, donde la población recibe ingresos medios, el PNB es de 2.500 dólares. En países subdesarrollados, donde apenas hay ingresos, el PNB es de 400 dólares.

◐ ESTRUCTURA DE PRODUCCIÓN

En India, la agricultura (rojo) gana importancia frente a la industria (amarillo), aunque los servicios (azul) proporcionan la mayoría de los ingresos. En EE. UU., la industria y los servicios son más importantes que la agricultura.

INDIA   ESTADOS UNIDOS

◐ SATÉLITE DE COMUNICACIONES

Empresas de servicios, como la televisión, vivieron una gran expansión en el siglo XX.

Dicha gente vive en viviendas muy simples, con frecuencia alejadas de fuentes de agua limpia. Los expertos dividen los países en vías de desarrollo entre aquellos que poseen ingresos medios, y los que cuentan con economías realmente pobres.

Los países desarrollados con una buena renta per cápita importan comida y materias primas y exportan productos manufacturados. A la inversa, los países en vías de desarrollo cuentan con pocas industrias manufactureras y la mayoría de la gente practica una agricultura de subsistencia. Entre los países más pobres figuran Mozambique (África) y Bangladesh (Asia), donde el PNB es inferior a 500 dólares anuales (véase el mapa). En un país de economía media como Argentina, el PNB es de unos 8.000 dólares.

◐ INTERCAMBIO DE PRODUCTOS

Las economías de los países se relacionan cada vez más entre sí a causa del comercio y de las actividades financieras.

◐ CUANDO LOS RECURSOS SE AGOTEN...

Biosphere fue un mundo artificial creado en Arizona, Estados Unidos, para estudiar cómo podría vivir la gente en entornos controlados artificialmente, como una colonia en la Luna.

PRODUCTO NACIONAL BRUTO (PNB)

El mapa muestra la división del mundo entre economías desarrolladas, medias y subdesarrolladas.

- ◼ Baja
  785 $ o menos
- ◼ Media baja
  786–3.115 $
- ◼ Media alta
  3.116–9.635 $
- ◼ Alta
  9.636 $ o más

EL MEDIO AMBIENTE

◗ AGUA ENVENENADA
El vertido de productos tóxicos en ríos, lagos y mares mata a sus habitantes.

La explotación de los recursos naturales ha traído el bienestar a mucha gente, sobre todo en los países desarrollados. No obstante, el desarrollo económico ha causado graves daños al medio ambiente: a causa de la explosión demográfica, la población se ha establecido en tierras vírgenes; ha talado bosques y ha arado prados para el cultivo, provocando la erosión del suelo y la desaparición de flora y fauna. Algunas zonas fértiles se han transformado en desiertos.

El crecimiento de las ciudades industriales ha contaminado tierra, mar y aire. Ríos y lagos sin vida tras el vertido de residuos tóxicos procedentes de la industria, y problemas de salud debidos a la

◖ MONTAÑAS DE BASURA
Los desagradables vertederos de basura también pueden convertirse en un problema para la salud, ya que albergan animales portadores de enfermedades, como las ratas.

polución del aire son algunas de sus consecuencias. Los gases emitidos por fábricas, centrales energéticas y automóviles causan la aparición de niebla tóxica en las ciudades. A veces, estos gases se disuelven en las gotas de agua del aire, originando la lluvia ácida, que mata a los árboles y a la mayoría de seres vivos de los lagos. Entre los gases que contaminan la atmósfera figura el dióxido de carbono (CO_2), producto de la combustión de hidrocarburos (carbón, petróleo, gas natural, etc.). El CO_2 es uno de los llamados *gases invernadero*, que impiden que el calor reflejado en el suelo escape al espacio. La cantidad de CO_2 en el aire y la temperatura ambiente aumentan conjuntamente. Este proceso, llamado *calentamiento global*, ya está cambiando el clima del planeta; en el futuro podrían fundirse las capas de hielo de los polos y aumentar el nivel del mar. Las islas más bajas desaparecerían, y costas bajas fértiles, densamente pobladas, quedarían inundadas.

◖ AIRE SUCIO
Los gases que libera el humo de los automóviles provocan polución, que daña a animales y plantas.

◗ ADIÓS A LA SELVA
La destrucción de las selvas de Sudamérica, África y Asia es un gran desastre medioambiental.

↻ ENERGÍA EÓLICA

La combustión de hidrocarburos (carbón, gas natural y petróleo) es tóxica. Estas turbinas aprovechan la fuerza del viento y producen energía limpia.

↻ PANELES SOLARES

La energía del Sol puede aprovecharse mediante paneles que, en el futuro, podrían reemplazar los hidrocarburos como fuente ecológica de energía.

Los gases llamados *clorofluorcarbonatos* (CFC) han dañado la capa de ozono, situada en la estratosfera, que protege la Tierra de la peligrosa radiación solar ultravioleta. Desde la década de 1980, los gobiernos cooperan para reducir las emisiones de CFC al aire. Estas iniciativas internacionales son necesarias para evitar el daño causado por las actividades humanas al frágil medio ambiente.

↻ EL EFECTO INVERNADERO

Los gases invernadero presentes en la atmósfera retienen el calor reflejado por la superficie terrestre. Aunque en un principio era algo positivo, su incremento debido a las actividades humanas ha calentado el planeta en exceso.

↻ RECICLAJE

Muchos materiales usados, como los metales, el vidrio o el papel, se pueden reciclar; así se reduce la cantidad de basura que debe incinerarse o la que se acumula en los vertederos.

25

EL PLANETA EN CIFRAS

LA TIERRA DESDE EL ESPACIO

DATOS

EL PLANETA TIERRA

EDAD: aprox. 4.600 millones de años
DIÁMETRO: 12.756 km
ECUADOR: 40.075 km
MASA: 5.980 trillones de toneladas
INCLINACIÓN: 23° 30' respecto al eje
DISTANCIA DEL SOL: 150.000.000 km
TIEMPO EN GIRAR ALREDEDOR DE SU EJE:
23 h 56 min
TIEMPO EN GIRAR ALREDEDOR DEL SOL:
365 días 6 horas
NÚMERO DE SATÉLITES: 1

DATOS

CLIMA Y TIEMPO

TEMPERATURA MÁS ALTA REGISTRADA:
58 °C (Libia, 1922)
TEMPERATURA MÁS BAJA REGISTRADA:
–89 °C (Antártida, 1983)
LUGAR MÁS LLUVIOSO:
Mawsynram, India
(11.873 mm anuales)
LUGAR MÁS SECO:
Desierto de Atacama, Chile
(0 mm anuales)
VELOCIDAD MÁXIMA DE UN TORNADO:
450 km/h (Texas, 1958)

TORNADO, EE. UU.

DATOS

PICOS MÁS ELEVADOS

1 Everest o Qomolangma,
Himalaya (8.848 m)
2 K2 o Qogir Feng, Himalaya (8.611 m)
3 Kanchenjunga, Himalaya (8.598 m)
4 Lhotse, Himalaya (8.511 m)
5 Yalung Kang, Himalaya (8.502 m)
6 Makalu 1, Himalaya (8.470 m)
7 Dhaulagiri 1, Himalaya (8.172 m)
8 Manaslu 1, Himalaya (8.156 m)
9 Cho Oyu, Himalaya (8.153 m)
10 Nanga Parbat 1, Himalaya
(8.126 m)

MONTE EVEREST

OCÉANO PACÍFICO

DATOS

OCÉANOS Y MARES

1 Océano Pacífico: 166.242.000 km²
2 Océano Atlántico: 86.557.000 km²
3 Océano Índico: 73.429.000 km²
4 Océano Ártico: 13.224.000 km²
5 Mar de la China Meridional:
2.975.000 km²
6 Mar Caribe: 2.754.000 km²
7 Mar Mediterráneo: 2.510.000 km²
8 Mar de Bering: 2.261.000 km²
9 Mar de Ojotsk: 1.580.000 km²
10 Golfo de México: 1.544.000 km²

DELTA DEL NILO

DATOS

LOS RÍOS MÁS LARGOS

1 Nilo, norte de África (6.695 km)
2 Amazonas, Sudamérica (6.516 km)
3 Chang Jiang, China (6.380 km)
4 Misisipí-Misuri, EE. UU. (6.019 km)
5 Ob-Irtish, Rusia (5.570 km)
6 Yenisei-Angara, Russia (5.550 km)
7 Huang He, China (5.464 km)
8 Congo, África central (4.667 km)
9 Paraná, Sudamérica (4.500 km)
10 Mekong, Sudeste asiático (4.425 km)

DATOS

UN PLANETA INQUIETO

LAS ERUPCIONES VOLCÁNICAS MÁS VIOLENTAS:
Thíra, Grecia (h. 1500 a.C.)
Tambora, Indonesia (1815)
Krakatoa, Indonesia (1883)
EL VOLCÁN ACTIVO MÁS ALTO:
Ojos del Salado, Chile-Argentina (6.887 m)
EL VOLCÁN CON MAYOR ACTIVIDAD:
Mauna Loa, Hawai, EE. UU. (42.500 km³)
GÉISER MÁS ALTO:
Waimangu, Nueva Zelanda (460 m, 1903)
EL TERREMOTO MÁS INTENSO:
Assam, India (9 grados en la escala
de Richter, 1950)
EL *TSUNAMI* MÁS ALTO:
Alaska, EE. UU. (524 m, 1958)

DATOS

PAISAJES DE LA TIERRA

EL DESIERTO MÁS EXTENSO:
Sahara, norte de África
(aprox. 9.269.000 km²)
LA SELVA MÁS EXTENSA:
La cuenca del Amazonas, Sudamérica
(aprox. 2.500.000 km²)
EL MAYOR DESFILADERO DE UN RÍO:
Gran Cañón, Arizona, EE. UU.
(446 km longitud, 1.615 m profundidad)
EL SISTEMA DE CAVERNAS MÁS LARGO:
Mammoth Cave, Kentucky, EE. UU.
(aprox. 560 km)
LA CASCADA MÁS ALTA:
Salto del Ángel, Venezuela (979 m)

VOLCÁN

DESIERTO

27

PAÍSES

DEL MUNDO

El mundo está dividido en 192 países independientes, que controlan sus asuntos internos, y más de 40 dependencias, vinculadas de algún modo a un país independiente.

Los países más extensos son Rusia, Canadá, China, Estados Unidos y Brasil; los más pequeños, Ciudad del Vaticano, Mónaco, Nauru, Tuvalu y San Marino. El número de países independientes cambia a menudo. Así, por ejemplo, la provincia indonesia de Timor Oriental alcanzó la independencia en 2002.

◊ MAPA ANTIGUO

Mapa del continente americano, 1587; primeros tiempos de la colonización.

CRONOLOGÍA

CAMBIOS RECIENTES EN EL MUNDO:

1991   La Unión Soviética se disuelve en 15 estados.

1991   La antigua Yugoslavia se divide en varios estados.

1993   Checoslovaquia se divide entre la República Checa y Eslovaquia. Eritrea se separa de Etiopía.

1997   Hong Kong se reunifica con China. El Zaire cambia de nombre y pasa a llamarse República Democrática del Congo.

1999   La colonia portuguesa de Macao se reunifica con China.

2002   Timor Oriental se independiza.

ISLANDIA

NORUEGA

FINLANDIA

SUECIA

ESTONIA

LETONIA

LITUANIA

RUSIA

BIELORRUSIA

POLONIA

UCRANIA

REINO UNIDO

IRLANDA

DINAMARCA

PAÍSES BAJOS

BÉLGICA

ALEMANIA

REP. CHECA

1 LUXEMBURGO
2 LIECHTENSTEIN
3 SAN MARINO
4 CIUDAD DEL VATICANO
5 MÓNACO
6 ANDORRA

FRANCIA

— 1

2

SUIZA

AUSTRIA

ESLOVAQUIA

HUNGRÍA

MOLDAVIA

RUMANÍA

ESLOVENIA

CROACIA

SERBIA

MONTENEGRO

BOSNIA-HERZEGOVINA

PORTUGAL

6

5

3 —

4 —

ITALIA

BULGARIA

ALBANIA

MACEDONIA

ESPAÑA

GRECIA

MALTA

EUROPA

♦ Plataforma petrolífera,
MAR DEL NORTE

♦ El monte Triglav,
ESLOVENIA

♦ Bosque de jacintos,
ISLAS BRITÁNICAS

♦ Mont-Saint-Michel,
FRANCIA

Las costas occidentales de Europa están bañadas por el océano Atlántico, cuyas inquietas aguas han modelado las costas durante siglos, creando islas, promontorios y canales. Las corrientes oceánicas calientan el noroeste del continente, aportan humedad y mitigan el clima. Las tierras del sur de Europa están delimitadas por los mares Mediterráneo y Negro, y acostumbran a ser cálidas y secas. No obstante, los extremos septentrionales de Europa están formados por las aguas heladas del océano Ártico. En el este, los límites con Asia discurren a lo largo de los montes Urales, las costas del mar Caspio y la cordillera del Cáucaso. Europa y Asia son parte de la misma gran masa continental.

Miles de años de agricultura y cientos de industrialización han cambiado por completo el paisaje europeo: se han talado densos bosques; las estepas se han dedicado a la agricultura, y han surgido grandes ciudades y puertos, enlazados por carreteras y vías férreas. La naturaleza salvaje sólo sobrevive en algunas áreas, como los bosques más septentrionales.

La Unión Europea (UE), con 27 miembros, aspira a una paulatina unión política y económica del continente, sobre todo con la llegada de la nueva moneda, el euro. En Europa conviven muchos pueblos, culturas y lenguas diferentes. Hoy en día, el inglés, el francés o el español también se hablan en otras partes del mundo.

⟳ GARZA
REAL

ESCANDINAVIA

Y NORTE DE EUROPA

Islandia es una región remota de Europa, situada bajo el Círculo Polar Ártico. Se trata de una isla volcánica, con fuentes de agua caliente y erupciones de lava en medio de desolada tundra.

DATOS

DINAMARCA
Kongeriget Danmark
SUPERFICIE: 43.094 km²
POBLACIÓN: 5.300.000 hab.
CAPITAL: Copenhague
OTRAS CIUDADES: Århus, Odense
PUNTO MÁS ALTO: Yding Skovhøj (173 m)
LENGUA OFICIAL: danés
MONEDA: corona danesa

FINLANDIA
Suomen Tasavalta – Republiken Finland
SUPERFICIE: 338.145 km²
POBLACIÓN: 5.100.000 hab.
CAPITAL: Helsinki
OTRAS CIUDADES: Tampere, Turku
PUNTO MÁS ALTO: Haltiatunturi (1.328 m)
LENGUAS OFICIALES: finés, sueco
MONEDA: euro

⟡ LUCES BOREALES
La aurora boreal es una curiosa luz que brilla en el cielo durante la noche ártica, y está causada por partículas irradiadas por el Sol.

En el este, el océano Atlántico alcanza los mares del Norte y de Noruega. Entre los ventosos canales de Skagerrak y Kattegat, el océano se adentra en el mar Báltico. En el sur se extiende Dinamarca, un país situado sobre la superficie llana de la península de Jutlandia y que cuenta con unas 500 islas, las mayores de las cuales son Sjælland, Fyn, Lolland y Falster. El norte está ocupado por la península Escandinava, dividida entre Noruega y Suecia, alargándose hasta el cabo Norte, más allá del Círculo Polar Ártico, donde el Sol brilla varias noches en verano y se oculta otras tantas en invierno. Los inviernos nórdicos son rigurosos, aunque las regiones meridionales poseen un clima más moderado. Llanuras bajas cubiertas de abedules y píceas surgen en la base de cadenas montañosas. El paisaje ha sido modelado por antiguos glaciares, que han dejado atrás muchos lagos, así como fosas por las que ha penetrado el océano formando los fiordos, que cortan la costa noruega.

Finlandia, entre la península Escandinava y Rusia, cuenta con más de 55.000 lagos, y es la región más boscosa de Europa. Los golfos de Botnia y de Finlandia bañan sus costas.

⟡ GÉISERS
Los géisers de Islandia están causados por las altas temperaturas del interior de la Tierra. La roca calienta bolsas de agua subterránea y provoca la salida a la superficie de estas columnas de agua.

⟡ FIORDO NORUEGO
Un fiordo es un profundo valle excavado por un glaciar durante las glaciaciones. Al desaparecer el glaciar, el agua del mar ocupó el valle.

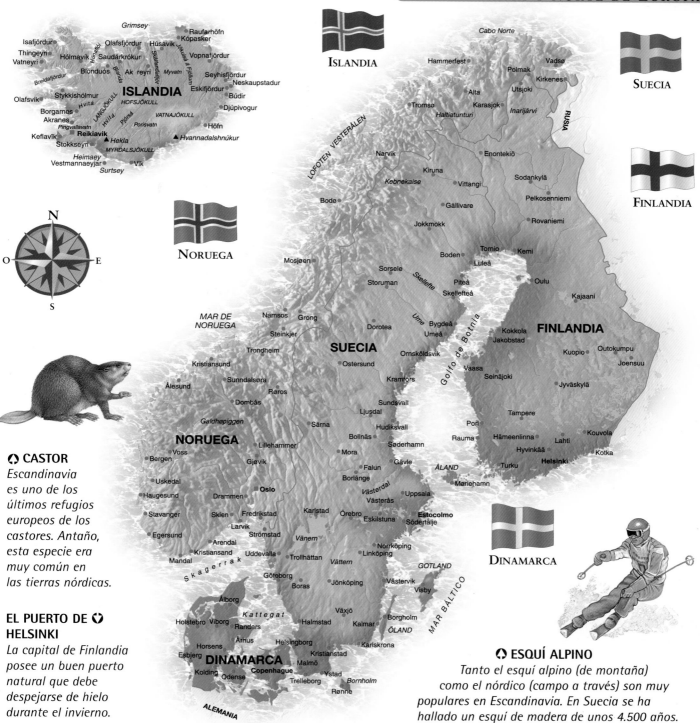

ISLANDIA

Grimsey
Raufarhöfn
Kópasker
Isafjördur
Olafsfjördur
Húsavík
Thingeyri
Hólmavík
Saudárkrókur
Vopnafjördur
Vatneyri
Myvatn
Seyhisfjördur
Breidafjördur
Blonduós
Ak reyri
Neskaupstadur
Eskifjördur
Olafsvik
Stykkishólmur
Búdir
Djúpivogur
Borgarnes
HOFSJÖKULL
Akranes
VATNAJÖKULL
Pingvallavatn
Porisvatn
Höfn
Keflavík
Reikiavik
Hekla
Hvannadalshnúkur
Stokkseyri
MYRDALSJÖKULL
Heimaey
Vík
Vestmannaeyjar
Surtsey

ISLANDIA

Cabo Norte
Hammerfest
Vadsø
Polmak
Alta
Kirkenes
Tromsø
Karasjok
Utsjoki
Haltiatunturi
Inarijärvi
RUSIA

SUECIA

Narvik
Enontekiö
Kiruna
Sodankylä
Kebnekaise
Vittangi
Bodø
Pelkosenniemi
Gällivare
Rovaniemi
Jokkmokk
Boden
Tornio
Kemi
Luleå
Mosjøen
Sorsele
Piteå
Storuman
Skellefte
Skellefteå
Oulu
Kajaani
Namsos
Grong
Dorotea
Bygdeå
Kokkola
Steinkjer
Umeå
Jakobstad
Trondheim
Örnsköldsvik
Vaasa
Kristiansund
Ostersund
Seinäjoki
SUECIA
Kramfors
Jyväskylä
Sunndalsøra
Röros
Sundsvall
Tampere
Dombås
Ljusdal
Pori
Galdhøpiggen
Särna
Hudiksvall
Rauma
Hämeenlinna
Kouvola
Bollnäs
Söderhamn
Lahti
NORUEGA
Mora
Hyvinkää
Kotka
Voss
Lillehammer
Falun
Gävle
Turku
Helsinki
Bergen
Gjøvik
Borlänge
ÅLAND
Uskedal
Vesterdal
Mariehamn
Haugesund
Drammen
Västerås
Uppsala
Stavanger
Skien
Oslo
Örebro
Estocolmo
Egersund
Fredrikstad
Karlstad
Eskilstuna
Södertälje
Larvik
Arendal
Strömstad
Vänern
Norrköping
Kristiansand
Uddevalla
Trollhättan
Linköping
Mandal
Vättern
GOTLAND
Skagerrak
Göteborg
Jönköping
Västervik
Boras
Visby
Ålborg
Växjö
Borgholm
Holstebro
Viborg
Randers
Halmstad
Kalmar
ÖLAND
Horsens
Århus
Helsingborg
Karlskrona
Esbjerg
DINAMARCA
Helsingborg
Kristianstad
Kolding
Odense
Malmö
Ystad
Bornholm
Trelleborg
Rønne
ALEMANIA

MAR DE NORUEGA
LOFOTEN VESTERÅLEN
Golfo de Botnia
Kattegat
MAR BÁLTICO

NORUEGA

SUECIA

FINLANDIA

DINAMARCA

CASTOR

Escandinavia es uno de los últimos refugios europeos de los castores. Antaño, esta especie era muy común en las tierras nórdicas.

EL PUERTO DE HELSINKI

La capital de Finlandia posee un buen puerto natural que debe despejarse de hielo durante el invierno.

ESQUÍ ALPINO

Tanto el esquí alpino (de montaña) como el nórdico (campo a través) son muy populares en Escandinavia. En Suecia se ha hallado un esquí de madera de unos 4.500 años.

GLOTÓN

El glotón vive en los fríos bosques nórdicos. Es un voraz depredador, y ataca incluso a ciervos y a osos.

GUARDIA REAL

Un soldado monta guardia en el palacio de Amalienborg, Copenhague. El palacio es la residencia de la familia real danesa.

El término «Escandinavia» se suele aplicar a las tres monarquías nórdicas, Suecia, Noruega y Dinamarca, pero a veces también incluye a las repúblicas de Islandia y Finlandia. Todos estos países son democracias que han gozado de un alto nivel de vida en los últimos 50 años. Además, Dinamarca, Suecia y Finlandia pertenecen a la Unión Europea. Los territorios daneses de ultramar que cuentan con autogobierno son las islas Feroe y Groenlandia, que forma parte de América del Norte. Las islas árticas de Jan Mayen y las Svalbard constituyen una parte del territorio noruego.

El desarrollo de estos países de los confines de Europa está condicionado por los duros inviernos, y por un terreno distante y accidentado, buena parte del cual está cubierto de bosque. La población se concentra en las regiones costeras, más templadas, donde se

IGLESIA DE GRUNDTVIG

Esta moderna iglesia danesa toma el nombre de Nikolai Grundtvig (1783–1872), fundador de la Iglesia Popular Evangélica Luterana de Dinamarca.

localiza la mayoría de la agricultura, el comercio y la industria. Sólo el 8% de Finlandia y el 3% de Noruega son aptos para la agricultura. Al sur, Dinamarca es un gran productor de carne y derivados lácteos, como la mantequilla, el queso o el yogur. En la volcánica Islandia, el calor del subsuelo sirve para calentar invernaderos y poder cultivar flores y verduras para la exportación.

Los bosques de Escandinavia producen madera para la construcción y la fabricación de muebles y papel.

PETRÓLEO EN EL MAR

Las grandes reservas de petróleo bajo el mar del Norte han convertido a Noruega en el principal productor de crudo de Europa. Noruega posee también industrias químicas y petroquímicas.

LEGOLAND, DINAMARCA

Dinamarca exporta el juguete más famoso del mundo: el Lego. Numerosos turistas visitan Legoland, donde existe una miniatura de las principales ciudades del país.

TURBINAS DE VIENTO

Los ingenieros daneses han sido pioneros en la tecnología de las turbinas eólicas. Hoy, estos molinos son ya parte del campo danés. De hasta 60 m de altura, generan electricidad para las necesidades locales y para la exportación.

Estos países también producen vehículos, maquinaria, y aparatos técnicos y científicos. Suecia posee ricas reservas de hierro y uranio, y tanto Dinamarca como Noruega explotan petróleo y gas natural en el mar del Norte. Los ríos y lagos generan energía hidroeléctrica, al tiempo que Dinamarca ha sido un país pionero en el desarrollo de la energía eólica. La pesca siempre ha sido para estas tierras una notable fuente de alimentos e ingresos.

Reikiavik, en Islandia, es la capital más septentrional del mundo. Las capitales de estos países son, sin excepción, antiguos puertos situados en las rutas comerciales entre el Báltico, el mar del Norte y el Atlántico norte.

⟳ ¡MÁS MADERA!
La madera es un recurso importante en Noruega y Suecia. Los derivados de la madera forman el 40% de las exportaciones finlandesas.

⟳ ESTOCOLMO
Estocolmo, capital de Suecia, está ubicada en un estrecho entre el lago Mälaren y la costa báltica. La ciudad también se extiende sobre varias islas enlazadas por puentes.

DATOS

ISLANDIA
Lyðveldið Ísland
SUPERFICIE: 103.000 km²
POBLACIÓN: 300.000 hab.
CAPITAL: Reikiavik
OTRAS CIUDADES: Kópavogur, Hafnarfjörður
PUNTO MÁS ALTO: monte Hvannadalshnúkur (2.119 m)
LENGUA OFICIAL: islandés
MONEDA: corona islandesa

NORUEGA
Kongeriket Norge
SUPERFICIE: 323.877 km²
POBLACIÓN: 4.500.000 hab.
CAPITAL: Oslo
OTRAS CIUDADES: Bergen, Trondheim
PUNTO MÁS ALTO: monte Galdhøppigen (2.469 m)
LENGUA OFICIAL: noruego
MONEDA: corona noruega

SUECIA
Konungariket Sverige
SUPERFICIE: 449.964 km²
POBLACIÓN: 8.800.000 hab.
CAPITAL: Estocolmo
OTRAS CIUDADES: Göteborg, Malmö
PUNTO MÁS ALTO: monte Kebnekaise (2.111 m)
LENGUA OFICIAL: sueco
MONEDA: corona sueca

Escandinavia está habitada por diversos pueblos. Los sami, o lapones, viven allí desde la prehistoria y su territorio, conocido como «Laponia», se extiende a lo largo del Círculo Polar Ártico, entre Noruega, Suecia, Finlandia y Rusia. Su lengua pertenece a la familia del finés y el estonio. Tradicionalmente, los sami han sido nómadas y han practicado la cría de renos, aunque, actualmente, muchos viven y trabajan en las ciudades.

Los finlandeses son el grupo mayoritario en Finlandia, y su lengua es el finés. Sus antepasados llegaron a la región desde la Rusia actual hace unos 2.000 años. Hacia la misma época, otros pueblos se desplazaron desde Alemania a Escandinavia; los actuales suecos, daneses, noruegos e islandeses provienen de esas tribus. El sueco, el danés, el islandés, y las dos versiones de noruego (*bokmål* y *nynorsk*) son lenguas distintas, pero surgidas de una misma raíz germánica.

Hace unos 1.200 años, los escandinavos empezaron a navegar y a buscar suerte en otras tierras. Conocidos como *vikingos* o *normandos*, atacaban poblaciones costeras en las Islas Británicas y en Europa occidental.

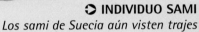

◑ IGLESIA DE MADERA
Durante el siglo XI, el cristianismo se difundió en Noruega. En la Edad Media, se construyeron cerca de 600 iglesias de madera, aunque hoy sólo quedan 24.

◐ INDIVIDUO SAMI
Los sami de Suecia aún visten trajes tradicionales en algunas ocasiones. En los últimos tiempos se ha reducido la extensión de pastos disponible para el ganado, y, hoy, sólo un 10% de los sami sigue viviendo de la cría de renos.

◑ UN LÍDER VALIENTE
El rey Gustavo Adolfo de Suecia (1611–1632) murió en la batalla de Lützen, en la guerra de los Treinta Años. Los suecos, protestantes, luchaban contra los españoles y el Sacro Imperio romano.

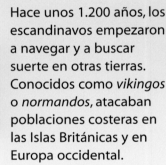

◑ EL HOMBRE DE TOLLUND
Hallado en una turbera cerca de Tollund, Dinamarca, en 1950, el hombre de Tollund vivió hace 2.000 años. La turbera tiñó su cuerpo, conservado desde la Edad de Hierro, de marrón.

◑ INCURSIONES VIKINGAS
Los vikingos zarpaban desde Escandinavia, para comerciar y asaltar las costas de Europa. Armados con aterradoras espadas y hachas, saqueaban ciudades y se llevaban a sus prisioneros.

◒ PARQUE DE CULTURA
El parque de atracciones Tívoli de Copenhague cuenta con teatros al aire libre, pabellones y una sala de conciertos. De día, el vivero de flores es un mar de color; de noche, las luces y los fuegos artificiales iluminan el cielo.

◔ SANTA LUCÍA
En Suecia, donde los inviernos son oscuros y largos, no es casualidad que la gente adore a Santa Lucía, una santa cristiana asociada con la luz. Su fiesta es el 13 de diciembre, y las niñas se visten de blanco y llevan una corona de bombillas o velas.

Navegaron hacia el oeste y colonizaron Islandia, Groenlandia e incluso llegaron a América. Fundaron nuevos estados en Rusia y comerciaron con los árabes en Oriente Medio. Hacia el año 1100, los vikingos se cristianizaron y formaron prósperos reinos que comerciaban con pescado, madera y pieles.

En 1397, Suecia se unió a Noruega y Dinamarca mediante la Unión de Kalmar. En 1523, se separó y en los dos siglos siguientes se convirtió en una poderosa nación. Noruega se independizó en 1905 e Islandia, en 1944. Finlandia estuvo bajo dominio ruso de 1809 a 1917. Desde la Segunda Guerra Mundial (1939–1945), el norte de Europa disfruta de paz y gran prosperidad bajo gobiernos progresistas. La mayoría de los escandinavos es protestante.

◔ PURO DISEÑO
El diseño escandinavo se admira en todo el mundo por su aspecto sencillo. Esta silla de Esko Pajamies está inspirada en el renombrado finlandés Alvar Aalto (1898–1976).

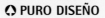

CRONOLOGÍA

h. 200	Tribus germánicas controlan buena parte de Escandinavia. Los fineses en Finlandia.
h. 750	Era vikinga (hasta 1100): incursiones, comercio, colonias en ultramar.
872	El rey Harald de Noruega conquista Escandinavia.
874	Vikingos noruegos se establecen en Islandia.
930	Fundación del Althing de Islandia, uno de los parlamentos más antiguos del mundo.
982	Los daneses colonizan Groenlandia.
1397	Unión de Kalmar. Unión escandinava bajo dominio danés.
1523	Suecia abandona la Unión.
1540	Finlandia bajo dominio sueco (hasta 1809).
1618	Guerra de los Treinta Años (hasta 1648): Escandinavia apoya a los protestantes.
1700	Guerra del Gran Norte (hasta 1721): Suecia invade Rusia, pero es derrotada.
1809	Finlandia bajo dominio ruso (hasta 1917).
1905	Independencia de Noruega.
1919	Finlandia reconocida república independiente.
1920	Independencia de Islandia.
1939	Segunda Guerra Mundial (hasta 1945): Alemania invade Noruega y Dinamarca; Suecia neutral; Finlandia, invadida por la URSS, se alía con Alemania.
1944	Islandia se convierte en una república.
1973	Dinamarca en la CEE.
1994	Suecia y Finlandia votan a favor del ingreso en la UE; Noruega en contra.

BENELUX

DATOS

BÉLGICA
Royaume de Belgique –
Koninkrijk België
SUPERFICIE: 30.519 km²
POBLACIÓN: 10.300.000 hab.
CAPITAL: Bruselas
OTRAS CIUDADES: Amberes,
Gante
PUNTO MÁS ALTO: monte
Botrange (694 m)
LENGUAS OFICIALES: flamenco,
francés
MONEDA: euro

LUXEMBURGO
Grand-Duché de Luxembourg
SUPERFICIE: 2.586 km²
POBLACIÓN: 400.000 hab.
CAPITAL: Luxemburgo
OTRAS CIUDADES: Esch-sur-
Alzette
PUNTO MÁS ALTO: monte
Buurgplatz (559 m)
LENGUAS OFICIALES: francés,
alemán, luxemburgués
MONEDA: euro

PAÍSES BAJOS
Koninkrijk der Nederlanden
SUPERFICIE: 40.844 km²
POBLACIÓN: 16.000.000 hab.
CAPITAL: Amsterdam
OTRAS CIUDADES: Rotterdam,
La Haya
PUNTO MÁS ALTO: Vaalser
Berg (321 m)
LENGUA OFICIAL: neerlandés
MONEDA: euro

Países Bajos, Bélgica y Luxemburgo (el Benelux) están situados en el noroeste de Europa, entre Francia y Alemania, y gozan de un clima templado y húmedo.

Las dunas de arena de las islas Frisias Occidentales y del mar del Norte bordean una llanura baja. Durante miles de años, estas zonas pantanosas fueron inundadas por los grandes ríos que las atravesaban (el Rin, el Escalda y el Mosa) y por mareas impulsadas por fuertes vientos. Con el tiempo, los pueblos de las tierras bajas aprendieron a construir defensas contra el mar y los ríos (diques, presas y barreras), y se convirtieron en expertos en el drenaje de pantanos y tierras inundadas. Los grandes molinos de viento que impulsaban las bombas de drenaje se conservan aún en muchos sitios. Las zonas ganadas al mar, conocidas como *pólders*, forman extensas áreas cultivables, y una red de canales cruza el campo.

⟡ ESCH–SUR–SÛRE
En una curva del río Sûre, Luxemburgo, se extiende la turística localidad de Esch-sur-Sûre.

Al sur, los llanos dan paso a brezales arenosos y a fértiles mesetas que se elevan hacia las Ardenas. Esta cadena de colinas, algunas de las cuales alcanzan los 600 m, cruza el norte de Luxemburgo, el sudeste belga y parte de Francia. El sur de Luxemburgo es ondulado y está limitado por los ríos Sûre y Mosela, y atravesado por el río Alzette.

⟡ MARIPOSA COBRIZA

⟳ MOLINO DE VIENTO
Pedaleando a lo largo de los canales neerlandeses, pueden verse antiguos pero bellos molinos de viento. Algunos de ellos todavía funcionan.

⟡ GARZA REAL

☼ CONTENCIÓN DEL AGUA

Con 32,5 km de longitud, el Afsluitdijk, entre el norte de Holanda y Frisia, es el dique más largo del mundo. Acabado en 1935, ha creado un enorme lago: el Ijsselmeer.

Islas Frisias Occidentales
Ameland
Terschelling
Vlieland
Waddenzee
Texel
Barrier Dam
Leeuwarden
Groningen
Sneek
Assen
IJsselmeer
Emmen
Nordoost-polder
Meppel
Alkmaar
Markermeer
Zwolle
Zaanstad
Flevoland Polder
Almelo
PAÍSES BAJOS
Haarlem
■ Amsterdam
Enschede
Hilversum
Lejden
Amersfoort
Apeldoorn
Ijssel
La Haya
Gouda
Utrecht
Delft
Lek
Arnhem
Rotterdam
Nimega
Dordrecht
Waal
Mosa
s'Hertogenbosch
ALEMANIA
Oosterschelde
Breda
Tilburg
Vlissingen
Eindhoven
Westerschelde
Venlo
Zeebrugge
Brujas
Amberes
Sint-Niklaas
Gante
Malinas
Genk
Roeslare
Hasselt
Heerlen
Aalst
Bruselas
Lovaina
Maastricht
Kortrijk
Waterloo
Vaalserberg 321 m
BÉLGICA
Lieja
Verviers
Tournai
Huy
Mosa
Spa
Botrange 694 m
Mons
La Louvière
Namur
Sambre
Charleroi
ARDENAS
Dinant
Buurgplatz 559 m
ALEMANIA
Bastogne
Libramont
LUXEMBURGO
Luxemburgo
Esch-sur-Alzette
FRANCIA
Escalda

LUXEMBURGO

☼ UN SÍMBOLO DE LA ERA DEL ESPACIO

El Atomium fue construido para la Exposición Universal de Bruselas de 1958, y es un símbolo del progreso científico.

BÉLGICA

PAÍSES BAJOS

☾ EL RÍO AMSTEL

Amsterdam es la capital de Países Bajos. Está situada a orillas del Amstel, que ha sido canalizado para prevenir inundaciones.

☾ LA GRAND-PLACE

En el corazón de Bruselas, capital de Bélgica, se halla la Grand-Place, donde los floristas despliegan su mercancía. Cada dos años tiene lugar una exposición floral, en la que la plaza se convierte en una alfombra de begonias.

39

Países Bajos, Bélgica, y Luxemburgo son países pequeños situados en una parte de Europa septentrional muy densamente poblada. Para referirse a ellos, se utiliza a veces el nombre de la unión económica que formaron en 1948, el Benelux. Los tres países fueron, en 1957, miembros fundadores de la Comunidad Económica Europea (CEE), la antigua Unión Europea (UE). Los tres tienen un régimen democrático. Mientras que Países Bajos y Bélgica gozan de una monarquía, Luxemburgo es un gran ducado.

♻ SE FUNDEN EN LA BOCA

Bélgica es famosa por su fino chocolate. Los bombones se hacen a mano con el cacao más selecto.

♻ BOMBILLAS

Eindhoven es un gran centro industrial del sur de Países Bajos dominado por Phillips, una multinacional neerlandesa especializada en productos eléctricos para el hogar y en tecnología electrónica.

♻ LOS TRANVÍAS DE AMSTERDAM

Los tranvías de Amsterdam cruzan a gran velocidad la ciudad antigua, con sus anillos de canales, y conectan la Estación Central, la plaza Dam, o las tiendas de Vijzelstraat, entre otros lugares.

♻ ENCAJERA BELGA

Una encajera belga con el traje tradicional mueve hábilmente los bolillos sobre una almohada. Ciudades como Brujas son famosas desde la Edad Media por su encaje.

♻ BRUJAS

Conocido como «la Venecia del Norte», el puerto de Brujas, en el oeste de Bélgica, cuenta con muchos canales que atraen a numerosos turistas.

Holanda Septentrional y Holanda Meridional son las dos provincias más pobladas de Países Bajos, por lo que muchas veces se usa el nombre de Holanda para referirse a todo el país. La capital, Amsterdam, es un antiguo puerto comercial donde altos edificios comerciales del siglo XVII se alzan a orillas de los canales. También es un centro comercial y artístico, con una vivaz cultura juvenil. El gobierno reside en La Haya.

Países Bajos es una nación rica; produce cerveza, hortalizas y derivados lácteos: sus quesos son muy famosos. En primavera, los campos lucen el color de los tulipanes. Bulbos y flores también se exportan.

✪ CERVEZA BELGA

Bélgica es un gran productor de cebada, una buena parte de la cual se destina a la industria cervecera.

✪ EL PUERTO DE ROTTERDAM

Destruida durante la Segunda Guerra Mundial (1939–1945), Rotterdam fue reconstruida y ahora se considera el puerto más importante de Europa.

✪ TULIPANES

Cuando los tulipanes florecen en primavera, los campos de Países Bajos parecen un libro infantil para colorear. La pasión neerlandesa por los tulipanes proviene del siglo XV.

✪ EUROPA UNIDA

Luxemburgo es sede del Parlamento Europeo y del Tribunal de Justicia Europeo. Las banderas de los países miembros ondean en el exterior.

El industrializado sur de Países Bajos, produce bienes para el hogar y aparatos electrónicos. Rotterdam es el puerto marítimo más activo del mundo y ocupa una superficie de 100 km^2.

Bélgica, famoso por sus vestidos desde la Edad Media, sigue siendo un gran productor textil. La industria fabrica acero y productos químicos; la extracción de carbón ha dejado de tener la importancia de antaño. Entre los alimentos más populares figuran la cerveza, el chocolate y la carne. La capital de Bélgica es Bruselas, centro administrativo de la UE.

Luxemburgo es sede del Parlamento Europeo y del Tribunal de Justicia Europeo. En términos de renta per cápita, es el país más rico del mundo, gracias a las finanzas y a la banca. Destaca la elaboración de vino.

La mayor parte de la población de Países Bajos es neerlandesa y habla neerlandés. Los frisios, que viven en el norte y en las islas costeras, tienen una lengua propia. En muchas ciudades del país se han establecido tanto habitantes cuyos antepasados venían de antiguas colonias neerlandesas, como Surinam o las Indias Orientales (hoy Indonesia), como trabajadores de otras partes de Europa.

Bélgica, a su vez, está habitada por los flamencos del norte, muy cercanos en lengua y costumbres a los neerlandeses, y por los valones francófonos del sur. Entre ambas comunidades se han producido graves enfrentamientos culturales y lingüísticos. El francés y el alemán están muy difundidos en Luxemburgo, que también posee un idioma local propio: el luxemburgués.

↻ VINCENT VAN GOGH
El artista neerlandés Vincent van Gogh pintó este autorretrato tras cortarse parte de la oreja. Sus paisajes y sus pinturas llenas de vida muestran al mismo tiempo una gran audacia y un original uso de los colores.

◌ LA GRAN CARRERA
La Elfstedentocht, o «Vuelta a las 11 ciudades», se remonta al siglo XVII. Con 200 km, es la carrera de patinaje sobre hielo más larga del mundo. También es la mayor, con más de 16.000 participantes. La carrera suele celebrarse en Países Bajos, pero si hace demasiado calor tiene lugar en cualquier otro sitio.

◌ UN IMPERIO COMERCIAL
La Compañía de las Indias Orientales Neerlandesas fue fundada en 1602. Sus barcos se dirigían a las Indias Orientales (hoy Indonesia) para comprar café, té y especias. De camino, los mercaderes hacían escala en el cabo de Buena Esperanza, situado en el vértice meridional de África, para repostar.

Ocupada en la antigüedad por celtas y germanos, y situada en los límites del Imperio romano, la región formó parte del Imperio franco entre los siglos VIII y IX . Durante la Edad Media, varias familias aristocráticas se alternaron en el trono. Al estallar en el siglo XVI las guerras de religión, los Países Bajos, protestantes, lucharon contra la España católica. En el siglo XVII, los Países Bajos se convirtieron en una potencia marítima que comerciaba con el lejano Oriente. En 1806 cayeron bajo el dominio francés, pero pronto se recuperó la independencia. Bélgica se separó de los Países Bajos en 1830, y Luxemburgo lo hizo en 1867.

◌ EL QUESO DE GOUDA
Quesos redondos y amarillos se exponen y pesan al aire libre en Alkmaar, Países Bajos. Una nota tradicional muy popular y que atrae a los turistas que visitan la zona.

↻ MANIFESTACIÓN POR LOS DERECHOS LINGÜÍSTICOS
Los derechos lingüísticos están siempre en el centro de la vida política belga. Los flamencos del norte hablan su lengua, un dialecto del neerlandés. Los valones, en cambio, son francófonos.

⟳ LOCOS POR EL FÚTBOL

Equipos neerlandeses como el Ajax tienen seguidores por toda Europa. La selección nacional siempre parte como favorita en los campeonatos del mundo.

Desde la Edad Media, la región ha sido un importante centro cultural y artístico. Entre los filósofos más famosos destacan Erasmo (1466–1536) y Spinoza (1632–1677); y entre los pintores, Pieter Bruegel (hacia 1520–1569); Rembrandt (1606–1669); Vincent van Gogh (1863–1890), y Piet Mondrian (1872–1944).

⟳ ANA FRANK

Ana Frank (1929–1945) fue una niña judía que pasó dos años viviendo en un altillo secreto de esta casa de Amsterdam durante la ocupación alemana de Países Bajos. En 1944, su familia fue descubierta y deportada. Ana murió en un campo de concentración. Su conmovedor diario, escrito durante el tiempo que pasó escondida, se ha traducido a 50 idiomas.

CRONOLOGÍA

h. 50	El Rin delimita el Imperio romano.
714	Los francos ocupan la mayor parte de los Países Bajos.
922	Los condes de Holanda gobiernan los Países Bajos (hasta 1384).
963	Luxemburgo parte del Sacro Imperio romano.
1384	Borgoña domina Luxemburgo y Países Bajos (hasta 1487).
1519	Los Países Bajos, parte del imperio de los Austrias.
1568	Guerra contra el dominio español en los Países Bajos; Bélgica española.
1602	Fundación de la Compañía de las Indias Orientales Neerlandesas.
1648	Países Bajos independiente.
1700	Bélgica bajo dominio francés (hasta 1713).
1713	Bélgica bajo dominio austríaco (hasta 1789).
1795	Países Bajos bajo dominio francés (hasta 1815).
1815	Reino Unido de los Países Bajos.
1830	Bélgica se separa de los Países Bajos.
1867	Luxemburgo independiente con monarca neerlandés.
1890	Luxemburgo pasa a ser gran ducado.
1914	Primera Guerra Mundial (hasta 1918): Alemania invade Bélgica; Países Bajos neutral.
1939	Segunda Guerra Mundial (hasta 1945): Alemania invade Bélgica y Países Bajos.
1948	Se forma el Benelux.
1957	Bélgica, Luxemburgo y Países Bajos, fundadores de la CEE.

43

LAS ISLAS
BRITÁNICAS

DATOS

REINO UNIDO
United Kingdom of Great Britain
and Northern Ireland
SUPERFICIE: 244.820 km²
POBLACIÓN: 58.800.000 hab.
CAPITAL: Londres
PUNTO MÁS ALTO: Ben Nevis
(1.343 m)
LENGUAS OFICIALES: inglés,
galés
MONEDA: libra esterlina

**REPÚBLICA
DE IRLANDA**
Eire
SUPERFICIE: 70.280 km²
POBLACIÓN: 3.800.000 hab.
CAPITAL: Dublín
OTRAS CIUDADES: Cork,
Limerick
PUNTO MÁS ALTO:
Carrauntoohil (1.041 m)
LENGUAS OFICIALES: gaélico,
inglés
MONEDA: euro

Las Islas Británicas emergen de la plataforma continental europea en el noroeste de Europa. El archipiélago engloba unas 5.000 islas pequeñas y dos islas grandes, Gran Bretaña e Irlanda. Las corrientes oceánicas cálidas mitigan el clima con vientos que provocan copiosas precipitaciones en las costas más occidentales. Las Islas Británicas están divididas entre dos países: el Reino Unido (unión de Inglaterra, Escocia y Gales) y la República de Irlanda.

El sur de Inglaterra se extiende sobre bajas colinas de creta y sobre llanuras de arcilla fina. El río Támesis desemboca en el mar del Norte, al sur de los llanos de East Anglia. La accidentada península de Cornualles se extiende en el sudoeste, hacia las islas Scilly. El norte del país abarca páramos inhóspitos que se elevan en los montes Peninos, un macizo de poca altura, y el Lake District de Cumbria. En el oeste, Gales es una región de colinas, verdes valles y montañas que limita con el mar de Irlanda. En Escocia se extienden fértiles zonas bajas, el macizo más elevado de la isla y lagos conocidos como *lochs*. Escocia está flanqueada por las islas Hébridas, Shetland y Orcadas.
Irlanda es un país de lagos, estuarios, turberas y campos verdes que dan paso a modestas elevaciones. En el oeste, altos acantilados y largas playas de arena reciben las aguas del Atlántico.

◑ LOCHS E ISLAS
Este castillo se alza en una minúscula isla en medio del Loch Linnhe, en la costa occidental de Escocia, justo al sur del Ben Nevis.

◑ CAMPANILLAS
A principios de mayo, un manto formado por aromáticas campanillas silvestres cubre grandes extensiones de bosque de las Islas Británicas.

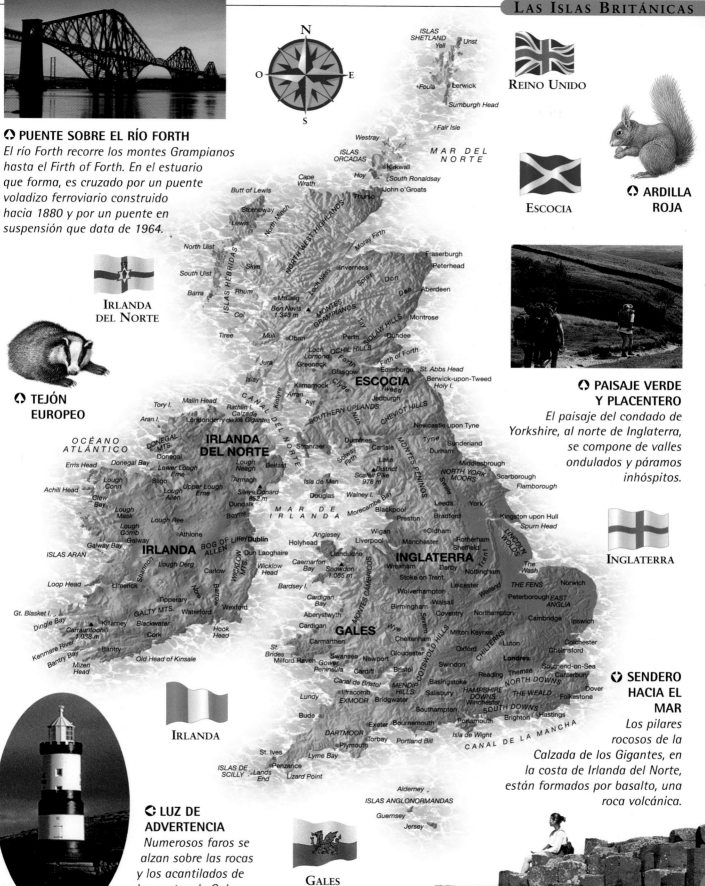

PUENTE SOBRE EL RÍO FORTH

El río Forth recorre los montes Grampianos hasta el Firth of Forth. En el estuario que forma, es cruzado por un puente voladizo ferroviario construido hacia 1880 y por un puente en suspensión que data de 1964.

REINO UNIDO

ESCOCIA

ARDILLA ROJA

IRLANDA DEL NORTE

TEJÓN EUROPEO

PAISAJE VERDE Y PLACENTERO

El paisaje del condado de Yorkshire, al norte de Inglaterra, se compone de valles ondulados y páramos inhóspitos.

INGLATERRA

SENDERO HACIA EL MAR

Los pilares rocosos de la Calzada de los Gigantes, en la costa de Irlanda del Norte, están formados por basalto, una roca volcánica.

IRLANDA

LUZ DE ADVERTENCIA

Numerosos faros se alzan sobre las rocas y los acantilados de las costas de Gales.

GALES

45

El Reino Unido consta de dos reinos (Inglaterra y Escocia), un principado (Gales) y una provincia (Irlanda del Norte) que están gobernados por el mismo monarca y que cuentan con una larga historia democrática.
En 1997, Gales y Escocia eligieron tener su propio parlamento.

El Reino Unido es miembro de la Unión Europea (UE). La Isla de Man y las Islas Anglonormandas son estados asociados al Reino Unido y gozan de un sistema de autogobierno.

◐ LAS JOYAS DE LA CORONA
Entre las joyas de los reyes y reinas británicos destaca una selección deslumbrante de objetos de oro y piedras preciosas de más de 1.000 años.

◐ TURBERAS
Grandes turberas se han formado en Irlanda durante miles de años. La turba embebida de agua se corta y seca para emplearla como combustible en casas y centrales eléctricas.

La zona más densamente poblada del Reino Unido se ubica en torno a la capital, Londres, en el sudeste de Inglaterra. Londres cuenta con unos 7.300.000 habitantes. En la costa sur, un túnel ferroviario enlaza Inglaterra con Francia. Grandes ciudades industriales se extienden en las Midlands y en el norte. Sus actividades tradicionales (la extracción de carbón, la industria textil y la construcción naval) han decaído; actualmente, la economía se basa en las finanzas, los servicios, la industria química y las telecomunicaciones.

En Gales abunda la cría de ganado ovino. Cardiff, la capital, surge en el industrializado sur, donde predomina la industria electrónica.

◐ LAS LUCES DE BLACKPOOL
El centro turístico más popular de Inglaterra es Blackpool, en la costa noroeste de Lancashire, en el norte de Inglaterra. Entre sus atracciones figura la Blackpool Tower, las famosas luces y muchos parques de atracciones.

◑ VISTA DE LIVERPOOL
Liverpool es una animada ciudad a orillas del río Mersey, en el noroeste de Inglaterra. Durante el siglo XIX y principios del XX fue uno de los puertos más activos del mundo.

◐ VACA DE LAS HIGHLANDS
La vaca de las Highlands es una raza de ganado del noroeste de Escocia apreciada por su carne. Su largo pelaje le ayuda a combatir el frío.

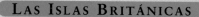

◑ PESQUEROS ESCOCESES

En el puerto escocés de Mallaig, las barcas de pesca regresan para descargar las capturas diarias. Los pesqueros escoceses aportan más del 65% del pescado y el marisco del Reino Unido.

◑ ¡PASAJEROS AL TREN!

El sur de Inglaterra y el norte de Francia, separados por el canal de la Mancha durante 10.000 años, fueron unidos en 1994 mediante un túnel ferroviario.

La capital de Escocia es Edimburgo. La industria pesada siempre se ha localizado alrededor de Glasgow y del río Clyde. El principal recurso es el petróleo del mar del Norte. Entre los productos exportados destacan el salmón y el *whisky*.

La capital de Irlanda del Norte es la ciudad industrial de Belfast. La provincia ha vivido un largo conflicto entre unionistas e independentistas. El acuerdo de paz alcanzado en 1998 estableció una asamblea autónoma para Irlanda del Norte.

La capital de la República de Irlanda es Dublín, a orillas del río Liffey. Los verdes campos de Irlanda son ideales para la producción de leche, mientras que las costas y ríos proporcionan pescado. Entre las industrias irlandesas destacan la cervecera, la del vidrio y la fabricación de ordenadores. Después de atravesar largos períodos de miseria, la economía de Irlanda ha mejorado en los últimos años con el ingreso del país en la Unión Europea.

◑ LA HORA DE ORDEÑAR LA VACA

Una vaca es ordeñada a mano en una pequeña granja de Irlanda. Entre los derivados lácteos irlandeses figuran la mantequilla y el queso.

◑ SALMONES

Escocia es famosa por su pescado de agua dulce. Los salmones remontan los ríos todos los años para desovar.

DATOS

INGLATERRA
SUPERFICIE: 130.360 km²
CAPITAL: Londres
OTRAS CIUDADES:
Birmingham, Manchester,
Liverpool

IRLANDA DEL NORTE
SUPERFICIE: 14.150 km²
CAPITAL: Belfast
OTRAS CIUDADES: Derry,
Armagh

ESCOCIA
SUPERFICIE: 78.750 km²
CAPITAL: Edimburgo
OTRAS CIUDADES: Glasgow,
Aberdeen

GALES
SUPERFICIE: 20.760 km²
CAPITAL: Cardiff
OTRAS CIUDADES: Swansea,
Wrexham, Bangor

ISLAS CON AUTOGOBIERNO
Isla de Man, Guernsey (con
seis dependencias), Jersey

⟳ DIOSA CELTA

Los irlandeses tienen una larga tradición mitológica. Muchos mitos se remontan a la época celta. La estatua situada sobre estas líneas muestra a la diosa celta de los caballos, Epona, que era adorada en Europa hacia el año 400 a.C.

⟳ EL GLOBE THEATRE

El Globe Theatre fue edificado originalmente en 1599, junto a la orilla derecha del Támesis, en Londres. Muchas de las obras de Shakespeare se estrenaron allí. El edificio actual es una reconstrucción.

Los ingleses son descendientes de una mezcla de varios pueblos que se han establecido en el sur del Reino Unido a lo largo de la historia (bretones, celtas, anglos, sajones, jutos y normandos). La lengua inglesa proviene del anglosajón, pero incluye muchas palabras latinas y francesas, y es el idioma de algunas de las obras más grandes de la literatura universal, como las piezas teatrales de William Shakespeare (1564–1616) y la poesía de John Keats (1795–1821).

La mayoría de los habitantes de Gales y Cornualles descienden de los celtas británicos, la misma familia que los bretones, y tienen sus propias lenguas. El galés es hablado por alrededor de 500.000 personas y tiene una literatura con más de 1.400 años de historia. En todo el País de Gales se celebran festivales de música y poesía llamados *eisteddfod*, que cuentan con una gran tradición de canto coral.

Los escoceses descienden tanto de los celtas gaélicos como de los británicos; de un pueblo llamado *pictos*, y de los invasores escandinavos. La versión escocesa del gaélico aún se conserva en las Highlands y en las islas, mientras que el dialecto angloescocés de las Lowlands fue la lengua del poeta nacional de Escocia Robert Burns (1759–1796).

⟳ TEMPLO HINDÚ

Además de las iglesias cristianas, el Reino Unido cuenta con numerosos templos hindúes y sijs, mezquitas islámicas y sinagogas judías.

⟳ EL CRICKET

El juego del cricket fue inventado en Inglaterra en el siglo XVIII, desde donde se difundió a Australia, Nueva Zelanda, India, Pakistán, Sudáfrica y el Caribe.

⟳ FLORES NACIONALES

Cada país de las Islas Británicas tiene su propia flor nacional: el cardo escocés (1), el trébol irlandés (2), el narciso galés (3) y la rosa inglesa (4).

(1)

(2)

EL ÁNGEL GIGANTE

Terminado por el artista Antony Gormley en 1998, el admirado Angel of the North *tiene una altura de 20 m, y es la mayor escultura de las Islas Británicas.*

FESTIVAL GALÉS

En un eisteddfod, *poetas, músicos, bailarines y actores de cualquier edad compiten para llevarse un premio.*

Los habitantes de la Isla de Man, situada entre Inglaterra, Irlanda, Escocia y Gales, son un cruce entre celtas y escandinavos, mientras que los de las Islas Anglonormandas tienen raíces inglesas, francesas y normandas.

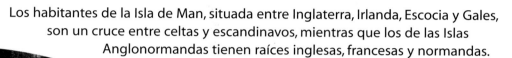

Los irlandeses son, en su mayoría, descendientes de celtas gaélicos, además de vikingos, normandos, ingleses y escoceses. La lengua irlandesa, una versión del gaélico, aún se habla en algunas áreas rurales. Los escritores irlandeses han utilizado tanto el inglés como el gaélico con gran éxito.

Muchos otros pueblos se han establecido en las Islas Británicas durante la historia y han contribuido a la riqueza y a la diversidad de la cultura británica (gitanos, judíos, italianos, chipriotas turcos, griegos, afrocaribeños, chinos, indios, pakistaníes y bengalíes).

LA SEMANA DE COWES

En Cowes, en la isla de Wight, todos los años se celebra una regata de veleros, la Fastnet Cup.

EL GATO DE MAN

El gato de Man es una raza de gato sin cola originario de la Isla de Man.

BARRIO CHINO

Los chinos celebran su fiesta de Año Nuevo según sus tradiciones. Ciudades como Londres, Liverpool y Manchester tienen animados barrios chinos.

(3)   *(4)*

49

Hace 2.000 años, la mayor parte de Gran Bretaña estaba ocupada por los celtas britanos. En algunas regiones de Escocia vivían los pictos y en Irlanda habitaba otro grupo celta: los gaélicos. Los romanos invadieron las islas entre los años 55–54 a.C. y 43 d.C. No consiguieron llegar hasta el extremo norte, pero permanecieron 400 años en la región.

⟡ EL TAPIZ DE BAYEUX
En 1066, Guillermo, duque de Normandía, derrotó al rey Harold de Inglaterra cerca de Hastings. La historia de la invasión normanda se narra en el tapiz de Bayeux.

⟡ PIEDRAS SAGRADAS
Las piedras de Stonehenge (3.200–2.000 a.C.), al sur de Inglaterra, aparecen alineadas con el sol naciente del solsticio de verano.

Cuando los romanos abandonaron el territorio, los britanos fueron atacados desde el oeste por la tribu gaélica de los escoceses, y desde el sudeste por sajones y anglos, tribus germanas fundadoras de pequeños reinos que más tarde constituirían Inglaterra.

⟳ REINA GUERRERA
Boudicca fue reina de una tribu celta: los icenos. En el año 60 d.C. dirigió un alzamiento contra los invasores romanos. Logró conquistar Londres, pero fue derrotada en una batalla y se suicidó.

Poco a poco, los britanos fueron desplazados a Gales, Cornualles y Bretaña. Gales, Escocia e Irlanda se convirtieron en centros de la civilización cristiana celta. Posteriormente, grandes extensiones de Gran Bretaña e Irlanda fueron invadidas, primero por vikingos, y más tarde por normandos. El reino normando fundado en Inglaterra en 1066 llegó a ser muy poderosó, y dominó una buena parte de Francia.

Gales fue anexionada a Inglaterra en el siglo XVI y las coronas de Escocia e Inglaterra se unieron en 1603. El Reino Unido, protestante, sojuzgó a la católica Irlanda, que ingresó en la Unión en 1800.

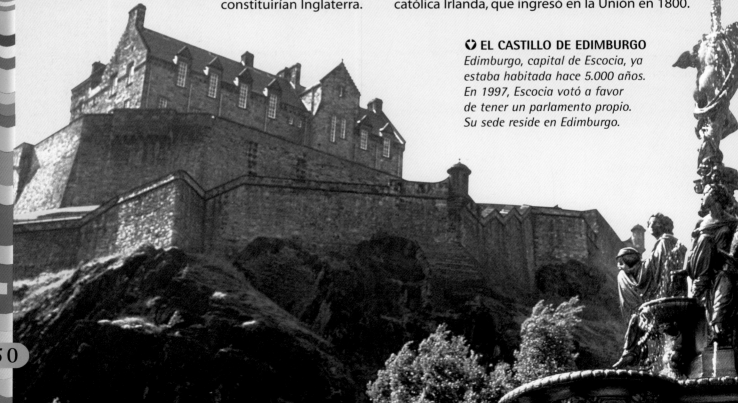

⟳ EL CASTILLO DE EDIMBURGO
Edimburgo, capital de Escocia, ya estaba habitada hace 5.000 años. En 1997, Escocia votó a favor de tener un parlamento propio. Su sede reside en Edimburgo.

Por aquel entonces, el Reino Unido era el país más industrializado del mundo. Su inmenso imperio abarcaba los cinco continentes, con lo que se aseguraba materia prima y nuevos mercados. El imperio empezó a declinar en el siglo XX, agotado por las dos guerras mundiales (1914–1918 y 1939–1945).

◐ LOS TUDOR
Enrique VIII (1491–1547) fue el segundo Tudor en el trono de Inglaterra. Él mismo se proclamó jefe de la Iglesia de Inglaterra y tuvo seis esposas.

Irlanda del Sur se convirtió en un estado libre en 1922 y obtuvo la independencia total en 1949.

En la década de 1960 se independizó la mayoría de las colonias británicas, que formaron la Commonwealth. Desde el año 2000, el Reino Unido e Irlanda se han implicado cada vez más en la Unión Europea.

◖ EJECUCIÓN DE UN REY
En 1649, toda Europa se quedó atónita cuando el Parlamento ordenó ejecutar al rey Carlos I después de la Guerra Civil. La monarquía británica fue restaurada en 1660 con la llegada al trono de Carlos II.

◗ PODER PARA EL NORTE
Tras casi 30 años de lucha armada en Irlanda del Norte, los acuerdos de paz de 1998 propiciaron la formación de una nueva asamblea, con miembros de los partidos nacionalistas y unionistas.

◗ EAMON DE VALERA
Eamon de Valera (1882–1975) tomó parte en el Levantamiento de Pascua en Dublín en 1916. Fue presidente de la República de Irlanda.

◖ EL LIBRO DE DOMESDAY
En 1086, el rey Guillermo I (h. 1028–1087) ordenó un gran censo de población y propiedades en las tierras conquistadas 20 años antes, que se utilizó con fines legales y para fijar impuestos hasta 1522.

CRONOLOGÍA

43	Ocupación romana (hasta 446).
795	Primeras incursiones vikingas.
844	Kenneth MacAlpin une a los pictos y a los escoceses.
1066	Invasión normanda de Inglaterra.
1175	Inglaterra reclama Irlanda.
1284	Inglaterra conquista Gales.
1338	Guerra de los Cien Años (hasta 1453) entre Inglaterra y Francia.
1536	(y 1542) Actas de la unión Inglaterra-Gales.
1603	Escocia e Inglaterra unidas bajo un mismo rey.
1649	Período republicano (hasta 1660).
1707	Actas de la unión Inglaterra–Escocia.
1776	Independencia de las colonias de América.
1801	Actas de la unión Gran Bretaña-Irlanda.
1914	Primera Guerra Mundial (hasta 1918) contra Alemania y Austria.
1916	Levantamiento de Pascua en Irlanda.
1922	Irlanda, estado libre (república en 1949).
1939	Segunda Guerra Mundial (hasta 1945) contra Alemania, Italia y Japón.
1973	Reino Unido e Irlanda en la CEE (más tarde UE).
1997	Escocia y Gales votan a favor de tener parlamentos propios.
1998	Asamblea de Irlanda del Norte.
2003	Reino Unido y Estados Unidos invaden Iraq.

FRANCIA

Francia está situada en el oeste de Europa, entre Alemania y España. En la parte norte, acantilados de creta y costas arenosas dan paso al territorio accidentado de Bretaña. En el sudoeste, bosques de pinos y dunas se extienden junto al agitado océano Atlántico. En el sur, una serie de áridas colinas descienden hacia el mar Mediterráneo.

A lo largo de la frontera con España, los picos nevados de los Pirineos forman una gran barrera. Los Alpes, que separan el país de Suiza e Italia, culminan a 4.807 m en el Mont Blanc. Hacia el norte, se elevan las boscosas vertientes del Jura, los Vosgos y las Ardenas.

○ CIUDAD DE ARTISTAS
El barrio de Montmartre, en París, es famoso por sus calles llenas de artistas.

La mayor parte de Francia se extiende sobre una llanura regada por los ríos Sena y Loira. Las rocas volcánicas del macizo Central dominan el centro-sur de Francia, al oeste del valle del Ródano, río que fluye hacia el sur y en cuyo delta forma una región de humedales (la Camarga). La isla mediterránea de Córcega también pertenece a Francia; se trata de un territorio muy montañoso que cuenta con grandes extensiones de olivo y con un área de matorral seco conocida como *maquia*.

Mónaco es un diminuto estado en la costa mediterránea; una zona muy urbanizada que incluye tierras ganadas al mar.

DATOS

FRANCIA
République Française
SUPERFICIE: 551.500 km²
POBLACIÓN: 59.000.000 hab.
CAPITAL: París
OTRAS CIUDADES: Marsella, Lyon
PUNTO MÁS ALTO: Mont Blanc (4.807 m)
LENGUA OFICIAL: francés
MONEDA: euro

MÓNACO
Principauté de Monaco
SUPERFICIE: 1 km²
POBLACIÓN: 30.000 hab.
CAPITAL: Mónaco
OTRAS CIUDADES: Montecarlo
LENGUA OFICIAL: francés
MONEDA: euro

○ ACUEDUCTO
El Pont du Gard, en el sur de Francia, fue construido hace 2.000 años por los romanos para abastecer de agua a la ciudad de Nîmes.

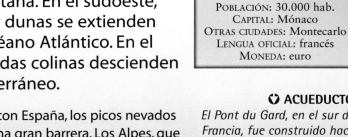

○ LA ISLA DE LOS MONJES
Mont-Saint-Michel está unido a la costa normanda mediante un istmo artificial. Culmina la isla una abadía benedictina de sólida construcción que se finalizó en el año 966 d.C.

○ PICO NEVADO
El Mont Blanc, en los Alpes, es la cima más alta de Europa occidental. Un túnel de 11 km de longitud inaugurado en 1960 atraviesa el corazón de la montaña.

○ ESTEREL, FRANCIA MERIDIONAL
La costa sur de Francia está bañada por el Mediterráneo. Las llamativas aguas azules y los climas soleados atraen a un gran número de turistas.

Dunkerque
Calais
Boulogne   Lille
BÉLGICA
Montreuil   Arras   Douai
Valenciennes
LUXEMBURGO
Abbeville   Cambrai
Dieppe   Amiens   St. Quentin   Hirson
Cherbourg   Charleville-Mézières
Bahía del Sena   Fécamp   ALEMANIA
Bolbec   Montdidier
El Havre   Ruán   Beauvais   Compiègne
Carentan   Reims   Verdún   Metz
St. Lô   Caen   Louviers   Marne   Mosa
Golfo de St-Malo   Granville   Lisieux   Evreux   Meaux   Chálons-sur-Marne   Pont à Mousson
Morlaix   St-Malo   Argentan   St. Germain-en-Laye   Versalles   París   St. Dizier   Toul   Nancy   Estrasburgo
Brest   St. Brieuc   Dinan   Rambouillet   Fontainebleau   Sena   Mosela   Rin
Douernenez   Fougeres   Alençon   Chartres   Nemours   Troyes   Epinal   Colmar
Quimper   Pontivy   Rennes   Vitre   Mayenne   Sens   Langres   Mulhouse
Lorient   Laval   Le Mans   Orléans   Montargis   Auxerre   LANGRES   Saône   Montbéliard
Vannes   Redon   Loira   Gien   Avallon   Dijon   Besançon   Doubs
St. Nazaire   Angers   Tours   Blois   Bourges   Nevers   Autun   Dóle   Pontarlier   SUIZA
Belle-Ile   Nantes   Saumur   Vierzon   Le Creusot   Chalon-sur-Saône
Châtellerault   Cher   Châteauroux   La Châtre   Moulins   Montceau les Mines   St. Claude
La Roche-sur-Yon   Poitiers   Mácon   Annecy
Yeu   Niort   Montluçon   Bourg-en-Bresse
Les Sables-d'Olonne   Civray   FRANCIA   Vichy   Villefranches   Chamonix
Ré   Limoges   Clermont-Ferrand   Lyon   Villeurbanne   Mont Blanc 4.807 m
La Rochelle   Angulema   MACIZO   Puy de Sancy 1.886 m   Chambéry   Val d'Isère
Rochefort   Nontron   CENTRAL   St-Etienne   Vienne
Oléron   Barbezieux   Périgueux   Annonay   Grenoble
Royan   Cognac   Romans-sur-Isère
Pauillac   Libourne   Souillac   Aurillac   Privas   Valence
Burdeos   Bergerac   Dordoña   Céré   Montélimar   Gap
Marmande   Cahors   Rodez   Mende   ALPES
LANDAS   Agen   Aveyron   Millau   Alès   Carpentras
Garona   Montauban   Tarn   Aviñón   Carpentras
Mont-de-Marsan   Gaillac   Albi   Nímes   Aix-en-Provence
Bayona   Auch   Toulouse   Castres   Arles   Marsella   Niza   MÓNACO
Biarritz   Pau   Castres   Montpellier   Cannes
Adour   Tarbes   Carcassonne   Béziers   Brignoles   St. Raphael
Lourdes   St. Gaudens   Foix   Narbona   Tolón   St. Tropez   Costa Azul
PIRINEOS   Perpiñán
ESPAÑA   ANDORRA

Gironda   Garona   Ariège   Aude   LANGUEDOC   CÉVENNES   Ródano   Isère   Durance   Verdón   JURA   VOSGOS   Saône

FRANCIA

○ PÁJARO INSECTÍVORO
La abubilla, con su vistosa cresta, vive en el sur de Europa. Su pico curvado sirve para capturar los insectos de la corteza de los árboles.

○ JABALÍ

○ EL LOIRA
El castillo de Chenonceaux se alza sobre el Loira, el río más largo de Francia. Con sus 1.020 km de longitud, nace en el macizo de Cévennes y desemboca en la costa de Bretaña.

Cabo Córcega
Bastia
CÓRCEGA
Golfo de Sagone   Ajaccio
Bonifacio
Estrecho de Bonifacio

MÓNACO

○ UN MUNDO DE LUJO
Mónaco, uno de los países más pequeños del mundo, atrae visitantes muy ricos. El puerto de su capital, Mónaco, está repleto de lujosos yates de gente de todo el mundo.

Francia es una república democrática y uno de los fundadores de la actual Unión Europea. También es uno de los países más poderosos del mundo; gracias a sus antiguas colonias de ultramar, aún ejerce una notable influencia en el ámbito internacional.

Situada en el norte de Francia a orillas del río Sena, París, la capital, tiene un área metropolitana de unos 9.000.000 de habitantes. La segunda ciudad del país es Marsella, gran puerto marítimo en la costa del mar Mediterráneo. Francia está dividida en 22 regiones.

Las minas de carbón del norte ya casi se han agotado. Para producir energía para la industria, Francia depende en gran medida de las centrales nucleares e hidroeléctricas. Otras fuentes de energía son la solar y la fuerza de las mareas. La industria francesa destaca en los sectores químico, aeronáutico y metalmecánico.

Francia es un país con una gran tradición agrícola, y mucha gente aún trabaja en la agricultura. Normandía produce manzanas y derivados lácteos.

⟁ LA CAPITAL DE LA MODA

Una modelo en la pasarela Chanel de París. Chanel fue fundada por la gran diseñadora francesa, Coco Chanel (1883–1971).

⟁ GIRASOLES

Brillantes girasoles amarillos maduran al sol en los campos del sur de Francia. Las semillas de las flores se cosechan y se prensan para producir aceite.

⟁ CHAMPÁN

⟁ TREN DE ALTA VELOCIDAD

El TGV (train à grande vitesse) es un hito de la ingeniería francesa. El tren alcanza los 500 km/h.

⟁ VINOS FINOS

La región de Burdeos produce algunos de los vinos tintos más famosos del mundo. Muchos viticultores son propietarios de una suntuosa finca, el château, que da nombre a sus vinos.

La gran variedad de climas facilita el crecimiento de una amplia gama de cultivos, desde el trigo hasta el maíz y el arroz.

En las cálidas colinas de Provenza crecen flores (sobre todo, lavanda) para la industria del perfume. Las regiones del Loira, Borgoña y Champaña son famosas por sus excelentes vinos. Los bosques proporcionan madera, mientras que en el oeste amarra una importante flota pesquera.

Se dice que la cocina francesa elabora algunos de los mejores platos del mundo; el francés es, en efecto, el idioma internacional de la cocina. Por otro lado, las

♻ CEBANDO PATOS
El paté de foie gras es un rico paté de hígado de pato. Las aves se ceban con mucho maíz. Cada región de Francia tiene su propia receta de paté.

♻ QUESOS SUAVES

pasarelas parisinas son el objetivo de cualquier modelo que aspire a una carrera importante. Los turistas también contribuyen a la riqueza de Francia con sus visitas a las estaciones de esquí alpinas; a los castillos del Loira, y a los puertos deportivos y playas del sur.

Aunque Mónaco es un país pequeño, sus leyes acerca de los impuestos atraen a adinerados residentes. Es un centro de finanzas, turismo y, gracias al famoso casino de Montecarlo, un centro lúdico.

♻ MANZANAS
En Normandía (norte de Francia), la agricultura es poco relevante. Abundan los derivados lácteos y las manzanas, que se utilizan para fabricar sidra y calvados (licor de manzana).

♻ PRESA PARA LAS MAREAS
Francia es un gran exportador de electricidad. La mayor parte de ella proviene de centrales nucleares, pero los franceses también han apostado por energías ecológicas. Aquí, en Saint-Malo, una gran presa aprovecha la fuerza del río Rance.

♻ HACIA EL FUTURO
En Futuroscope (cerca de Poitiers), un parque temático con una escuela de alta tecnología, la imaginación de los arquitectos franceses quedó plasmada en su diseño futurista.

♻ A TODA VELOCIDAD
Las carreras de coches son una importante fuente de ingresos para Mónaco. Todos los años, en el Gran Premio de Mónaco, rápidos coches vuelan por las estrechas calles del principado.

Los franceses descienden de muchos pueblos diferentes, entre los que destacan los galos, una antigua tribu celta, y los francos, un pueblo de origen germánico. La lengua francesa deriva del latín, la lengua del Imperio romano, y se habla ahora en todo el país. Sin embargo, existen grandes diferencias entre el francés hablado en el norte y el provenzal del sur.

Desde la Edad Media, la lengua francesa ha sido adoptada por poetas, autores teatrales, fabulistas y filósofos. Francia es también la patria de grandes filósofos, pintores, directores de cine y compositores.

⊃ LA ILUSTRACIÓN

En el siglo XVIII, Francia fue un centro de cultura. El escritor Denis Diderot (1713–1784) compiló una enorme enciclopedia de 28 volúmenes destinada a fomentar el conocimiento.

Autores teatrales como Corneille (1606–1684), Molière (1622–1673) y Racine (1639–1699), pintores como Monet (1840–1926) y Degas (1834–1917) y compositores como Debussy (1862–1918) son admirados en todo el mundo.

En el territorio francés también viven otros pueblos, como los vascos y los catalanes en el sur, con lenguas y tradiciones propias, y cuyas áreas de influencia se extienden más allá de la frontera francesa. Los corsos tienen su propia lengua, y a lo largo de las fronteras orientales existen habitantes de habla alemana e italiana.

Los bretones del noroeste descienden de los celtas britanos que colonizaron la región hace unos 1.500 años. Su lengua es parecida a la de Cornualles y Gales.

◖ EL PADRE DE LA COMEDIA

El autor teatral Jean Baptiste Poquelin (1622–1673) fue más conocido como Molière. Muchas de sus obras fueron representadas ante el rey Luis XIV.

◖ EL SACRÉ COEUR

La cúpula de la iglesia de Sacré Coeur (sagrado corazón) domina la capital francesa. Aunque Francia no tiene ninguna religión oficial, la mayoría de sus habitantes son católicos.

◖ ¡A VOLAR!

Los hermanos Montgolfier, Joseph y Jacques, inventaron los globos de aire caliente en la década de 1780.

↻ UN JUEGO DE BOLAS

La petanca es un juego muy popular en todo el país. La mayoría de las poblaciones cuenta con un rectángulo de grava para practicar el juego. El objetivo es lanzar las propias bolas lo más cerca posible de una bola más pequeña.

Los normandos provienen de los invasores vikingos que se establecieron en la región actualmente conocida como Normandía.

En Francia también viven gitanos y judíos. Los norteafricanos descendientes de los ciudadanos de antiguas colonias francesas constituyen el 3% de la población. Muchos de ellos son musulmanes, pero un 90% de los franceses son católicos.

Hace cien años, la mayoría de los franceses vivía en el campo; hoy en día, en cambio, casi el 75% de la población reside en áreas urbanas, con lo que muchas zonas rurales han quedado casi desiertas o sólo se llenan durante las vacaciones gracias al turismo.

↻ LA BELLE ÉPOQUE

En la década de 1890, París tenía fama de ser una ciudad de diversión, bailes alocados como el can-can, mujeres hermosas, artistas y poetas.

↻ EL TOUR DE FRANCIA

Todos los años se celebra en Francia la carrera ciclista más famosa del mundo: el Tour. Esta agotadora competición dura tres semanas, en las que se recorren unos 3.500 km.

↻ MANIOBRAS MILITARES

Francia tiene una tradición militar que viene de la Edad Media. La mayoría de los hombres debe cumplir un servicio en el ejército.

↻ UN GRAN TESORO ARTÍSTICO

El Museo del Louvre, en París, alberga una de las mayores colecciones artísticas del mundo. En la década de 1980 se construyó una imponente pirámide de acero y vidrio.

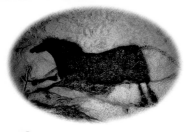

ARTE EN LA EDAD DE HIELO

En Lascaux hay unas 600 pinturas rupestres, donde se muestran escenas de caza de bisontes, ciervos y caballos.

Francia está poblada desde la prehistoria, como lo demuestran las pinturas rupestres halladas en Lascaux, que datan del año 15.000 a.C. Los antiguos griegos fundaron el puerto de Marsella hacia el año 600 a.C., cuando una tribu de celtas, los galos, dominaba la mayor parte del país.

Los galos fueron derrotados por los romanos entre el año 58 y el 48 a.C., y, a partir de entonces, se difundió el latín. Pueblos germánicos de más allá del Rin empezaron a atacar el Imperio romano, que fue derrocado en el año 476 d.C. El poder pasó a manos de los francos, que dieron nombre al país actual.

PIEDRAS ANCESTRALES

En Carnac, en la costa de Bretaña, más de 3.000 monolitos erigidos en la Edad de Piedra se encuentran dispuestos en círculos y avenidas.

CAMINO DE LA BATALLA

Feroces ejércitos francos derrotaron a romanos, galos y visigodos en su afán por conquistar tierras. Hacia el año 540, ya controlaban la mayor parte de la Galia romana.

Los francos se defendieron de los intentos de invasión por parte de pueblos árabes y fundaron un gran imperio europeo bajo el reinado de Carlomagno (768–814). Los vikingos ocuparon Normandía en el año 911, hasta que los monarcas franceses ganaron fuerza a finales

EL REINO DEL TERROR

En la década de 1780, el pueblo francés, harto de pagar tasas abusivas a su rey, se sublevó. En el reino de terror que siguió a la revolución, se guillotinó a más de 17.000 aristócratas.

de la Edad Media, lucharon contra sus vecinos (sobre todo los ingleses) y expandieron su reino. Desde la Edad Media hasta la muerte en 1715 de Luis XIV, el *Rey Sol*, Francia fue considerada el centro de la civilización europea, a pesar de una serie de violentas guerras de religión.

JUANA DE ARCO

Tras escuchar la voz de Dios, Juana de Arco dirigió a los franceses en la guerra de los Cien Años. Los ingleses la quemaron por bruja en 1431.

✪ LA FRANCIA MEDIEVAL
Un código de buenos modales conocido como caballería *se forjó en la Edad Media en los castillos y casas señoriales de Francia.*

➲ LUIS XIV (1638–1715)
El reinado del Rey Sol duró 72 años, y con él el imperio francés llegó a su cumbre. Luis XIV mandó construir el palacio de Versalles, cerca de París.

✪ EL EMPERADOR
Desde sus inicios de carácter revolucionario, Napoleón Bonaparte (1769–1821) se convirtió en el gobernante más poderoso de Europa. Fue un gran militar y legislador.

Francia empezó a forjar un gran imperio en ultramar, pero las injusticias en el propio país condujeron a la revolución de 1789. De las ruinas de este sueño de libertad surgió un general corso llamado Napoleón Bonaparte, quien se coronó emperador en 1804. Tras llevar a cabo grandes campañas por toda Europa, fue vencido por fuerzas británicas y prusianas en Waterloo en 1815.

Posteriormente, Francia sufrió invasiones alemanas en 1870, 1914 y 1940. Después de la Segunda Guerra Mundial, los franceses perdieron la mayor parte de su imperio, aunque impulsaron la unión política y económica de Europa occidental.

✪ EL GENERAL DE GAULLE
Charles de Gaulle (1890–1970) dirigió la resistencia francesa contra la ocupación nazi durante la Segunda Guerra Mundial.

✪ NO OS OLVIDAREMOS
Hasta la actualidad, en los campos del nordeste de Francia se plantan amapolas en recuerdo de los soldados que murieron en las trincheras durante la Primera Guerra Mundial. Millones de soldados aliados y alemanes perdieron la vida.

CRONOLOGÍA

560	El reino franco domina buena parte de Francia.
911	Los vikingos se establecen en Normandía.
1297	Los Grimaldi, príncipes de Mónaco.
1337	Guerra de los Cien Años contra Inglaterra (hasta 1453).
1491	Unión de Francia y Bretaña.
1638	Nacimiento de Luis XIV; Francia, potencia europea.
1789	Revolución Francesa.
1804	Napoleón Bonaparte, emperador.
1815	Napoleón derrotado en Waterloo por británicos y prusianos.
1848	Francia vuelve a ser una república.
1852	Francia vuelve a ser un imperio.
1870	Prusia derrota a Francia. Sublevación en la Comuna de París, Tercera República.
1914	Primera Guerra Mundial contra Alemania (hasta 1918).
1939	Segunda Guerra Mundial contra Alemania (hasta 1945); Francia ocupada en 1940; liberada en 1944.
1957	Francia miembro fundador de la CEE.
1958	Charles de Gaulle, presidente hasta 1969.
1968	Levantamiento estudiantil.
1995	Jacques Chirac, presidente.

ALEMANIA

DATOS

ALEMANIA
Bundesrepublik Deutschland
SUPERFICIE: 356.980 km²
POBLACIÓN: 82.300.000 hab.
CAPITAL: Berlín
OTRAS CIUDADES: Hamburgo, Múnich, Colonia
PUNTO MÁS ALTO: Zugspitze (2.963 m)
LENGUA OFICIAL: alemán
MONEDA: euro

Alemania es un país de contrastes. Famoso por sus activas ciudades y regiones industriales, también posee algunos de los paisajes más espectaculares de Europa: lagos, valles de empinadas laderas, extensos bosques y montañas nevadas.

El norte de Alemania, avenado por los ríos Weser y Elba, se encuentra delimitado por las ventosas costas del mar del Norte y el mar Báltico, cuyas aguas están unidas por el canal de Kiel. Éste, a su vez, atraviesa el estado de Schleswig-Holstein, junto a la frontera danesa. El país es mayoritariamente llano. En el centro de Alemania se elevan las colinas del Harz, que descienden hacia las landas arenosas y los llanos fértiles hasta alcanzar la frontera con Polonia al este. Las fronteras orientales de Alemania están formadas por los ríos Óder y Neisse. El sudoeste del país está cubierto por los bosques de la Selva Negra, sólo separados del bosque de Bohemia, que ocupa la parte sudeste, por los montes del Jura de Suabia. En medio de empinadas pendientes cubiertas de viñedos, el caudaloso Rin fluye desde la frontera con Francia hacia el norte, hasta encontrar el Main en Maguncia, y el Mosela en Coblenza. En el extremo sur se alzan los montes más altos, los Alpes bávaros, que forman una barrera natural entre Alemania y sus vecinos del sur.

El clima de la región es muy variado; desde templado en el oeste, hasta frío con inviernos rigurosos en los Alpes y en las llanuras del nordeste.

↻ PISTA DE ESQUÍ
El esquí, tanto alpino como de fondo, es un deporte invernal muy popular en Alemania. Las estaciones de esquí atraen a turistas de toda Europa.

↻ A ORILLAS DEL RIN
El Rin nace a gran altitud en los Alpes suizos, fluye en dirección noroeste, atraviesa Alemania y desemboca en Países Bajos. Es el río más caudaloso de Europa. En esta foto, el Rin visto desde la localidad vinícola de Bacharach.

GAMA NATURAL DE COLORES

La Selva Negra, bautizada así por sus oscuros abetos, también cuenta con árboles caducifolios que en otoño ofrecen un gran espectáculo cromático.

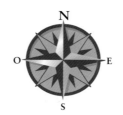

ALEMANIA

EDELWEISS

MAR DEL NORTE · Sylt · Flensburg · Schleswig · Bahía de Kiel · Fehmarn · Rügen · MAR BÁLTICO
Helgoland · Rendsburg · Kiel · Bahía de Mecklemburgo · Stralsund
Cuxhaven · Neumünster · Lübeck · Wismar · Güstrow · Rostock
Itzehoe · Elmshorn · Norderstedt · Schwerin · Neubrandenburg
Wilhelmshaven · Bremerhaven · Hamburgo · Lago Müritz · Neustrelitz
Emden · Buxtehude · Lüneburg
Papenburg · Oldenburg · Bremen · Uelzen · Wittenberge · Eberswalde-Finow
Delmenhorst · Weser · Ems · Stendal · Oder
Nordhorn · Vechta · Nienburg · Celle · Elba · POLONIA
Rheine · Osnabrück · Hannover · Aller · Wolfsburg · Brandenburgo · **Berlín**
Gronau · Minden · Hildesheim · Brunswick · Potsdam · Fráncfort del Óder
Münster · Bielefeld · Hameln · Bad Harzburg · Magdeburgo · Eisenhüttenstadt
Bocholt · Hamm · Holzminden · HARZ · Halberstadt · Dessau · Cottbus · Neisse
Dinslaken · Dortmund · Paderborn · Göttingen · Halle · Hoyerswerda
Duisburg · Krefeld · Essen · Arnsberg · Kassel · Münden · Nordhausen · Leipzig · Meissen · Görlitz
Mönchen-Gladbach · Wuppertal · Remscheid · **ALEMANIA** · Mühlhausen · Weimar · Dresden · Freiberg
Düsseldorf · Solingen · Marburg · Erfurt · Jena · Gera · Chemnitz
Colonia · Bergisch-Gladbach · Alsfeld · Werra · Zwickau · Plauen
Aquisgrán · Bonn · Siegen · Fulda · Fulda · Suhl · BOSQUE DE TURINGIA · Hof · REPÚBLICA CHECA
Neuwied · Giessen · Coburg
Daun · Coblenza · Wiesbaden · Fráncfort del Meno · Schweinfurt · Bayreuth · BOSQUE DE BOHEMIA
Tréveris · Rhine · Maguncia · Offenbach · Würzburg · Bamberg · STEIGERWALD
Mosela · HUNSRÜCK · Darmstadt · Meno · Kitzingen · Fürth · Núremberg
Saar · Ludwigshafen · Worms · Jagst · Regensburg · Passau
Kaiserslautern · Mannheim · Heilbronn · Danubio · Braunau
Saarbrücken · Heidelberg · Jagst
FRANCIA · Karlsruhe · Pforzheim · Stuttgart · Aalen · Ingolstadt · Inn · Salzach
Baden-Baden · Neckar · Tübingen · Ulm · Augsburg · Múnich
Rin · Reutlingen · JURA DE SUABIA · Lech · Rosenheim · Kufstein
Friburgo · SELVA NEGRA · Memmingen · Kempten · AUSTRIA
Constanza · Lago de Constanza · Zugspitze 2.963 m · Braunau
SUIZA · LIECHTENSTEIN

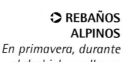

UVAS BLANCAS

Algunos de los mejores vinos alemanes se elaboran con uvas blancas de soleados viñedos junto al Rin.

CAFÉ Y TARTAS

El café y tartas como éstas son típicos de los cafés de toda Alemania. Un dulce muy apreciado es la tarta de la Selva Negra.

UN AMIGO LEAL

El pastor alemán es un perro valiente, fiel y muy adecuado como perro policía. Originario de Alemania, se ha extendido por todo el mundo.

REBAÑOS ALPINOS

En primavera, durante el deshielo, se llevan las vacas a pastos montañosos. En otoño regresan a los valles.

Alemania es una república democrática con un sistema de gobierno federal. Esto significa que las regiones, llamadas *länder*, gozan de un considerable poder local. Hasta 1871, Alemania estuvo dividido en estados pequeños, y entre 1949 y 1990, el país fue dividido de nuevo, aunque en esta ocasión, en dos bloques.

⟡ AGUA DE COLONIA

Alemania fue uno de los fundadores de la Comunidad Económica Europea, y actualmente constituye la economía más fuerte de Europa. La industria predomina en los sectores eléctrico, óptico, químico y automovilístico. Entre sus compañías más conocidas figuran Bayer, Bosch, Volkswagen, Mercedes y BMW. Alemania es también famoso por sus cervezas, vinos blancos y salchichas.

Alemania importa la mayor parte de sus alimentos. Casi todas las explotaciones agrícolas alemanas son pequeñas y las trabajan agricultores que disponen de otros ingresos. El crecimiento industrial del país fue impulsado por las ricas reservas de carbón del Ruhr. Actualmente, Alemania debe importar petróleo y gas natural para satisfacer sus necesidades energéticas.

⟡ HILERAS DE REMOLACHA

La remolacha azucarera es un cultivo muy difundido en esta parte de Europa. En el sur de Alemania, las explotaciones agrícolas suelen ser de dimensiones reducidas, mientras que en las llanuras del este acostumbran a ser muy extensas.

⟳ VIÑEDOS

La plantación de uvas se remonta a la época de la ocupación romana. Las principales áreas vitícolas son el sudoeste y los valles soleados del Rin y del Mosela.

⟡ TRAJES MEDIEVALES

En Baden-Württemberg, un festival con trajes medievales conmemora la historia de la región. En la Edad Media, Alemania estaba formada por muchos estados pequeños.

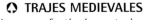

⟳ LOBO GRIS EUROPEO

Dado por extinguido en la mayoría de los países de Europa central, el lobo gris europeo se está recuperando en Alemania. Los lobos llegan de Polonia y cruzan la frontera a través de los ríos Óder y Neisse.

PROTESTA ANTINUCLEAR
Manifestantes alemanes protestan contra el transporte de residuos nucleares. Los asuntos medioambientales constituyeron el centro del debate político alemán en las décadas de 1970 a 1990, con un partido ecologista que obtuvo un amplio respaldo.

DISCOS COMPACTOS
Alemania es un gran exportador de CD, equipos de alta fidelidad, radios y aparatos eléctricos de línea blanca, por ejemplo, neveras.

FIESTA DE LA CERVEZA
Múnich, capital de Baviera, alberga en octubre la famosa fiesta de la cerveza. El traje típico aún es popular en la región: las mujeres suelen llevar una almilla de encaje, mangas abombadas y falda ancha decorada con cintas.

El país posee una densa red ferroviaria, que incluye líneas de alta velocidad, y de autopistas, cuya construcción comenzó en la década de 1930. El Rin y una red de canales se utilizan para el transporte de mercancías en barcazas, a una escala mayor que en cualquier otra parte de Europa.

Alemania cuenta con grandes ciudades como Hamburgo, Múnich, Colonia o Fráncfort, gran centro financiero internacional. Muchos trabajadores extranjeros han buscado empleo en Alemania, a pesar de que, en la década de 1990, la economía sufrió los elevados costes de la reunificación y de la modernización de las industrias del este del país. Tras el fin del comunismo en Alemania Oriental, Berlín vuelve a ser la capital de la Alemania unificada.

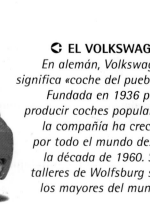

EL VOLKSWAGEN
En alemán, Volkswagen significa «coche del pueblo». Fundada en 1936 para producir coches populares, la compañía ha crecido por todo el mundo desde la década de 1960. Sus talleres de Wolfsburg son los mayores del mundo.

63

LOS PROTESTANTES

Martín Lutero (1483–1546) fue un monje alemán que condenó la corrupción de la Iglesia católica, tradujo una nueva versión de la Biblia e impulsó la Reforma protestante.

TRAJES POPULARES

Estos bailarines están ataviados con los trajes tradicionales de Baviera, en el sur de Alemania. El hombre lleva lederhosen *(pantalones cortos de cuero) y la mujer un traje llamado* dirndl.

OBERAMMERGAU

En 1633, una terrible plaga azotó este pueblo bávaro. Para dar gracias a Dios, los supervivientes prometieron representar la pasión de Cristo, lo que se sigue haciendo cada diez años.

Durante mucho tiempo, la lengua alemana fue el único aspecto unificador de la cultura alemana. Por *cultura alemana* se entendía la de la gente que hablaba alemán, lo que incluía a los austríacos.

El alemán estándar, denominado *Hochdeutsch,* se habla en todo el país, aunque también existen muchos dialectos regionales que varían considerablemente de norte a sur. En los últimos 50 años, muchos trabajadores del sur de Europa y Turquía se han establecido en ciudades alemanas. En el norte, predominan los protestantes y en el sur, los católicos. Alemania es un país rico en tradiciones y fiestas, como el Carnaval, muy popular en Colonia y en el sur del país.

Alemania cuenta con una larga historia cultural muy anterior a la formación de un estado alemán unificado. Fue, por ejemplo, la patria del pintor Alberto Durero (1471–1528), uno de los grandes artistas del Renacimiento. Aunque el arte alemán nunca ha competido con el de Francia o Italia, los pintores alemanes han producido obras de una asombrosa individualidad, entre las que sobresalen las del pintor romántico del siglo XIX Caspar David Friedrich, o las de expresionistas del siglo XX como Max Beckmann.

AGUDO OBSERVADOR

El gusto por el detalle caracteriza la obra de Alberto Durero, el artista alemán más célebre de su época. Nacido en 1471, Durero produjo cientos de pinturas, grabados y xilografías.

VOCABULARIO

hola	guten Tag
adiós	auf Wiedersehen
gracias	danke
por favor	bitte
sí	ja
no	nein
escuela	Schule
niños	Kinder

◐ KARL MARX

Nacido en Tréveris en 1818, Marx opinaba que la historia está supeditada a la economía, y exhortó a los trabajadores a tomar el poder. Sus ideas se difundieron incluso después de su muerte en 1883.

Alemania es especialmente famosa por su música y por ser la patria de algunos de los más renombrados compositores: Bach, Händel, Beethoven, Mendelssohn, Schumann, Brahms, Wagner y Richard Strauss. Orquestas, directores, instrumentistas y cantantes alemanes han alcanzado notable fama internacional.

◑ LA PRIMERA IMPRENTA

Johannes Gutenberg fue un pionero de la impresión con tipos movibles. Nacido en Maguncia en 1400, se desplazó a Estrasburgo, donde fundó una imprenta que data probablemente de 1439.

◑ EL JOVEN MOZART

La cultura alemana floreció fuera de lo que hoy es Alemania. El compositor Mozart, nacido en Salzburgo (Austria) en 1756, hablaba alemán. En el siglo XVIII, la Austria imperial, con la rica vida artística de Viena (donde Mozart era músico de corte), empezó a perder terreno respecto a Prusia, la mayor potencia militar alemana.

Alemania también ha traído al mundo grandes escritores y pensadores, entre los cuales cabría citar a Kant (1724–1804), Goethe (1749–1832) y Schiller (1759–1805). En el siglo XIX, Alemania fue un manantial de nuevas tecnologías e ideas políticas. El difusor de las ideas comunistas, Karl Marx, fue alemán. También lo fueron los pioneros de los motores para automóviles Karl Benz y Gottfried Daimler, así como Wilhelm Roentgen, descubridor de los rayos X en 1895. En el campo de la medicina, Robert Koch descubrió la relación entre las bacterias y las enfermedades.

La arquitectura germánica abarca desde las magníficas catedrales medievales de Colonia o Ulm a las innovadoras ideas de la escuela de la Bauhaus, fundada en 1919 por el arquitecto Walter Gropius y que ejerció una notable influencia más allá de Alemania.

En 1618, una serie de disputas entre los bohemios protestantes y sus soberanos austríacos, de religión católica, desembocaron en una guerra de religión que acabó afectando a gran parte de Europa occidental. Hambre y atrocidades se convirtieron en el pan de cada día. El conflicto acabó con la Paz de Westfalia, donde se reconocieron los derechos de los protestantes.

OTTO VON BISMARCK

Influyente estadista prusiano, Bismarck provocó la guerra franco-prusiana, y en 1871 culminó la unificación alemana.

La región fue habitada en sus orígenes por pueblos celtas, que en el año 550 a.C. fueron expulsados en su mayoría por tribus germánicas procedentes del norte y el este de Europa. Los romanos sólo pudieron conquistar una parte del país, aunque fundaron ciudades como Colonia o Tréveris. Las tribus germánicas contribuyeron en gran medida al fin del Imperio romano, que tuvo lugar en el año 476 d.C.

En el siglo VIII, el territorio formaba parte del reino franco de Carlomagno (742–814), que dio paso al Sacro Imperio romano, cuya evolución marcó el destino de Europa central hasta 1806. Alemania estaba formada, por aquel entonces, por numerosos estados y ciudades libres, que empezaron a ser dominados por los reyes salios y suabos primero, y por los Austrias luego.

En el siglo XVI, gran parte de Alemania se acogió a las doctrinas protestantes de Lutero, hecho que desencadenó violentas guerras de religión. La guerra de los Treinta Años (1618–1648) arrasó buena parte del país.

En el siglo XVIII se produjo un cambio en las relaciones internacionales; los conflictos entre las potencias se desplazaron hacia el norte de Europa y Prusia se convirtió en una gran potencia. En 1871, el rey prusiano, Guillermo I, fue coronado rey de la Alemania unificada.

En la Primera Guerra Mundial (1914–1918), Alemania fue derrotada y se transformó en una república. Pero no hubo paz; comunistas y nacionalsocialistas se entregaron a violentas batallas callejeras. En 1933, los nacionalsocialistas accedieron al poder.

ADOLF HITLER

Adolf Hitler nació en Austria en 1889. Frustrado por la derrota de Alemania en la Primera Guerra Mundial, practicó una política radical, violenta y racista. Máximo dirigente del Partido Nacionalsocialista Obrero Alemán (NSDAP) y canciller del Reich desde 1933, condujo a Alemania a la guerra en septiembre del año 1939.

INSURRECCIÓN EN BERLÍN

En Europa, 1848 es el «Año de las Revoluciones». Berlín fue uno de los principales focos insurgentes. En las manifestaciones, que exigían reformas y la unidad de Alemania, mujeres y niños fueron reprimidos por soldados prusianos.

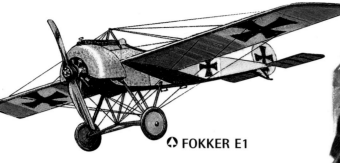

⟳ FOKKER E1

El *Führer* alemán, el canciller Adolf Hitler (1889–1945), ordenó la anexión de Austria y la invasión de Polonia, hecho que desencadenó la Segunda Guerra Mundial (1939–1945). Con una política de represión y aniquilación basada en una ideología racista, Hitler mandó perseguir a los librepensadores y asesinar a millones de judíos. Tras unos inicios victoriosos, Alemania fue derrotada por los aliados.

Después de la Segunda Guerra Mundial, el país fue dividido en dos bloques; la República Democrática Alemana (DDR o RDA), que entró a formar parte del bloque soviético, y la República Federal de Alemania (BRD o RFA), que se convirtió en aliada de Occidente. En 1961, la RDA mandó erigir un muro en Berlín para impedir la huida de la población hacia el oeste. El muro no cayó hasta 1989, y un año más tarde, Alemania se reunificó.

⟳ EL BOMBARDEO DE DRESDE
Hacia el fin de la Segunda Guerra Mundial, las grandes ciudades alemanas fueron bombardeadas sin piedad por la aviación aliada. La ciudad de Dresde, con sus antiguos edificios señoriales y obras de arte de valor incalculable, fue destruida por completo. Los ataques aéreos causaron 130.000 muertos.

⟳ LA CAÍDA DEL MURO
En 1961, la Alemania soviética mandó construir un muro en Berlín, y aquellos que intentaron cruzarlo para escapar fueron tiroteados. La caída del muro en 1989 significó la reunificación del país.

CRONOLOGÍA

1282 Levantamiento de los Habsburgo en Austria.

1517 Lutero promulga la Reforma protestante.

1618 Guerra de los Treinta Años (hasta 1648).

1740 Guerra de Sucesión en Austria (hasta 1748).

1806 Francia vence a Prusia en Jena.

1834 Establecimiento del *Zollverein* (unión aduanera).

1848 La revolución fracasa en Alemania.

1870 Guerra franco-prusiana: victoria de Prusia.

1871 Guillermo I de Prusia, emperador de Alemania.

1914 Primera Guerra Mundial (hasta 1918): derrota de las potencias centrales (Alemania y Autria-Hungría).

1919 Abdicación del emperador y República de Weimar.

1933 Hitler canciller.

1938 Anexión de Austria por parte de Alemania.

1939 Segunda Guerra Mundial (hasta 1945): las potencias del Eje (Alemania e Italia) ocupan buena parte de Europa, victoria de la coalición aliada.

1949 División de Alemania.

1957 La República Federal Alemana miembro fundador de la CEE.

1961 Separación de Berlín mediante un muro (hasta 1989).

1990 Fin del régimen comunista oriental y reunificación alemana; Berlín vuelve a ser la capital de Alemania.

ESPAÑA Y PORTUGAL

La península Ibérica es un gran bloque de continente europeo que se adentra en el océano Atlántico. Separada del norte de África por el estrecho de Gibraltar, sus costas orientales y meridionales están bañadas por el mar Mediterráneo.

La península Ibérica constituye un territorio muy montañoso: los nevados Pirineos se alzan a lo largo de la frontera con Francia; la cordillera Cantábrica, con los Picos de Europa, discurre paralela a la costa septentrional; al sur, el Sistema Penibético culmina en Sierra Nevada, y, en el centro, donde está situada gran parte de España, se encuentra la meseta Central. Importantes ríos nacen en las montañas, como el Ebro, el Duero, el Tajo, el Guadalquivir y el Guadiana.

La mayor parte de la Península pertenece a España. Sin embargo, Portugal ocupa el extremo sudoeste, bañado por el océano Atlántico, mientras que, entre las alturas pirenaicas, se encuentra el pequeño estado de Andorra. La colonia británica de Gibraltar ocupa un peñón a la entrada del Mediterráneo. A España pertenecen las Islas Baleares, un archipiélago mediterráneo; las Islas Canarias, que son parte de África desde el punto de vista geográfico, y los puertos de Ceuta y Melilla, situados en la costa de Marruecos. Portugal posee las islas de Madeira y las Azores. Aunque la costa norte, es verde y húmeda, la mayor parte de la región central es cálida y seca, y comprende zonas en proceso de desertificación.

◐ LOS PIRINEOS
Los Pirineos se extienden a lo largo de 440 km, desde el golfo de Vizcaya hasta la costa del mar Mediterráneo. Desde sus elevadas cimas, que culminan a 3.404 m de altitud, descienden ríos de fuerte pendiente.

◑ ACEITE DE OLIVA
Los olivos crecen en los áridos climas y los polvorientos suelos del sudoeste de España y Portugal. El fruto se destina a la producción de aceite o al consumo directo.

◐ LOS SIMIOS DEL PEÑÓN
Según una leyenda, cuando los macacos abandonen Gibraltar, también lo harán los británicos.

⟳ CÍTRICOS

En primavera, Sevilla se llena de flores de azahar. Las amargas naranjas sevillanas se utilizan para la elaboración de mermelada.

⟳ CIUDAD PARTIDA

La antigua ciudad de Ronda, en Andalucía, está dividida por una garganta de 130 m de profundidad por donde circula el río Tajo. Un precioso puente une las dos mitades.

Cabo Ortegal
Golfo de Vizcaya
Cabo de Peñas
A Coruña · El Ferrol · Gijón · Llanes · Santander
Carballo · Villalba · Oviedo · Bilbao · San Sebastián
Cabo Fisterra · Fonsagrada · CORDILLERA · CANTÁBRICA · PIRINEOS · FRANCIA
Lugo · Reinosa · Ebro · Vitoria · Pamplona
Santiago de Compostela · Sarria · Arga
Lalín · León · Osorno · Logroño · Pico de Aneto 3.404 m · ANDORRA · Andorra la Vella
Monforte de Lemos · Astorga · Burgos · Soria · Gállego · Cinca · Figueras
Vigo · Miño · Orenes · SIERRA CABRERA · Villada · Palencia · Llobregat · Gerona
Baltar · La Gudina · Esla · Duero · Soria · Zaragoza · Manresa · Costa Brava
Braga · Támega · Bragança · Valladolid · Zamora · Caspe · Lérida · Tarrasa · Barcelona
Vila Real · Mogadouro · Medina del Campo · ESPAÑA · Jalón · Reus · Costa Dorada
Lamego · Douro · Tormes · Segovia · SIERRA DE GUADARRAMA · Tajuña · Tajo · Tortosa · Costa Dorada · Cabo Tortosa
PORTUGAL · Salamanca · Ávila · Guadalajara · Morella · Vinaroz
Aviéro · Viseu · Ciudad Rodrigo · Alcalá de Henares · Teruel · Mijares · Costa del Azahar
Guarda · Béjar · SIERRA DE GREDOS · Madrid · Cuenca · Turia · Castellón de la Plana
Coimbra · Covilhã · Plasencia · Tajo · Aranjuez · Sagunto
Castelo Branco · Toledo · Requena · Valencia
Leiria · Cáceres · Trujillo · MONTES DE TOLEDO · Júcar · Alcira · Golfo de Valencia
Tomar · Daimiel · Villarrobledo · Albacete · Ibiza
Caldas de Rainha · Tejo · Portalegre · Guadiana · Ciudad Real · Almansa · Cabo de la Nao · Ibiza · Formentera
Santarém · Badajoz · Don Benito · Valdepeñas · Alcaraz · Alcoy · Yecla
Lisboa · Almendralejo · Puertollano · SIERRA DE SEGURA · Alicante · Elche
Setúbal · Évora · Ardila · Azuaga · Pozoblanco · SIERRA MORENA · La Carolina · Moratalla · Orihuela · Costa Blanca
Beja · Guadiana · Constantina · Córdoba · Linares · Cehegín · Murcia
Nerva · Guadalquivir · Jaén · Martos · Baza · Lorca · Cartagena · Cabo de Palos
Lagos · Las Marismas · Huelva · Sevilla · Puente Genil · Osuna · Genil · Guadix · Huércal Overa · Águilas · Costa Blanca
Cabo de San Vicente · Algarve · Costa de la Luz · Morón de la Frontera · Granada · Mulhacén 3.478 m
Jerez de la Frontera · de Cádiz · Ronda · Antequera · SIERRA NEVADA · Almería · Costa de Gata
Cádiz · SIERRA DE RONDA · Málaga · Motril · Berja · Cabo de Gata · Costa del Sol
Marbella · MAR MEDITERRÁNEO
Gibraltar (RU) · Algeciras · Estrecho de Gibraltar · Ceuta (España)

PORTUGAL

ESPAÑA

ANDORRA

⟳ LINCE IBÉRICO

N · O · E · S

⟳ BURROS

GIBRALTAR

Melilla (España)

⟳ EL PEÑÓN

Desde los 426 m del peñón de Gibraltar se divisa la costa africana.

⟳ CIGÜEÑAS BLANCAS

◐ ACTIVIDAD PESQUERA

La pesca es un sector tradicional de la economía en las costas españolas y portuguesas. En los últimos años se han producido disputas con otros países de la Unión Europea sobre las cuotas de captura.

◑ BARCELONA

Una escultura dorada se levanta resplandeciente en Barcelona, principal ciudad de Cataluña. Barcelona es un famoso centro cultural y artístico.

Los tres estados independientes de la península Ibérica disfrutan de una democracia, si bien Portugal y España tuvieron regímenes dictatoriales hasta la década de 1970, y Andorra no fue una democracia plena hasta 1993. Actualmente, España es una monarquía y Portugal, una república. Ambos países pertenecen a la Unión Europea desde 1986, hecho que ha contribuido a mejorar el nivel de vida, muy bajo en el pasado.

El clima cálido favorece el crecimiento de una gran diversidad de cultivos, como naranjas, limones, olivas, melones y girasoles. Portugal obtiene corcho de sus alcornoques y, al igual que España, posee viñedos de los que se obtiene vino, jerez u oporto.

Ambos países poseen flotas pesqueras importantes; entre sus capturas destacan la sardina, el atún, la anchoa o el bacalao. Todo ello contribuye a que la gastronomía de estos países sea muy sana y variada.

Existen, además, reservas de hierro, carbón y cobre, y la industria destaca en los sectores automovilístico y textil.

◐ BARRILES DE OPORTO

El oporto, un vino tinto dulce y fuerte, envejecido en barricas de roble y que se bebe después de cenar, debe su nombre a la ciudad portuguesa homónima.

◐ POLICÍA ESPAÑOLA

Policías montados españoles con sus caballos. España cuenta con la Policía Nacional, la Guardia Civil y la Policía Municipal, todas ellas con competencias diferentes.

FABRICACIÓN DE CUERDAS

España produce gran cantidad de fibras, como el algodón, el lino, el cáñamo o el esparto, que se utilizan para la fabricación de cuerdas, hilos, productos textiles y papel.

ALCORNOCALES

Los alcornoques de Portugal tienen una espesa corteza que puede extraerse para producir corcho. Esta actividad tradicional está amenazada por la introducción de tapones de plástico para las botellas de vino.

Uno de los principales recursos es el turismo; las soleadas playas de la Costa del Sol, las Canarias y las Baleares, en España, o del Algarve, en Portugal, atraen todos los años a un gran número de turistas europeos.

Dos tercios de los portugueses residen en zonas rurales, mientras que tres cuartas partes de los españoles viven en grandes ciudades. Muchas de ellas cuentan con centros históricos dotados de bellos castillos, palacios, catedrales, además de barrios industriales. La capital de España, Madrid, está situada en el centro de la Meseta. La segunda ciudad del país es Barcelona, un activo centro cultural y comercial de la costa mediterránea. Lisboa, capital de Portugal, es un puerto situado en la desembocadura del Tajo.

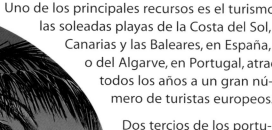

EN LA PLAYA

El turismo ha traído riqueza a España, pero también ha dañado su medio ambiente. Los hoteles ocupan las costas meridionales, e incluso áreas remotas cuentan con zonas de acampada.

PAELLA

MARINERO INTRÉPIDO

Esta estatua se erigió en recuerdo del navegante portugués, Vasco de Gama (h. 1460–1524), quien descubrió una nueva ruta hacia el Este alrededor de África.

LA ESPAÑA INDUSTRIAL

España es uno de los mayores productores de automóviles de Europa. Los vehículos son el principal producto exportado.

El español, basado en el castellano, la lengua del antiguo reino de Castilla, se habla en toda España, y el portugués en todo Portugal. Ambas lenguas se han difundido alrededor del mundo, y, actualmente, se hablan en América Central y Sudamérica. Además, se hablan muchas otras lenguas y dialectos, tanto en la península como en las islas.

Los vascos son un pueblo muy antiguo que habita el norte de España y el sur de Francia; hablan el euskera, un idioma que no guarda relación con ninguna otra lengua conocida. Los gallegos, en el noroeste, tienen una cultura celta, y su lengua, el gallego, es parecida al portugués. Cataluña, a su vez, gira en torno a Barcelona y también cuenta con una lengua propia, el catalán, que se habla en Andorra y en el sur de Francia. Los gitanos han influido en la danza y la música de Andalucía, y en las Canarias aún quedan descendientes de los guanches, pueblo de raza beréber originario del norte de África.

Las fronteras actuales de la península Ibérica no corresponden a las de sus pueblos y culturas. Los vascos y los catalanes siguen reclamando su independencia, hecho que el Gobierno central ha intentado atenuar mediante la concesión de estatutos autonómicos. A pesar de todo, en el País Vasco la violencia continúa.

La península Ibérica tiene una rica historia cultural. Entre sus escritores figuran el poeta más célebre de Portugal, Luis de Camões (1524–1580); Miguel de Cervantes (1547–1616), autor del *Quijote*; el pintor español Francisco de Goya (1746–1828), y el arquitecto catalán Antoni Gaudí (1852–1926).

✿ EL ARTE DEL TOREO
Las corridas de toros son una tradición antigua en España. Todos los años, miles de toros se sacrifican en las plazas, y, como todo, hay quien lo aplaude y quien lo critica.

✿ AZULEJOS
La península Ibérica es famosa por su fina cerámica. Estos azulejos adornan la plaza de España de Sevilla, construida en 1929 para una gran exposición.

✿ UNA ARQUITECTURA DE CUENTO DE HADAS
El ejemplo más famoso del estilo surrealista de Antoni Gaudí es el templo de la Sagrada Familia de Barcelona, en la que trabajó desde 1884 hasta su muerte en 1926.

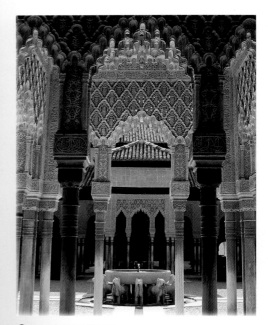

✿ LA ALHAMBRA
Este palacio y fortaleza fue construido por los príncipes árabes de Granada, entre los siglos XI y XV, y es uno de los edificios más bellos del mundo.

✪ GUERRA DE TOMATES

La villa de Buñol, en la provincia de Valencia, celebra todos los años, en agosto, una fiesta muy poco común: durante la Tomatina, la gente se lanza tomates.

Los habitantes peninsulares son católicos que conservan fiestas coloristas en las que representaciones de santos y de la Virgen María son paseadas por las calles de las ciudades. Otras celebraciones conmemoran batallas, ferias comerciales, exhibiciones ecuestres y corridas de toros. En muchas de estas fiestas se lucen vestidos tradicionales. Entre la música popular destaca el flamenco andaluz y los fados, unas canciones portuguesas de carácter sentimental.

✪ ARTE EN BILBAO

El Museo Guggenheim de Bilbao (País Vasco) presenta unos exteriores de titanio que ofrecen el aspecto de ondas marinas. El museo alberga, entre otras obras, cuadros de Pablo Picasso (1881–1973).

✪ BAILES REGIONALES

Muchos bailes regionales van acompañados de guitarras y castañuelas. El folclore español difiere mucho de una región a otra.

✪ TRADICIONES RELIGIOSAS

La península Ibérica es de una gran tradición católica. Casi todas las localidades rinden honores a su santo patrón. En Semana Santa, antes de Pascua, se celebran muchas fiestas y procesiones.

fueron uniendo poco a poco. España se unificó en 1512 y de 1586 a 1646 Portugal estuvo también bajo su dominio. Los dos países exploraron y colonizaron América, comerciaron con África y el lejano Oriente, se hicieron con un gran botín gracias al comercio y a las conquistas, y llegaron a ser muy poderosos.

Las pinturas rupestres halladas en Altamira, en el norte de España, se remontan al año 12.000 a.C. En la antigüedad, la península fue habitada por un gran número de pueblos, desde íberos y celtas hasta fenicios, griegos, romanos y judíos. Desde el siglo III a.C. hasta finales del V d.C., España constituyó una parte importante del Imperio romano. Las actuales lenguas española y portuguesa provienen del latín, la lengua de la antigua Roma.

PINTURAS RUPESTRES
Los artistas prehistóricos de Altamira pintaban los toros, los jabalíes y los bisontes que cazaban. Como colores utilizaban el ocre del suelo y el negro del carbón.

FELIPE II
Nacido en 1527, Felipe II fue uno de los reyes más poderosos y despiadados de la historia de España.

EL REBELDE
España perdió su vasto imperio americano durante el siglo XIX. El revolucionario argentino José de San Martín (1778–1850) contribuyó a liberar su país, así como Chile y Perú.

No obstante, las guerras con otros estados europeos debilitaron a estos dos países, que en el siglo XIX perdieron sus colonias en América.

De 1936 a 1939, España fue sacudida por una guerra civil, tras la cual accedió al poder un dictador fascista, el general Franco (1892–1975), quien gobernó el país hasta 1975, cuando se restableció la monarquía.

Desde 1926 y durante 50 años, Portugal también fue una dictadura. Tras perder sus colonias en África, el país vuelve a ocupar un sitio destacado entre los países punteros de Europa occidental.

Los siguientes invasores fueron pueblos de origen germánico como los visigodos o los vándalos. A partir del año 711, tribus musulmanas del norte de África, compuestas de árabes y beréberes, invadieron la península. El territorio donde se asentaron, y en el que se levantaron ciudades con suntuosos palacios y mezquitas, pasó a conocerse como «Al-Andalus». Desde el norte, los ejércitos cristianos empezaron a recuperar el control de la península, que no sería definitivo hasta 1492.

Durante la Edad Media, los reinos cristianos se

EL CID
Rodrigo Díaz nació en Burgos hacia el año 1043. Caballero cristiano, luchó contra los moros, aunque en ocasiones también lo hizo para ellos. En el año 1094 conquistó Valencia y se convirtió en El Cid (del árabe sidi, que significa señor).

⟳ RETORNO A LA DEMOCRACIA

Portugal recuperó la democracia en 1974 tras muchos años de dictadura.

⟳ LISBOA, 1755

En el siglo XVIII, la capital portuguesa fue un centro de influencia con muchos edificios suntuosos. En noviembre de 1755 un terrible terremoto arrasó la ciudad y provocó incendios e inundaciones que se cobraron 10.000 víctimas.

⟳ FERNANDO MAGALLANES

Este navegante portugués al servicio de España zarpó hacia las Américas en 1519 y alcanzó el océano Pacífico, pero murió en las Filipinas en 1521. Su barco regresó a España y se convirtió en el primero en dar la vuelta al mundo.

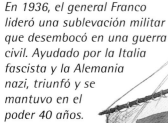

⟳ EL CAUDILLO

En 1936, el general Franco lideró una sublevación militar que desembocó en una guerra civil. Ayudado por la Italia fascista y la Alemania nazi, triunfó y se mantuvo en el poder 40 años.

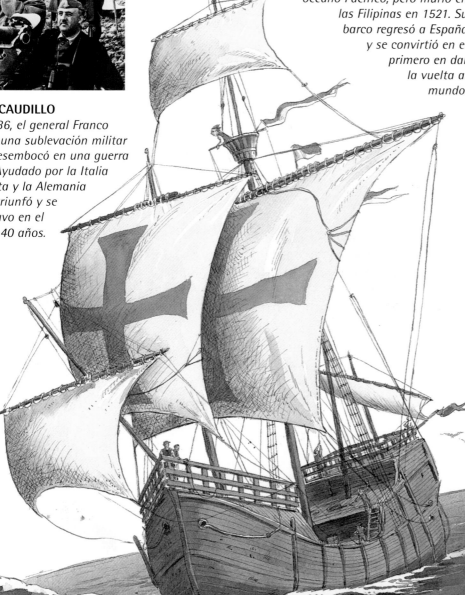

CRONOLOGÍA

264	Invasiones germánicas.
711	Primera invasión musulmana.
1085	Los cristianos conquistan Toledo.
1086	Segunda invasión musulmana (almorávides).
1143	Portugal, reino independiente.
1147	Tercera invasión musulmana (almohades).
1212	Derrota musulmana de Las Navas de Tolosa.
1278	Andorra pasa a ser un coprincipado.
1479	Unión de Castilla y Aragón.
1492	Cae el Reino de Granada, último reino musulmán. Colón en América.
1500	Los portugueses en Brasil.
1516	Carlos I de Austria, rey de España.
1586	Portugal bajo dominio español (hasta 1646).
1701	Guerra de Sucesión Española (hasta 1713).
1713	Gibraltar británico.
1808	Invasión francesa de la península (hasta 1814).
1909	Semana Trágica de Barcelona (graves conflictos obreros).
1926	Dictadura en Portugal (hasta 1974).
1936	Guerra Civil Española (hasta 1939, cuando el general Franco inicia su dictadura).
1975	Muerte de Franco y restauración de la monarquía.
1986	España y Portugal ingresan en la CEE.
2002	El euro entra en circulación en España y Portugal.

75

ITALIA, AUSTRIA Y SUIZA

Los Alpes constituyen la cadena montañosa más elevada de Europa occidental. Suiza, en el extremo nordeste de la cordillera, es un país de lagos, bosques, prados y cimas nevadas. Al este se extienden el minúsculo Liechtenstein y Austria, cuyos picos alpinos descienden hacia las fértiles llanuras de la cuenca del Danubio. En el sur, la península italiana, una estrecha franja de tierra, se adentra en el mar Mediterráneo.

En el norte de Italia, las montañas dan paso a una baja llanura que se extiende alrededor del río Po y a una costa de pantanos y lagunas entre los que se alza la ciudad de Venecia. Las superficies llanas también ocupan el este del país, junto a la frontera con Eslovenia. Los Apeninos, con sus vertientes cubiertas de viñedos, forman la espina dorsal de la península. En el sur, el territorio consta de llanos secos y colinas cubiertas de matorral. Abundan los terremotos y las erupciones volcánicas.

La costa está salpicada de pequeñas islas, como Elba, Ischia, Capri y las Eolias. También hay dos islas mayores: Cerdeña y Sicilia. Entre ésta última y la costa africana se encuentran otras islas que constituyen el estado independiente de Malta.

⬦ TEJADOS VENECIANOS

Venecia se extiende sobre una laguna y es atravesada por una densa red de canales. El único modo de cruzar la ciudad es a pie o por agua.

⬦ PAISAJE DE LA TOSCANA

En la Toscana, una región de Italia central, villas medievales se alzan en lo alto de las colinas y dominan fértiles llanuras y laderas cubiertas de viñedos u olivos.

DATOS

ITALIA
Repubblica italiana
SUPERFICIE: 301.268 km²
POBLACIÓN: 57.400.000 hab.
CAPITAL: Roma
OTRAS CIUDADES: Milán, Nápoles, Turín
PUNTO MÁS ALTO: Mont Blanc (4.807 m)
LENGUA OFICIAL: italiano
MONEDA: euro

MALTA
Repubblika ta' Malta
SUPERFICIE: 316 km²
POBLACIÓN: 400.000 hab.
CAPITAL: La Valeta
LENGUAS OFICIALES: maltés, inglés
MONEDA: lira maltesa

SAN MARINO
Repubblica di San Marino
SUPERFICIE: 61 km²
POBLACIÓN: 30.000 hab.
CAPITAL: San Marino
LENGUA OFICIAL: italiano
MONEDA: euro

CIUDAD DEL VATICANO
Stato della Città del Vaticano
SUPERFICIE: 440 m²
POBLACIÓN: 1.000 hab.
CAPITAL: Ciudad del Vaticano
LENGUAS OFICIALES: latín, italiano
MONEDA: euro

AUSTRIA
Republik Österreich
SUPERFICIE: 83.859 km²
POBLACIÓN: 8.100.000 hab.
CAPITAL: Viena
OTRAS CIUDADES: Graz, Linz, Salzburgo
PUNTO MÁS ALTO: Grossglockner (3.797 m)
LENGUA OFICIAL: alemán
MONEDA: euro

LIECHTENSTEIN
Fürstentum Liechtenstein
SUPERFICIE: 160 km²
POBLACIÓN: 30.000 hab.
CAPITAL: Vaduz
PUNTO MÁS ALTO: Vorder-Grauspitz (2.599 m)
LENGUA OFICIAL: alemán
MONEDA: franco suizo

N O E S

LIECHTENSTEIN

AUSTRIA

SUIZA

CIUDAD DEL VATICANO

MALTA

SAN MARINO

ITALIA

○ PAISAJE COSTERO
La localidad pesquera de Positano se extiende en la bella costa amalfitana. Sus edificios cuelgan de empinadas rocas acantiladas.

☾ RESIDENCIA REAL
Ésta es la residencia del príncipe de Liechtenstein. Algunas partes del castillo, que domina la capital, Vaduz, datan del siglo XVI.

○ LA CAPITAL DE MALTA
Desde el siglo XVI, la cúpula de la catedral de La Valeta da la bienvenida a los navegantes que llegan a este puerto natural.

○ EL TIROL AUSTRÍACO
La provincia del Tirol, en el oeste de Austria, es una región de exuberantes pastos alpinos que en invierno se cubren de una espesa capa de nieve.

☼ CASAS DE MADERA

Las casas de madera con amplios tejados para protegerlas de las nevadas invernales son típicas de los Alpes.

En el país neutral de Suiza residen la sede de la Cruz Roja y la Organización Mundial de la Salud. Su riqueza proviene de las actividades bancarias, el turismo, la mecánica de precisión, los derivados lácteos y la industria química. Liechtenstein es un principado democrático y usa la misma moneda que Suiza. Además, constituye un gran centro financiero y de deportes de invierno. Austria es una república democrática, y está formada por laderas montañosas que aportan madera a los aserraderos y agua a las centrales hidroeléctricas. Su capital, Viena, es un gran centro cultural europeo.

☼ UNA CIUDAD CON ESTILO

Milán es la capital de la moda italiana, con firmas tan conocidas como Gucci, Prada, Armani o Valentino.

Italia, al que pertenecen las islas de Cerdeña y Sicilia, ocupa casi toda la península itálica, y la antigua ciudad de Roma, a orillas del río Tíber, es su capital. Italia goza de una democracia, y, precisamente en su capital, se firmó el Tratado de Roma, que significó el nacimiento de la Comunidad Económica Europea.

La parte más rica e industrializada del país es el norte, enlazado con Europa occidental por túneles viarios y ferroviarios que cruzan los Alpes. El sur del país es más pobre. Durante mucho tiempo, una gran cantidad de trabajadores italianos han emigrado al norte de Europa, Estados Unidos, Argentina o Australia.

El 70% de los italianos vive en áreas urbanas, aunque la agricultura es todavía muy importante.

☼ REGATA VENECIANA

Todos los años, en septiembre, Venecia celebra su historia con una serie de regatas en las que el Canal Grande se llena de engalanadas góndolas.

SUIZA

Eidgenossenschaft Schweiz –
Confédération Suisse –
Confederazione Svizzera
SUPERFICIE: 41.284 km²
POBLACIÓN: 7.100.000 hab.
CAPITAL: Berna
OTRAS CIUDADES: Zúrich,
Ginebra
PUNTO MÁS ALTO: monte
Rosa (4.634 m)
LENGUAS OFICIALES: alemán,
francés, italiano, romanche
MONEDA: franco suizo

○ EL ORO SUIZO

Los bancos suizos almacenan los lingotes de oro en sus cámaras acorazadas.

○ ASTILLEROS

Antaño, los muelles malteses estuvieron al servicio de la marina británica; hoy reparan toda clase de mercantes.

Los campos italianos producen trigo, arroz, maíz, olivos y tomates, y de los viñedos toscanos se obtienen vinos de fama mundial: Italia es el máximo productor de vino del mundo. La cocina italiana se basa en la pasta, el arroz, la polenta o la pizza.

Italia cuenta con pocos recursos minerales, pero ha desarrollado una potente industria que destaca en los sectores plástico, textil, informático, automovilístico, del cuero, de la confección, y de los bienes del hogar. Además, el turismo es una fuente de ingresos desde hace 500 años: el país ofrece estaciones de invierno, playas soleadas, monumentos etruscos y romanos, bellas ciudades medievales e impresionantes tesoros artísticos.

Dentro del territorio italiano se extienden dos estados independientes: la República de San Marino, en los Apeninos, que obtuvo la independencia en 1631, y que atrae a muchos turistas; y Ciudad del Vaticano,

el país más pequeño del mundo, que forma parte de la ciudad de Roma y que constituye la sede de la Iglesia católica.

Malta, situada al sur de Italia y en medio de las antiguas rutas del Mediterráneo, es una república democrática que depende del turismo y de la industria naval.

○ LA PIZZA PERFECTA

La pizza se enriquece con deliciosos condimentos, como salsa de tomate, queso, verduras, carne y pescado.

○ EL NACIMIENTO DE INTERNET

En el Laboratorio Europeo de Partículas Físicas (CERN), en Suiza, varios científicos prueban imanes para un nuevo acelerador. Uno de los resultados de dichas investigaciones fue el desarrollo de Internet.

○ EL PAPA POLACO

Juan Pablo II fue nombrado papa en 1978. Hacía 450 años que un Papa no-italiano accedía al pontificado.

◖ SAN NICOLÁS

El 5 de diciembre se celebra la fiesta cristiana de San Nicolás. En el cantón suizo de Lucerna son típicos una procesión con farolas y la entrega de regalos.

Cerca del 65% de los suizos habla un dialecto del alemán, mientras que un 18% habla francés. Sin embargo, en el sur, también se hablan el italiano y otra lengua llamada *romanche*. Se trata de un país conservador y muy orgulloso de sus tradiciones. Ginebra fue, en su momento, uno de los principales focos protestantes.

Liechtenstein y Austria son países de habla alemana y ambos profesan la religión católica. En el caso del principado, la mayoría de la gente vive en Vaduz, su capital. Austria cuenta con una campiña de imponentes castillos, iglesias, antiguos monasterios, y ciudades de larga tradición artística, teatral y musical. Austríacos fueron, por ejemplo, Wolfgang Amadeus Mozart (1756–1791) y Johann Strauss hijo (1825–1899).

El italiano deriva del latín hablado en la antigua Roma, y, hoy, es la lengua oficial de Italia. Se dice que el dialecto de la isla de Cerdeña es el más cercano al latín. En el norte existen habitantes de habla francesa, alemana o incluso eslovena. En la región septentrional de los montes Dolomitas se habla el *ladino*, parecido al romanche.

◖ DOMA DE CABALLOS

La Escuela Española de Equitación se remonta a los Habsburgo. En ella, hábiles caballos blancos ejecutan elegantes ejercicios al son de la música.

Los italianos actuales descienden de pueblos diversos: etruscos, romanos, griegos, celtas, godos, vándalos, lombardos, sardos y normandos. Hoy, su identidad depende más de la región en la que viven que de sus orígenes históricos.

◖ AUSTRIA Y EL CATOLICISMO

Hace cerca de 300 años, la fe católica de los austríacos impulsó a muchos arquitectos a erigir bellos monasterios e iglesias como la de la foto, de marcado estilo barroco.

◖ PAVAROTTI

El italiano es la lengua de la ópera. Luciano Pavarotti acercó la música clásica a un público más amplio cuando formó los «Tres Tenores», con Plácido Domingo y José Carreras.

SAN FRANCISCO DE ASÍS

En 1205, Giovanni Bernadone (h. 1181–1226), Francesco, renunció a sus bienes para convertirse en monje y unirse a pobres y a enfermos. Predicaba la sencillez y amor para todas las criaturas. Su doctrina fue difundida por miles de monjes franciscanos.

El estilo de vida italiano está influenciado por la Iglesia católica, y por sus grandes fiestas religiosas que aún se celebran, y se caracteriza por un apego especial a la familia.

Probablemente, Italia ha contribuido más a la civilización europea que ningún otro país. La antigua Roma, heredera de la civilización griega, fue un centro de las artes y de las letras; de la filosofía y de las leyes; de la construcción y de la tecnología. En épocas más avanzadas, Italia fue la cuna de grandes poetas como Dante (1265–1321), artistas como Miguel Ángel (1475–1564) o Leonardo da Vinci (1452–1519), y compositores como Monteverdi (1567–1643). Actualmente, la ópera sigue siendo popular, aunque el fútbol despierta también mucha pasión.

Malta ha recibido influencias tanto de la cultura italiana como de la vida marinera. Los malteses descienden de los pueblos que en diferentes épocas se han establecido en la isla, entre los cuales habría que incluir a griegos, fenicios, árabes, normandos, españoles, ingleses y, como no, italianos.

DANTE ALIGHIERI

Nacido en 1265, el poeta más grande del medievo italiano, escribió la Divina Comedia, *un viaje del Infierno al Paraíso.*

LA CRUZ MALTESA

La cruz maltesa es la insignia de los Caballeros de San Juan, orden religiosa y militar maltesa (1530–1798).

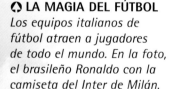

LA MAGIA DEL FÚTBOL

Los equipos italianos de fútbol atraen a jugadores de todo el mundo. En la foto, el brasileño Ronaldo con la camiseta del Inter de Milán.

EL CARNAVAL

De todos los carnavales del mundo, el celebrado en Venecia antes de la Cuaresma es el más elegante. La gente se pasea disfrazada (los hay que lucen trajes del siglo XVIII). En otros tiempos, el Carnaval, duraba dos meses.

Durante la Edad Media, Austria formó parte del Sacro Imperio romano. Bajo el dominio de los Habsburgo desde 1282, se convirtió en una gran potencia europea, con un ámbito de influencia que abarcaba toda Europa central. Hacia el siglo XIX, tras las guerras napoleónicas, el poder austríaco se debilitó, y tras la Primera Guerra Mundial se convirtió en república.

Suiza se creó en los siglos XIII y XIV a partir de cantones que se unieron para librarse del dominio austríaco, y ha permanecido neutral desde 1815. Liechtenstein se formó en 1719 cuando un príncipe austríaco adquirió dos minúsculos estados (Vaduz y Schellenberg) que pertenecían al Sacro Imperio romano. El principado de Liechtenstein obtuvo la independencia en 1866.

○ ARTE CELTA

Esta estatuilla celta con una rueda fue hallada en Hochdorf, Austria, y data del siglo VI a.C.

○ MARÍA TERESA

María Teresa (1717–1780) se convirtió en emperatriz de Austria y en uno de los monarcas más ilustrados.

En Italia, la leyenda narra que la ciudad de Roma fue fundada en el año 753 a.C., cuando los etruscos dominaban Italia central y el sur estaba salpicado de colonias griegas. Los romanos se libraron de los etruscos en el año 509 a.C., y en los siglos sucesivos conquistaron el resto de Italia; derrotaron a Cartago, su mayor rival en el Mediterráneo, y fundaron un imperio que se extendía desde España hasta Siria. En el año 476 d.C., la mitad oeste de este imperio, Italia inclusive, se derrumbó tras la invasión de tribus germánicas.

Durante los siguientes 1.400 años, el país permaneció dividido. Hubo invasiones lombardas y bizantinas, y los normandos fundaron reinos en el sur. El norte cayó en manos de los emperadores del Sacro Imperio romano, aunque la ciudad de Roma continuó siendo un reducto de la Iglesia y el centro de la cristiandad.

○ EN EL ANFITEATRO

Los romanos amaban espectáculos crueles. En anfiteatros como éste, el Coliseo de Roma, cuyas ruinas aún se conservan, hasta 45.000 asistentes disfrutaban de combates mortales entre gladiadores (prisioneros de guerra entrenados o esclavos). Algunos de ellos debían enfrentarse a animales salvajes. El desgarro de un esclavo por un animal era vitoreado.

○ MONEDAS ROMANAS

Mucho antes de que la primera moneda europea viera la luz, en 2002, la mayoría del continente ya usaba la misma moneda: la del Imperio romano.

○ SALZBURGO

La ciudad de Salzburgo, Austria, está dominada por un castillo medieval y una catedral, algo más moderna, construida entre 1614 y 1688.

○ LA COLUMNA DE TRAJANO

Terminada en el 113 d.C., esta columna de mármol conmemora los triunfos del emperador romano Trajano (53–117 d.C.).

Durante la Edad Media surgieron numerosos estados pequeños. Las ciudades se convirtieron en centros comerciales y, sobre todo en Florencia, la cultura y las artes resurgieron durante el Renacimiento.

Italia atravesó períodos de ocupación francesa, española y austríaca. En 1861 se produjo la unificación del país, uno de cuyos artífices fue Giuseppe Garibaldi (1807–1882).

En la Primera Guerra Mundial, Italia luchó junto a los aliados, pero poco después accedió al poder el dictador fascista Benito Mussolini, que en la Segunda Guerra Mundial se alió con Alemania. En 1945, Mussolini fue ejecutado por un grupo de partisanos.

En los años sucesivos, Italia fue reconstruida, y hoy goza de un gobierno democrático que debe enfrentarse al crimen organizado.

◯ CATALINA DE MEDICI
La poderosa familia Medici gobernó Florencia, y más tarde Toscana entre los siglos XIV y XVIII. Catalina de Medici (1519–1589) se casó con Enrique II, rey de Francia.

◯ PROCESO A LA MAFIA
La Mafia es una organización criminal radicada en Sicilia que ha sido protegida por políticos corruptos.

◯ GARIBALDI
En 1860, Giuseppe Garibaldi y sus mil Camisas Rojas empezaron una campaña militar para unificar Italia. Tras su victoria, entregó el Reino de las Dos Sicilias a Víctor Manuel, futuro rey de Italia.

CRONOLOGÍA

117	Cumbre del Imperio romano.
568	Los lombardos invaden el norte de Italia.
917	Los árabes conquistan Sicilia.
1090	Los normandos invaden Malta y Sicilia.
1291	Tres cantones fundan Suiza.
1450	Cumbre del Renacimiento.
1494	Francia invade Italia.
1530	Los Caballeros de San Juan (Malta) luchan contra los turcos.
1631	Independencia de San Marino.
1719	Independencia de Liechtenstein.
1798	Francia ocupa Malta.
1800	Reino francés de Italia (hasta 1815); el Reino Unido conquista Malta.
1848	La revolución contra los austríacos fracasa.
1859	Austria pierde sus posesiones en Italia.
1860	Garibaldi libera Sicilia.
1861	Unificación de Italia.
1915	Italia en la Primera Guerra Mundial (hasta 1918) con los aliados.
1922	Mussolini toma el poder en Italia.
1938	Anexión austríaca.
1940	Italia en la Segunda Guerra Mundial con Alemania: en 1943, cambio de bando; Mussolini ejecutado en 1945.
1957	Italia, fundadora de la CEE.
1964	Independencia de Malta.
1971	Derecho al voto femenino en Suiza.
1995	Austria en la UE.

EUROPA
CENTRAL Y EL BÁLTICO

La parte norte de Europa central limita con el mar Báltico. Su baja costa oriental se extiende sobre un territorio de dunas, lagunas, landas y bosques. Estonia y Letonia están bañados por los golfos de Finlandia y Riga, mientras que al sur, la pequeña costa de Lituania se alarga hasta Kaliningrado, un enclave ruso. Al oeste del golfo de Gdansk, la costa báltica prosigue hasta territorio alemán.

La mayor parte de Europa central está alejada del mar. El tiempo puede ser cálido y soleado en verano, pero los inviernos son largos y fríos. Buena parte de Polonia, que cuenta con un sector cubierto de bosques y lagos, se extiende sobre una llanura que se adentra en Bielorrusia y Rusia hacia el este. En otros lugares, en cambio, predominan los campos de cultivo y las industrias. En el sur de Polonia, junto a las fronteras checa y eslovaca, el terreno es montañoso.

En el norte de la República Checa se alza el macizo de los Sudetes, mientras que, en el sudoeste, el bosque de Bohemia se adentra en Alemania. Avenado por los ríos Moldava, Elba y Morava, el territorio checo incluye colinas boscosas y campos de cultivo. Eslovaquia es un país más montañoso: el macizo de los Tatra llega hasta la cuenca del Danubio. El norte de Hungría es algo accidentado, y, en el este, existe una fértil llanura de tierras negras ideales para la agricultura.

🜨 PRIENAI, LITUANIA

Sólo un tercio de los lituanos vive en el campo, donde se cultiva patatas, remolacha, centeno y se cría ganado porcino y aviar.

🜨 BUDAPEST

El monumental edificio del Parlamento en Budapest se alza en el centro de la ciudad, a orillas del Danubio.

REPÚBLICA CHECA
Ceská Republika
SUPERFICIE: 78.864 km²
POBLACIÓN: 10.300.000 hab.
CAPITAL: Praga
OTRAS CIUDADES: Brno
PUNTO MÁS ALTO: monte Snezka (1.602 m)
LENGUA OFICIAL: checo
MONEDA: corona checa

ESTONIA
Eesti Vabariik
SUPERFICIE: 45.100 km²
POBLACIÓN: 1.500.000 hab.
CAPITAL: Tallin
OTRAS CIUDADES: Tartu, Kohtla-Järve
PUNTO MÁS ALTO: monte Munamägi (318 m)
LENGUA OFICIAL: estonio
MONEDA: corona estonia

HUNGRÍA
Magyar Köztársaság
SUPERFICIE: 93.032 km²
POBLACIÓN: 10.200.000 hab.
CAPITAL: Budapest
OTRAS CIUDADES: Debrecen, Miskolc
PUNTO MÁS ALTO: monte Kékes (1.015 m)
LENGUA OFICIAL: húngaro
MONEDA: florín húngaro

LETONIA
Latvija – Latvijas Republika
SUPERFICIE: 64.600 km²
POBLACIÓN: 2.500.000 hab.
CAPITAL: Riga
OTRAS CIUDADES: Jelgava, Daugavpils
PUNTO MÁS ALTO: monte Gaizinkalns (311 m)
LENGUA OFICIAL: letón
MONEDA: lats

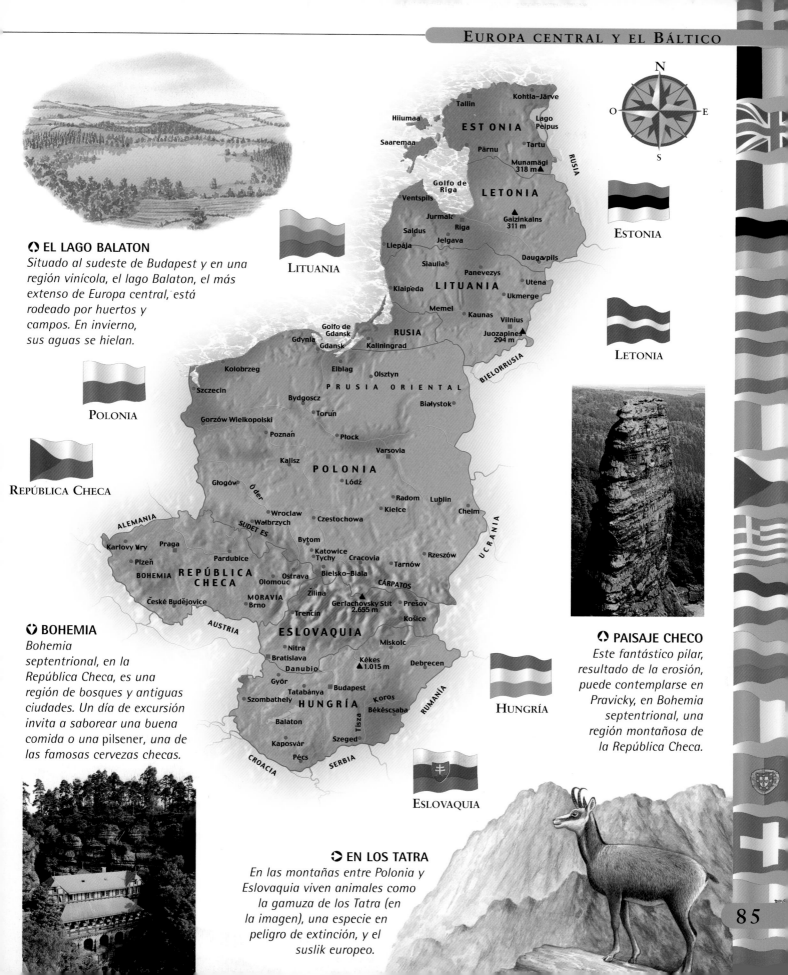

◑ EL LAGO BALATON

Situado al sudeste de Budapest y en una región vinícola, el lago Balaton, el más extenso de Europa central, está rodeado por huertos y campos. En invierno, sus aguas se hielan.

LITUANIA

POLONIA

REPÚBLICA CHECA

◑ BOHEMIA

Bohemia septentrional, en la República Checa, es una región de bosques y antiguas ciudades. Un día de excursión invita a saborear una buena comida o una pilsener, una de las famosas cervezas checas.

Mapa

Tallin
Kohtla–Järve
Hiiumaa
ESTONIA
Lago Peipus
Saaremaa
Pärnu
Tartu
Munamägi 318 m
Golfo de Riga
LETONIA
Ventspils
Gaizinkalns 311 m
Jurmala
Saldus
Riga
Jelgava
Liepāja
Daugavpils
Siaulia
Panevezys
Klaipeda
Utena
LITUANIA
Ukmerge
Memel
Kaunas
Vilnius
Juozapines 294 m
RUSIA
Golfo de Gdansk
Gdynia
Gdansk
Kaliningrad
Kolobrzeg
Elblag
Olsztyn
Szczecin
PRUSIA ORIENTAL
BIELORRUSIA
Bydgoszcz
Białystok
Gorzów Wielkopolski
Toruń
Poznań
Płock
Kalisz
Varsovia
POLONIA
Głogów
Łódź
Óder
Radom
Lublin
Wrocław
Kielce
Walbrzych
Czestochowa
Chełm
ALEMANIA
SUDETES
Bytom
Karlovy Vary
Praga
Katowice
Rzeszów
UCRANIA
Plzeň
Pardubice
Tychy
Cracovia
Tarnów
BOHEMIA
REPÚBLICA CHECA
Ostrava
Bielsko-Biala
CÁRPATOS
České Budějovice
Olomouc
Žilina
Prešov
MORAVIA
Gerlachovsky Stit 2.655 m
Brno
Trencin
Košice
AUSTRIA
ESLOVAQUIA
Miskolc
Nitra
Bratislava
Kékes 1.015 m
Debrecen
Danubio
Győr
Budapest
Tatabánya
Szombathely
Koros
RUMANÍA
HUNGRÍA
Békéscsaba
Balaton
Tisza
Kaposvár
Szeged
CROACIA
Pécs
SERBIA

ESTONIA

LETONIA

◑ PAISAJE CHECO

Este fantástico pilar, resultado de la erosión, puede contemplarse en Pravicky, en Bohemia septentrional, una región montañosa de la República Checa.

HUNGRÍA

ESLOVAQUIA

◑ EN LOS TATRA

En las montañas entre Polonia y Eslovaquia viven animales como la gamuza de los Tatra (en la imagen), una especie en peligro de extinción, y el suslik europeo.

Desde la década de 1940 hasta los años 1989–1991, los estados bálticos formaron parte de la antigua Unión Soviética, que ejercía una influencia decisiva sobre los gobiernos comunistas de Europa central. Hoy, la región se ha liberado de la influencia rusa, todos los países de la zona celebran elecciones libres y en 2004 entraron a formar parte de la Unión Europea. Tanto los países de Europa central como los del Báltico son repúblicas. Cabe destacar, que antes de 1993, la República Checa y Eslovaquia formaban un sólo estado: Checoslovaquia.

☼ CULTIVOS BÁSICOS
Entre los cultivos que forman la dieta diaria básica de los habitantes de Europa central figuran el trigo, el centeno, con los que se hace pan, y las patatas.

Los países bálticos no poseen recursos mineros, de forma que deben importarlos para abastecer a su industrias, sobre todo químicas, textiles y mecánicas. Los bosques proporcionan madera para las fábricas de papel y de cerillas, y muchas industrias han quedado obsoletas. Entre los productos agrícolas y ganaderos destacan los cereales, las patatas y la cría de cerdos.

Polonia posee reservas de carbón, azufre, cobre, plata, plomo, sal y gas natural. En la costa del Báltico, la construcción naval es una actividad importante; las fábricas del país producen vehículos, maquinaria pesada y calzado. El trigo, el centeno y las patatas son los cultivos básicos.

Al dividirse Checoslovaquia, la industria, del vidrio y siderúrgica, se quedó en el lado checo. Hoy, Eslovaquia depende de la agricultura. Hungría posee reservas de bauxita, carbón y gas; industrias químicas, del plástico, metalúrgicas, metalmecánicas y eléctricas, y cultiva cerezas para la producción de mermelada.

☼ TURISMO EN EUROPA CENTRAL
La industria turística crece muy rápido en Polonia, Hungría y la República Checa. En la foto, un grupo de turistas en las cascadas de Souteska, en Bohemia septentrional.

☼ EL SABOR DEL PÁPRIKA
El fruto rojo obtenido de una clase de pimiento se seca para luego ser molido y producir así páprika, una especia que se utiliza en platos como el gulash húngaro.

☼ DÍA DE DESFILE
Estos soldados lituanos desfilan para conmemorar el Día de la Independencia. El país se convirtió en un estado independiente en 1991.

⬡ LA PRAGA ANTIGUA
La capital checa conserva muchos edificios de gran belleza de los siglos XIV y XV, cuando la ciudad era el centro del reino de Bohemia.

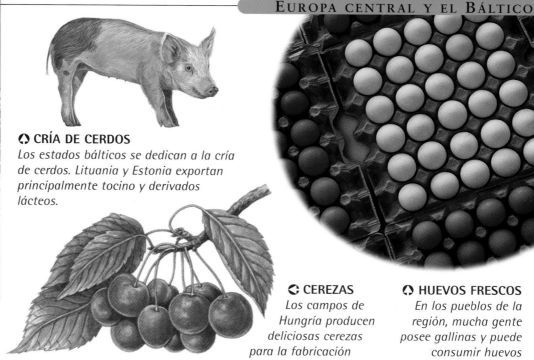

⬡ CRÍA DE CERDOS
Los estados bálticos se dedican a la cría de cerdos. Lituania y Estonia exportan principalmente tocino y derivados lácteos.

⬡ CEREZAS
Los campos de Hungría producen deliciosas cerezas para la fabricación de mermelada.

⬡ HUEVOS FRESCOS
En los pueblos de la región, mucha gente posee gallinas y puede consumir huevos frescos a diario.

Europa central es famosa por su deliciosa comida, como el *gulash* húngaro (un estofado con carne enharinada, nata agria y páprika) y el *pierogi* polaco (empanadillas rellenas con setas y carne). Entre las bebidas alcohólicas sobresalen el vodka polaco, las cervezas checas y los fuertes vinos húngaros.

El turismo es una industria creciente en Europa central. Los lugares más visitados son los cascos antiguos de Cracovia, Praga y Budapest; los montes Tatra, y los centros de aguas termales de la República Checa.

⬡ ASTILLEROS
La construcción y reparación de barcos es una industria pesada tradicional en la costa del Báltico, sobre todo en el puerto polaco de Gdansk.

⬡ BAÑOS HÚNGAROS
En los manantiales que nacen cerca de Miskolc, norte de Hungría, la temperatura del agua puede alcanzar los 30 °C. Rica en minerales, se dice que cura muchas enfermedades.

DATOS

LITUANIA
Lietuva, Lietuvos Respublika
SUPERFICIE: 65.200 km²
POBLACIÓN: 3.700.000 hab.
CAPITAL: Vilnius
OTRAS CIUDADES: Kaunas, Klaipeda
PUNTO MÁS ALTO: Juozapines (292 m)
LENGUA OFICIAL: lituano
MONEDA: litas

POLONIA
Rzeczpospolita Polska
SUPERFICIE: 323.250 km²
POBLACIÓN: 38.600.000 hab.
CAPITAL: Varsovia
OTRAS CIUDADES: Lodz, Cracovia, Wroclaw
PUNTO MÁS ALTO: Gerlachovsky Stit (2.656 m)
LENGUA OFICIAL: polaco
MONEDA: zloty

ESLOVAQUIA
Slovenská Republika
SUPERFICIE: 49.012 km²
POBLACIÓN: 5.400.000 hab.
CAPITAL: Bratislava
OTRAS CIUDADES: Kosice
PUNTO MÁS ALTO: monte Rysy (2.499 m)
LENGUA OFICIAL: eslovaco
MONEDA: corona eslovaca

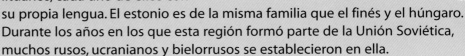

¿NÓMADAS AÚN?

Los tradicionales carromatos de los gitanos ya no son una escena habitual. Hoy, sólo un 10% de los gitanos son nómadas.

TRAJES TRADICIONALES

En Polonia, los vestidos tradicionales se utilizan aún para las danzas y fiestas populares. Brillantes colores e intrincados bordados son típicos de los trajes nacionales de los países centroeuropeos.

Entre los pueblos que viven en la costa oriental del mar Báltico figuran los estonios, los letones y los lituanos, cada uno de ellos con su propia lengua. El estonio es de la misma familia que el finés y el húngaro. Durante los años en los que esta región formó parte de la Unión Soviética, muchos rusos, ucranianos y bielorrusos se establecieron en ella.

Los polacos, los checos y los eslovacos son pueblos eslavos que hablan lenguas de la misma familia. Los magiares, que invadieron Europa central hace unos 1.200 años, constituyen el 90% de la población húngara. En Hungría también viven pequeñas comunidades de alemanes y de otros pueblos vecinos como los checos, los serbios, los croatas o los rumanos.

CUERDAS PUNTEADAS

La cítara es un instrumento muy común en la música popular de Europa central: está formada por una caja plana de cuerdas que se puntean con los dedos o con un plectro.

MARIE CURIE

Nacida con el nombre de Marie Sklodowska (1867–1934), esta gran física polaca (en la fotografía, a la izquierda) investigó la radioactividad y consiguió aislar el polonio y el radio.

UNA NUEVA TEORÍA

Nicolás Copérnico (fallecido en 1543), fue un astrónomo polaco que lanzó una teoría revolucionaria, según la cual el Sol, y no la Tierra, era el centro del Universo.

☉ DOMA DE CABALLOS

La afición a montar a caballo ya formaba parte de la vida de los magiares antes de establecerse en Hungría. Hoy, la tradición continúa.

En Europa central vive una gran población de etnia gitana, que a lo largo de la historia ha sido sometida a enconadas persecuciones. Los judíos, antaño también abundantes, fueron exterminados en su mayoría durante la ocupación nazi que tuvo lugar en la Segunda Guerra Mundial (1939–1945).

La mayor parte de Europa central profesa la religión cristiana, aunque la fe católica es especialmente fuerte en Polonia.

El monasterio de Jasna Góra, en Czestochowa, atrae a muchos peregrinos católicos devotos de la imagen de una Virgen negra.

La región ha contribuido de forma brillante a la cultura europea, con el compositor polaco Frédéric Chopin (1810–1849) o el compositor checo Antonín Dvorák (1841–1904). La música clásica presenta una gran influencia de la música y de las danzas regionales y folclóricas.

♺ UNA LARGA HISTORIA

El Museo Nacional Húngaro, en Budapest, conmemora una historia que se remonta al siglo IX, cuando el legendario jefe magiar Arpad llegó a la región y fundó un poderoso reino.

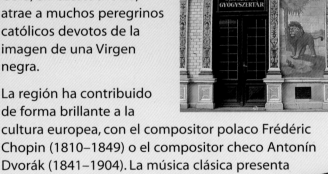

☉ POLONIA, PAÍS CATÓLICO

Las iglesias forman parte del paisaje polaco desde el año 966, cuando el país fue cristianizado. El 95% de los polacos es católico.

☉ CÁSCARAS DE HUEVO PINTADAS

Cáscaras de huevo pintadas en una tienda de Budapest. Esta tradición pascual, extendida en el centro y el este de Europa, se ha convertido en un género artístico.

☉ NACIONALIDAD MIXTA

Piezas de cerámica adornan esta farmacia en Sopron. Asignada a Austria tras la Primera Guerra Mundial, esta villa votó ser parte de Hungría en 1924.

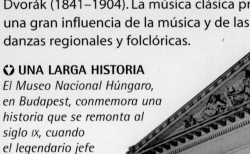

◊ PRAGA, PRIMAVERA DE 1968

Tanques soviéticos entraron en Checoslovaquia en 1968 tras las reformas políticas emprendidas por el gobierno checo.

◊ LA DEFENESTRACIÓN DE PRAGA

Un incidente ocurrido en Praga en 1618 marcó el inicio de la guerra de los Treinta Años: nobles bohemios protestantes lanzaron por la ventana a los representantes católicos del Sacro Imperio romano y eligieron ser gobernados por un príncipe alemán protestante. Dos años más tarde, las fuerzas católicas destruyeron por completo a las bohemias en la batalla de la Montaña Blanca.

Las llanuras de Europa central son difíciles de defender; la historia ha sido testimonio de invasiones procedentes tanto del este como del oeste. Polonia es el país de la zona cuyo territorio ha experimentado un mayor número de cambios de posición en el mapa.

◊ CIUDAD DE FORTALEZAS

Durante su historia llena de acontecimientos bélicos, la ciudad lituana de Kaunas ha construido sólidas fortificaciones.

Hace unos 2.700 años, los celtas ocupaban las actuales repúblicas checa y eslovaca, y parte de Hungría. Los celtas fueron desplazados por tribus germánicas que, a su vez, cedieron ante pueblos eslavos que acabarían dominando la mayor parte de Europa central. Hacia el año 800 d.C., las llanuras húngaras fueron invadidas por los magiares, feroces guerreros a caballo venidos de las estepas del este.

En la Edad Media se crearon poderosos reinos: Polonia, que se unió a Lituania en 1382; Bohemia, con su capital, Praga, y Hungría. Tártaros y turcos desde el este, y caballeros teutónicos germanos, que alcanzaron Polonia y el Báltico, desde el oeste, atacaron la región.

✪ LOS MAGIARES

Hacia el año 800 d.C., hordas de guerreros nómadas, los magiares, cruzaron los Urales para conquistar las llanuras húngaras.

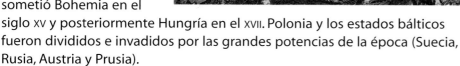

El Imperio austríaco se expandió hacia el este y sometió Bohemia en el siglo XV y posteriormente Hungría en el XVII. Polonia y los estados bálticos fueron divididos e invadidos por las grandes potencias de la época (Suecia, Rusia, Austria y Prusia).

Después de la Primera Guerra Mundial (1914–1918), las naciones de Europa central recuperaron su independencia. No obstante, la invasión alemana durante la Segunda Guerra Mundial (1939–1945) significó un nuevo período de terror. La liberación de la región fue obra de partisanos locales y del ejército soviético.

Los gobiernos comunistas posteriores a la guerra estaban controlados por la Unión Soviética, y, pese a los levantamientos que hubo contra ellos, hasta que no se produjo el colapso ruso en 1991, no se inició una nueva era, con una vinculación mayor a los países occidentales.

✪ LECH WALESA Y SOLIDARIDAD

En 1980 nació en Polonia un sindicato llamado «Solidaridad», que desafió a las autoridades comunistas con una serie de huelgas en los astilleros de Gdansk. En 1990, el líder del sindicato, Lech Walesa, fue elegido presidente de Polonia.

✪ ESLOVAQUIA INDEPENDIENTE

Este monumento de Bankska Bystrica conmemora la independencia de Eslovaquia, obtenida cuando el país aún formaba parte de Checoslovaquia.

✪ DE GUARDIA

Un soldado monta guardia en el exterior del castillo de Praga, antigua capital del poderoso reino medieval de Bohemia.

CRONOLOGÍA

s. VI	Los eslavos llegan a Europa central.
s. IX	Los magiares invaden Hungría.
1237	Invasiones tártaras (hasta 1242).
1569	Polonia, Prusia, Lituania y Livonia (Letonia) forman una confederación.
1618	Guerra de los Treinta Años.
1648	Rusia y Suecia se anexionan territorio polaco.
1699	Hungría bajo dominio austríaco.
1772	División de Polonia entre Rusia, Austria y Prusia.
1848	Revueltas húngaras contra el dominio austríaco.
1914	Primera Guerra Mundial (hasta 1918): Alemania y Austria invaden Polonia.
1918	Independencia de Lituania, Polonia, Checoslovaquia y Hungría.
1920	Independencia de Letonia.
1921	Independencia de Estonia.
1939	Segunda Guerra Mundial (hasta 1945): la URSS se anexiona los países bálticos en 1940; Alemania invade Europa central y el Báltico; la URSS derrota a Alemania.
1948	Los comunistas toman el poder en Europa central.
1956	La URSS invade Hungría.
1968	La URSS invade Checoslovaquia.
1990	Elecciones democráticas en Europa central.
1991	Independencia de los países bálticos.
1993	Checoslovaquia se divide: Eslovaquia y República Checa.

LA PENÍNSULA
BALCÁNICA

La península Balcánica se sitúa en el sudeste de Europa, entre el mar Negro y el mar Mediterráneo. Su región más ancha se encuentra en el norte, donde se alarga desde las islas del Adriático septentrional hasta el delta del Danubio en el mar Negro. Sin embargo, se estrecha rápidamente entre los mares Jónico y Egeo, diluyéndose en las recortadas costas griegas y en su miríada de islas.

◆ TORTUGA DE HERMANN

Las únicas llanuras importantes se extienden en el norte. La región es, en conjunto, bastante montañosa y está dominada por los Cárpatos, los Alpes de Transilvania, los Alpes Dináricos, junto con las cordilleras de los Balcanes, Rodopi y Pindo. Incluso la mayor de las islas griegas, Creta, está coronada por una cima de 2.456 m de altitud: el monte Ida.

Los inviernos pueden ser fríos y con nevadas copiosas en el norte, pero en el sur son más suaves. Los veranos son secos y calurosos, especialmente en Grecia. Los bosques septentrionales dan paso al sur a una vegetación de matorral y de olivos. Además, los Balcanes se encuentran en una zona sísmica muy activa.

La península aún cuenta con grandes extensiones de densos bosques y hábitats montañosos, refugio de lobos, osos pardos y jabalíes. Las regiones más templadas poseen una gran variedad de serpientes y lagartos, aunque existen especies amenazadas a causa de la destrucción del bosque en pro del turismo.

◆ **EL MONTE TRIGLAV**
65 km al norte de Liubliana, en la frontera entre Eslovenia y Austria, se alza el monte Triglav (2.863 m), un espectacular pico de los Alpes Julianos.

ALBANIA
Republika e Shqipërisë
SUPERFICIE: 28.748 km²
POBLACIÓN: 3.000.000 hab.
CAPITAL: Tirana
OTRAS CIUDADES: Durrës, Shköder, Elbasan
PUNTO MÁS ALTO: monte Korabit (2.751 m)
LENGUA OFICIAL: albanés
MONEDA: lek

BOSNIA-HERZEGOVINA
Republika Bosnia i Hercegovina
SUPERFICIE: 51.129 km²
POBLACIÓN: 4.000.000 hab.
CAPITAL: Sarajevo
OTRAS CIUDADES: Banja Luka, Mostar
PUNTO MÁS ALTO: monte Maglic (2.386 m)
LENGUA OFICIAL: serbocroata
MONEDA: marka

BULGARIA
Republika Bulgaria
SUPERFICIE: 110.912 km²
POBLACIÓN: 8.000.000 hab.
CAPITAL: Sofía
OTRAS CIUDADES: Plovdiv, Varna, Burgas
PUNTO MÁS ALTO: monte Musala (2.925 m)
LENGUA OFICIAL: búlgaro
MONEDA: lev

CROACIA
Republika Hrvatska
SUPERFICIE: 88.117 km²
POBLACIÓN: 4.400.000 hab.
CAPITAL: Zagreb
OTRAS CIUDADES: Split, Rijeka
PUNTO MÁS ALTO: Troglav (1.913 m)
LENGUA OFICIAL: serbocroata
MONEDA: kuna

GRECIA
Elliniki Dimokratia
SUPERFICIE: 131.957 km²
POBLACIÓN: 10.900.000 hab.
CAPITAL: Atenas
OTRAS CIUDADES: Tesalónica, Larissa
PUNTO MÁS ALTO: monte Olimpo (2.917 m)
LENGUA OFICIAL: griego
MONEDA: euro

N
O E
S

CROACIA

✪ PELÍCANOS
Los humedales de los Balcanes son un refugio para los pelícanos blancos dálmatas.

✪ TRABAJADORES ESLOVENOS
Eslovenia, que se ha librado de las peores guerras que han azotado la región en los últimos años, forma parte de la UE desde 2004.

ESLOVENIA

BOSNIA-HERZEGOVINA

ALBANIA

✪ MÁS CERCA DE DIOS
En Meteora, una zona de Tesalia, en el centro de Grecia, pilares verticales alcanzan los 550 m. Algunos están ocupados por monasterios de hasta 900 años de antigüedad.

MACEDONIA

RUMANÍA

BULGARIA

GRECIA

SERBIA

✪ EL ADRIÁTICO ORIENTAL
Esta hermosa costa mediterránea atraía a numerosos turistas en las décadas de 1970 y 1980. Las guerras posteriores arruinaron la industria turística.

MONTENEGRO

✪ BUCAREST, RUMANÍA
Bucarest (Bucuresti) se extiende a orillas del río Dambovit. Capital de Valaquia en 1698, pasó a serlo de Rumanía en 1861.

93

Map labels:

AUSTRIA · UCRANIA · MOLDAVIA · HUNGRÍA

Triglav 2.863 m · Liubliana · Maribor · Koprivnica · ESLOVENIA · Zagreb · CROACIA · Drava · Rijeka · Kupa · Prijedor · Pula · Cres · Bihać · Banja Luka · Losinj · Gospić · BOSNIA-HERZEGOVINA · Zadar · Dugi · Zenica · Sarajevo · Šibenik · Split · Livno · Hvar · Brač · Mostar · Vis · Korčula · Lastovo · Mljet · Dubrovnik

ALPES DINÁRICOS · Sava · Sava · Bosna · Osijek · VOJVODINA · Novi Sad · Belgrado · Brcko · Tuzla · Sabac · Smederevo · SERBIA · Valjevo · Srebrenica · Negotin · Drina · Kragujevac · Morava · Cacak · Novi Pazar · Krusevac · Nis · Leskovac · Vidin

Subotica · Tisza · Arad · Timişoara · Resita · TRANSILVANIA · Jiu

Satu Mare · Baia Mare · Someş · Oradea · Cluj · Mureş · Alba Iulia · RUMANÍA · Deva · Moldoveanu 2.543 m · Sibiu · Braşov · CÁRPATOS · Botoşani · Iaşi · Bacău · Tirgu Mures · Siret · Galati · Brăila · DOBRUJA · Ploiesti · Pitesti · Bucarest · Craiova · Danubio · Ruse · Dobrič · Constanta · Mijaylovgrad · Vratsa · Iskur · Pleven · Lovech · Turgovishte · Shumen · Varna · Balchik · Kamchiya

MONTENEGRO · Podgorica · Peć · KOSOVO · Priština · Uroševac · Škodër · Lago de Scútari · BALCANES · Pernik · Sofia · Kazanluk · Sliven · Burgas · Korabit 2.751 m · Tetovo · Skopje · BULGARIA · Musala 2.925 m · Pasardzhik · Stara Zagora · Tundzha · Yambol · Durrës · MACEDONIA · Prilep · Struma · PIRIN · Plovdiv · Maritsa · Khaskovo · RODOPI · Tirana · Lago de Ohrid · Bitola · Palikastron · Vardar · Drama · Smolyan · Orestiás · Elbasan · Lago de Prespa · Édhessa · Kilkis · Sérrai · Xánthi · Komotini · Vloré · Náousa · Tesalónica · Kaválla · Alexandroúpolis · ALBANIA · Ptolemais · Thásos · Samothráki · Gjirokastër · Aliakmon · Olimpo 2.917 m · Atos 2.033 m · Limnos

GRECIA · Ioannina · Trikkala · Larisa · PINDO · Kérkyra · Corfú · Párga · Árta · Karditsa · Vólos · Skiathos · Skiros · Mitilene · Pálairos · Lamía · Skópelos · Eubea · Lesbos · Leukás · Astakós · Agrinion · Parnaso 2.547 m · Kimi · Chalkida · MAR EGEO · Chios · Cefalonia · Itaca · Pátrai · Mégara · Marathón · Ándros · Sámos · MAR JÓNICO · Amaliás · Lambia · Corinto · El Pireo · Atenas · Tinos · Ikaría · Zante · Pirgos · Aliós · Árgos · Návplion · Láyrion · Kithnos · Mikonos · Pátmos · Lóros · Tripolis · Galatás · Síros · Páros · Náxos · Kálimnos · Kalámata · Esparta · Serifos · Íos · Sifnos · Kos · Areópolis · Neápolis · Milos · Thira · Astipálaia · Tilos · Rodas · Kythira · Rodas · Lindos · MAR DE CRETA · Kárpathos · Khaniá · Réthymno · Ida 2.456 m · Heraclion · Creta

Durante la década de 1990 estalló una guerra civil cuando la federación comunista de Yugoslavia se dividió en varios países. En este período nacieron las repúblicas de Eslovenia, Bosnia-Herzegovina, Croacia, Serbia y Montenegro, y Macedonia. En el año 2004, Eslovenia ingresó en la Unión Europea, y en 2006, Montenegro aprobó en referéndum su independencia.

En Rumanía, el pueblo destronó al dictador comunista Nicolae Ceausescu (1918–1989) en 1989. Los gobiernos comunistas también fueron abolidos en Bulgaria, en1990, y en Albania, en 1992.

○ LOS CROATAS Y EL CONFLICTO

Un anciano croata teje un cesto con cañas. De 1991 a 1995, Croacia sostuvo una guerra contra los serbios en Yugoslavia y en Bosnia-Herzegovina. Muchos serbios residentes en Croacia huyeron del país.

En los Balcanes viven muchos pueblos diferentes: serbios, croatas, eslovenos, montenegrinos, rumanos, búlgaros, turcos, gitanos, albaneses y griegos. La región ha tenido una historia llena de conflictos, buena parte de los cuales puede atribuirse al abandono y a la división experimentados durante los cientos de años en los que estuvo bajo el dominio de los imperios otomano y austríaco.

○ LA SOLDADURA

Las industrias metalúrgicas serbias están radicadas en Pancevo, Kragujevac y Nis. La capital, Belgrado, cuenta tanto con industrias pesadas como ligeras. A pesar de la inestabilidad política y las guerras de la década de 1990, la industria ha seguido funcionando.

○ LAS ACTIVIDADES PESQUERAS

Los calamares y los pulpos son un ingrediente habitual de muchos platos griegos que se sirven en los restaurantes de la costa en los meses de verano.

MACEDONIA
(Ex República Yugoslava)
Republika Makedonija
SUPERFICIE: 25.713 km²
POBLACIÓN: 2.000.000 hab.
CAPITAL: Skopje
OTRAS CIUDADES: Bitola, Prilep
PUNTO MÁS ALTO: monte Korabit (2.751 m)
LENGUA OFICIAL: macedonio
MONEDA: dinar

RUMANÍA
România
SUPERFICIE: 238.391 km²
POBLACIÓN: 22.400.000 hab.
CAPITAL: Bucarest
OTRAS CIUDADES: Brasov, Constanza
PUNTO MÁS ALTO: monte Moldoveanu (2.543 m)
LENGUA OFICIAL: rumano
MONEDA: leu

ESLOVENIA
Republika Slovenija
SUPERFICIE: 20.256 km²
POBLACIÓN: 2.000.000 hab.
CAPITAL: Liubliana
OTRAS CIUDADES: Maribor, Jesenice
PUNTO MÁS ALTO: monte Triglav (2.863 m)
LENGUA OFICIAL: esloveno
MONEDA: euro

SERBIA
Republika Srbija
SUPERFICIE: 88.361 km²
POBLACIÓN: 9.500.000 hab.
CAPITAL: Belgrado
OTRAS CIUDADES: Novi Sad, Nis
PUNTO MÁS ALTO: monte Daravica (2.656 m)
LENGUA OFICIAL: serbio
MONEDA: dinar

MONTENEGRO
Republika Crna Gora
SUPERFICIE: 13.812 km²
POBLACIÓN: 650.000 hab.
CAPITAL: Podgorica
OTRAS CIUDADES: Niksiç, Ulcinj
PUNTO MÁS ALTO: monte Durmitor (2.521 m)
LENGUA OFICIAL: serbio
MONEDA: euro

Grecia se ha enfrentado a numerosas vicisitudes, entre ellas un período de dictadura militar de 1967 a 1973. También ha mantenido largas disputas con sus vecinos, Turquía, al este, y la recién formada República de Macedonia, al norte del país.

Los conflictos políticos de la década de 1990 afectaron seriamente a la economía balcánica. Grecia, miembro de la Unión Europea desde 1981, fue uno de los pocos países de la región que pudo librarse de ellos.

El clima de la región es apto para frutales como los ciruelos en el norte, limoneros y olivos en el sur, y para otros cultivos como las sandías, el maíz, el tabaco y los girasoles. Bulgaria, además, cultiva rosas para la producción de perfumes. La industria de los países balcánicos destaca en los sectores siderúrgico, químico, mecánico, textil, de la confección y del calzado. En Grecia, las aguas azules y los pueblos blancos de las islas atraen a numerosos turistas. Los conflictos armados de la década de 1990 acabaron con la floreciente industria turística croata.

SANDÍAS

La carne roja y jugosa de un karpouzi, la sandía griega, constituye un refresco ideal para los días de más calor.

SOLDADO GRIEGO

El traje de gala de la Guardia Nacional griega (los Evzones) consta de un gorro con borlas, una falda y mallas blancas. Es el uniforme de las tropas de montaña que lucharon contra los turcos en la década de 1820.

TRILLA DE MAÍZ

Trilla de maíz con animales de tiro. En las áreas rurales de los Balcanes, mucha gente trabaja todavía en el campo, donde se usan técnicas bastante rudimentarias.

UNA ISLA VOLCÁNICA

La isla griega de Santorini está situada justo al norte de Creta, y atrae a miles de turistas todos los años. Sin embargo, hace unos 3.500 años fue testigo de una de las mayores erupciones volcánicas de la historia.

95

Los primeros compases de la historia balcánica están marcados por las asombrosas civilizaciones que se desarrollaron en la isla de Creta entre los años 2500 y 1400 a.C. y en la Grecia continental desde el 1000 a.C. En las ciudades-estado de la antigua Grecia surgieron grandes poetas y obras teatrales, escultores, atletas, soldados, comerciantes, matemáticos, y pensadores. El concepto de *democracia*, gobierno de una asamblea pública en lugar de reyes o tiranos, vio la luz por primera vez en Atenas. La cultura y las ideas griegas se difundieron por todo el Mediterráneo gracias a las colonias fundadas por los navegantes griegos.

En el año 338 a.C., el reino septentrional de Macedonia conquistó toda Grecia. Su joven rey, Alejandro Magno, prosiguió con la expansión y fundó un imperio que iba desde Egipto hasta la India, y que se deshizo a su muerte. En el año 146 a.C., Grecia cayó bajo el dominio de Roma, que terminó por conquistar el resto de la región.

Tras el hundimiento del Imperio romano, la parte oriental sobrevivió y se convirtió en el Imperio bizantino. Este nuevo imperio, con capital en Constantinopla (la actual Estambul, en Turquía), llegó a ser el centro de la Iglesia ortodoxa y un refugio para la lengua y el estilo de vida griegos.

⟲ EL CASTILLO DE DRÁCULA
La leyenda de Drácula, el vampiro, está basada en Vlad IV, que gobernó una parte de Rumanía (1455–1462 d.C.) de forma despiadada, y que empalaba a sus víctimas en afiladas estacas.

⟳ ALEJANDRO MAGNO
Alejandro (356–323 a.C.) conquistó todas las tierras entre Grecia y la India, y fundó la ciudad egipcia de Alejandría.

⟲ MÁSCARA DE MICENAS
Esta máscara mortuoria de oro proviene de Micenas, una ciudad del sur de Grecia que fue el centro de la civilización micénica entre los años 1900 y 1100 a.C.

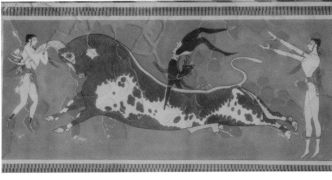

⟲ SALTADORES DE TOROS
Una pintura mural de Cnossos, en Creta, muestra a unos acróbatas saltando sobre el lomo de un toro. Hace 3.500 años, Cnossos era la capital de la civilización minoica.

⟳ EJÉRCITOS GRIEGOS
Grecia no se unificó hasta el año 338 a.C. Al unirse sus ejércitos, derrotaron al poderoso Imperio persa. En la ciudad de Esparta, el entrenamiento militar era estricto y empezaba en la infancia.

UN GRAN PENSADOR

Sócrates fue uno de los grandes filósofos de la antigua Grecia. Fue forzado a suicidarse en el año 399 a.C. por incitar a la gente a pensar en el bien y en el mal, faltando al respeto a los dioses.

UN DÍA ACIAGO

El 28 de junio de 1914, el archiduque Francisco Fernando de Austria y su esposa fueron asesinados en Sarajevo. Este incidente desencadenó la Primera Guerra Mundial.

El Imperio bizantino cayó en poder de los turcos en 1453. Aunque los austríacos controlarían algunas partes de los Balcanes, la mayoría del territorio permaneció bajo dominio turco durante más de 400 años. La Primera Guerra Mundial (1914–1918) estalló cuando un nacionalista serbio asesinó al heredero del trono austríaco en Sarajevo.

En la Segunda Guerra Mundial (1939–1945), los Balcanes fueron invadidos por Italia y Alemania, que provocaron una dura guerra partisana que siguió después con luchas entre monárquicos y comunistas. Éstos no pudieron controlar Grecia, pero sí el resto de los Balcanes. Tras la caída del comunismo entre las décadas de 1980 y 1990, se inició un período muy violento.

SANTA NEDELYA

Muchos búlgaros pertenecen a la Iglesia ortodoxa. La catedral de Sofía, en Bulgaria, refleja la influencia del Imperio bizantino.

SLOBODAN MILOSEVIC

Este político serbio accedió al poder en la década de 1980. Posteriormente, dirigió brutales campañas contra los musulmanes bosnios y los albaneses de Kosovo.

EL PARTENÓN

En lo más alto de la Acrópolis se alza el Partenón, un espléndido templo dedicado a Atenea, diosa de la ciudad. Fue terminado en el año 438 a.C.

CRONOLOGÍA

330	División del Imperio romano: su capital oriental, futuro centro del Imperio bizantino, fue Constantinopla.
s. VI	Los eslavos invaden los Balcanes.
680	Los búlgaros conquistan Bulgaria.
1396	Los turcos invaden Bulgaria.
1453	Los turcos llegan a Constantinopla e invaden los Balcanes.
1821	Guerra de independencia de Grecia (hasta 1830).
1908	Independencia de Bulgaria.
1912	Guerras Balcánicas (hasta 1913): los turcos pierden casi todo su territorio europeo; Albania, independiente.
1914	La Primera Guerra Mundial se inicia en Sarajevo. Turquía apoya a Alemania y Austria; Grecia lucha con los aliados a partir de 1917.
1918	Formación de Yugoslavia.
1939	Segunda Guerra Mundial (hasta 1945): 1940, Italia invade Albania, y Grecia junto a Alemania y Bulgaria.
1946	Los comunistas toman el poder en los Balcanes; los comunistas griegos son derrotados en la guerra civil (hasta 1949).
1967	Golpe militar en Grecia.
1975	Grecia se convierte en república democrática.
1981	Grecia, en la CEE.
1989	Revolución rumana. Fin del comunismo en los Balcanes; Yugoslavia dividida; persecución étnica.
2001	Slobodan Milosevic juzgado por crímenes de guerra.
2007	Rumanía y Bulgaria ingresan en la UE.

97

ALASKA
(EE.UU.)

C A N A D Á

E S T A D O S
U N I D O S

MEXICO

BAHAMAS

CUBA

REP. DOMINICANA

HAITÍ

PUERTO
RICO

BELICE

GUATEMALA   HONDURAS   JAMAICA

EL SALVADOR

NICARAGUA

COSTA RICA

PANAMÁ

VENEZUELA

GUYANA   SURINAM   GUAYANA FRANCESA

COLOMBIA

ECUADOR

B R A S I L

PERÚ

BOLIVIA

PARAGUAY

CHILE

URUGUAY

ARGENTINA

N
O   E
S

↺ HARLEY DAVIDSON
ELECTRA GLIDE, 1988

AMÉRICA

◊ Disneyworld,
ESTADOS UNIDOS

◊ Lago Moraine,
CANADÁ

◊ Selva amazónica,
BRASIL

◊ Templo tolteca,
MÉXICO

A mérica es un continente inmenso situado entre dos grandes océanos: el Atlántico y el Pacífico. América del Norte y Sudamérica están unidas por una estrecha franja de tierra, el istmo de Panamá, atravesado a su vez por el canal de Panamá, que conecta los dos océanos. América Central está situada alrededor del trópico de Cáncer y está limitada al este por un mar, el Caribe, salpicado de islas: las Grandes y las Pequeñas Antillas.

América del Norte está dominada por un sistema montañoso, las Montañas Rocosas, que se extienden de norte a sur. En el extremo septentrional, el bosque cede el paso a la tundra, mientras que en el centro, se sitúan las praderas, unas enormes llanuras herbáceas que comprenden una buena parte de la cuenca del Misisipí y que, en la actualidad, se destinan a la agricultura y a la ganadería. El sur de Estados Unidos y América Central están ocupados por cañones rocosos, amplias zonas pantanosas, volcanes y desiertos.

En Sudamérica, la cordillera de los Andes no es más que la prolongación de las Montañas Rocosas. En el este, toda una densa red fluvial vierte en el Amazonas, un río cuya cuenca abarca la selva ecuatorial más extensa del mundo. Las praderas sudamericanas engloban los llanos de Venezuela y la pampa argentina. Sudamérica también incluye altiplanos ventosos y desiertos costeros. El extremo meridional del continente se encuentra en una desolada isla muy cercana a la Antártida: la Tierra del Fuego.

◊ **PEZ VELA**

CANADÁ

✪ **BUEY ALMIZCLADO**

DATOS

CANADÁ
SUPERFICIE: 9.970.610 km²
POBLACIÓN: 31.000.000 hab.
CAPITAL: Ottawa
OTRAS CIUDADES: Toronto,
Montréal, Vancouver
PUNTO MÁS ALTO: monte
Logan (5.951 m)
LENGUAS OFICIALES: inglés,
francés
MONEDA: dolar canadiense

SAN PIERRE Y MIQUELON
COLECTIVIDAD
TERRITORIAL
FRANCESA
SUPERFICIE: 241 km²
POBLACIÓN: 6.500 hab.
CAPITAL: Saint-Pierre
LENGUA OFICIAL: francés
MONEDA: euro

Canadá es el segundo país del mundo en extensión. Sus islas están esparcidas como un puzle por el Ártico, entre el mar de Beaufort y el mar de Labrador. La mayor parte del norte del país está cubierta por la tundra y por un suelo permanentemente helado. No obstante, durante el corto verano, el hielo superficial de la tundra se funde y forma pantanos que atraen a los insectos y a las aves migratorias.

La mayor parte del Canadá continental está cubierta por un amplio cinturón de bosques y lagos de origen glacial. Un gran zócalo de rocas antiguas, el Escudo Canadiense, limita la bahía Hudson. En el oeste se elevan las cimas de los montes Mackenzie, las Montañas Rocosas y las Montañas Costeras, que descienden hacia las verdes y húmedas costas de Columbia Británica.

La frontera sur con Estados Unidos cruza las praderas y los Grandes Lagos. El río San Lorenzo y su vía marítima enlazan el lago Ontario con el océano Atlántico, donde la corriente cálida del Golfo topa con la fría del Labrador provocando nieblas en Terranova, las provincias marítimas de Canadá, y el archipiélago francés de San Pierre y Miquelon.

✿ **¡A BAÑARSE!**
El alce puede alcanzar los 2,3 m de altura. Este ejemplar fue fotografiado en el Parque Nacional de Pukaskawa, Ontario, en la orilla septentrional del lago Superior.

✪ **LAS CASCADAS TAKKAKAW**
En la lengua del pueblo cree, takkakaw *significa* maravilloso. *Estas hermosas cascadas, con un salto de 254 m de altura, se encuentran en el Parque Nacional de Yoho, en Columbia Británica.*

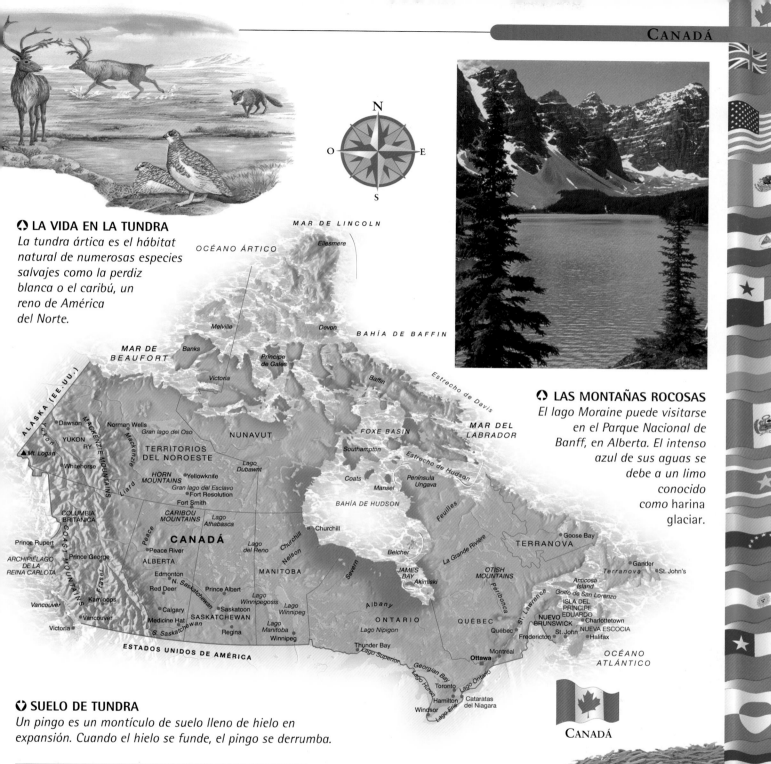

○ LA VIDA EN LA TUNDRA

La tundra ártica es el hábitat natural de numerosas especies salvajes como la perdiz blanca o el caribú, un reno de América del Norte.

MAR DE LINCOLN

OCÉANO ÁRTICO

Ellesmere

Melville

BAHÍA DE BAFFIN

Devon

MAR DE BEAUFORT

Banks

Príncipe de Gales

Victoria

Baffin

Estrecho de Davis

ALASKA (EE.UU.)

Dawson

Norman Wells

Gran lago del Oso

NUNAVUT

FOXE BASIN

MAR DEL LABRADOR

YUKON

MACKENZIE MOUNTAINS

Mt. Logan

Whitehorse

Yellowknife

Lago Dubawnt

Southampton

Estrecho de Hudson

HORN MOUNTAINS

Gran lago del Esclavo

Coats

Mansel

Península Ungava

Fort Resolution

Fort Smith

Peace

CARIBOU MOUNTAINS

Lago Athabasca

BAHÍA DE HUDSON

Feuilles

COLUMBIA BRITÁNICA

CANADÁ

Churchill

Belcher

La Grande Rivière

TERRANOVA

Goose Bay

Prince Rupert

Prince George

Peace River

ALBERTA

Lago del Reno

Nelson

Churchill

JAMES BAY

OTISH MOUNTAINS

Pelbonca

Gander

Terranova

St. John's

ARCHIPIÉLAGO DE LA REINA CARLOTA

Kamloops

Edmonton

N. Saskatchewan

Prince Albert

MANITOBA

Akimiski

Anticosti Island

Golfo de San Lorenzo

Fraser

Red Deer

Saskatoon

Lago Winnipegosis

Albany

ONTARIO

QUÉBEC

St. Lawrence

ISLA DEL PRÍNCIPE EDUARDO

Charlottetown

Vancouver

Calgary

SASKATCHEWAN

Lago Winnipeg

NUEVO BRUNSWICK

NUEVA ESCOCIA

Victoria

Vancouver

Medicine Hat

S. Saskatchewan

Regina

Lago Manitoba

Winnipeg

Lago Nipigon

Québec

Fredericton

St. John

Halifax

ESTADOS UNIDOS DE AMÉRICA

Thunder Bay

Lago Superior

Georgian Bay

Lago Hurón

Montréal

Ottawa

OCÉANO ATLÁNTICO

Toronto

Lago Ontario

Hamilton

Cataratas del Niagara

Windsor

Lago Erie

○ LAS MONTAÑAS ROCOSAS

El lago Moraine puede visitarse en el Parque Nacional de Banff, en Alberta. El intenso azul de sus aguas se debe a un limo conocido como harina glaciar.

CANADÁ

○ SUELO DE TUNDRA

Un pingo es un montículo de suelo lleno de hielo en expansión. Cuando el hielo se funde, el pingo se derrumba.

○ EL CASTOR

Los castores viven en muchos lagos de Canadá. Sus fuertes incisivos les sirven para talar árboles y cortar madera.

101

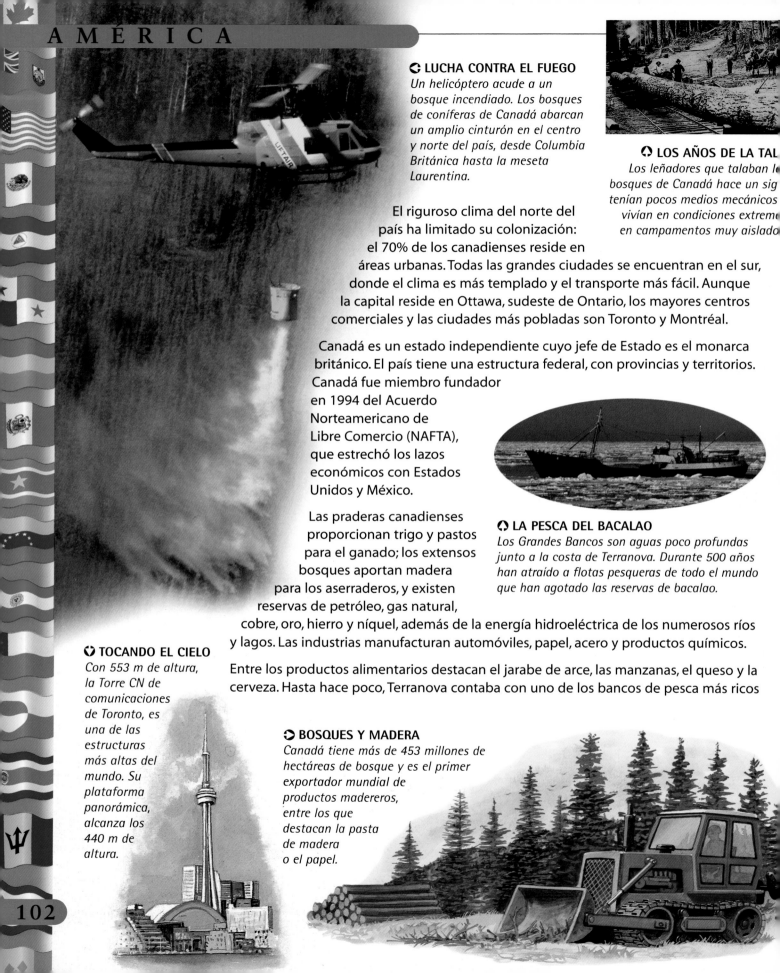

☼ LUCHA CONTRA EL FUEGO
Un helicóptero acude a un bosque incendiado. Los bosques de coníferas de Canadá abarcan un amplio cinturón en el centro y norte del país, desde Columbia Británica hasta la meseta Laurentina.

○ LOS AÑOS DE LA TAL
Los leñadores que talaban l bosques de Canadá hace un sig tenían pocos medios mecánicos vivían en condiciones extrem en campamentos muy aislado

El riguroso clima del norte del país ha limitado su colonización: el 70% de los canadienses reside en áreas urbanas. Todas las grandes ciudades se encuentran en el sur, donde el clima es más templado y el transporte más fácil. Aunque la capital reside en Ottawa, sudeste de Ontario, los mayores centros comerciales y las ciudades más pobladas son Toronto y Montréal.

Canadá es un estado independiente cuyo jefe de Estado es el monarca británico. El país tiene una estructura federal, con provincias y territorios. Canadá fue miembro fundador en 1994 del Acuerdo Norteamericano de Libre Comercio (NAFTA), que estrechó los lazos económicos con Estados Unidos y México.

Las praderas canadienses proporcionan trigo y pastos para el ganado; los extensos bosques aportan madera para los aserraderos, y existen reservas de petróleo, gas natural, cobre, oro, hierro y níquel, además de la energía hidroeléctrica de los numerosos ríos y lagos. Las industrias manufacturan automóviles, papel, acero y productos químicos.

○ LA PESCA DEL BACALAO
Los Grandes Bancos son aguas poco profundas junto a la costa de Terranova. Durante 500 años han atraído a flotas pesqueras de todo el mundo que han agotado las reservas de bacalao.

Entre los productos alimentarios destacan el jarabe de arce, las manzanas, el queso y la cerveza. Hasta hace poco, Terranova contaba con uno de los bancos de pesca más ricos

❂ TOCANDO EL CIELO
Con 553 m de altura, la Torre CN de comunicaciones de Toronto, es una de las estructuras más altas del mundo. Su plataforma panorámica, alcanza los 440 m de altura.

◗ BOSQUES Y MADERA
Canadá tiene más de 453 millones de hectáreas de bosque y es el primer exportador mundial de productos madereros, entre los que destacan la pasta de madera o el papel.

✪ PLATAFORMA PETROLÍFERA, ALBERTA
Más del 90% de las reservas canadienses de gas natural y petróleo se encuentran en Alberta. Grandes centros de producción son Lloydminster, Fort McMurray y Cold Lake (en la foto).

del mundo, pero su excesiva explotación ha provocado una disminución de las capturas y la prohibición de faenar hasta que el banco se recupere.

Como Estados Unidos, Canadá es una fusión de pueblos y culturas. En los últimos 30 años, la política del país ha girado en torno al futuro de la provincia de Québec, donde muchos habitantes de habla francesa desean independizarse. Los canadienses de habla inglesa comparten muchos de los intereses de sus vecinos del sur, pero también acentúan con orgullo su estilo de vida independiente.

✪ MONTRÉAL, QUÉBEC
Montréal, capital de la provincia de Québec, es la mayor ciudad francófona de Canadá, además de un centro comercial y artístico. Los carteles están en francés.

✪ VISTA AÉREA DE TORONTO
Con una población de unos 5 millones de habitantes, Toronto es la ciudad más grande de Canadá y un centro nacional de negocios y comunicaciones.

✪ TECNOLOGÍA ESPACIAL
Canadá tiene una notable industria aeroespacial. Este robot volador, llamado «Canadarm» se utiliza en las lanzadoras espaciales estadounidenses.

✪ EL JARABE DE ARCE
El jarabe de arce se elabora a partir de la savia dulce del arce y fue inventado hace mucho tiempo por los pueblos originarios del valle de San Lorenzo. Hoy es muy popular en Canadá y Estados Unidos, donde se vierte en toda clase de pasteles y dulces.

CARRERA DE CARRETAS
Una de las modalidades de rodeo más dura de América del Norte es el Calgary Stampede, que se celebra todos los años a mediados de julio. La fiesta se remonta a 1912.

TRINEO DE PERROS
Hoy como ayer, los trineos de perros son muy empleados en el ártico. Las carreras de trineos son muy populares.

Los primeros en habitar Canadá fueron pueblos prehistóricos que llegaron desde Siberia a través del estrecho de Bering cuando éste se heló durante la última glaciación. Entre sus descendientes figuran grupos, como los mohawk, micmac, innu, cree, dene y kwakiutl, que siguen viviendo en Canadá.

Tras ellos llegaron olas de cazadores, los antepasados de los actuales inuit, que fundaron colonias dispersas por el ártico canadiense y Groenlandia. El número de los descendientes de estos pueblos es muy inferior al de los inmigrantes que llegaron posteriormente, salvo en Groenlandia. Además, han tenido que luchar duramente para ver reconocidos sus derechos a las tierras. Una extensión enorme, muy poco poblada, se convirtió en el territorio inuit de Nunavut en 1999.

Hace un milenio, los vikingos fueron los primeros europeos en pisar Canadá, pero no se quedaron, quizá a causa de la hostilidad de los pueblos aborígenes.

INUIT DE QUÉBEC, 1904
Hace un siglo, la caza cubría todas las necesidades de los inuit: carne, pieles para los vestidos, huesos para agujas y herramientas, y tripas para hilos.

LA CANADIAN PACIFIC
Esta línea férrea fue la primera de Canadá que atravesó el continente. Se terminó en 1885 y enlazaba Montréal con Port Moody, en Vancouver.

LA POLICÍA MONTADA DE CANADÁ
La Policía Montada del Noroeste, con sus casacas rojas y sus típicos sombreros, fue fundada en 1873 para domar el «Salvaje Oeste». En 1920 se convirtió en una fuerza nacional, la Real Policía Montada de Canadá.

En el siglo XVI llegaron los exploradores franceses e ingleses. Los primeros colonizaron las tierras situadas alrededor del río San Lorenzo, mientras que los segundos comerciaban por la bahía Hudson. En el siglo XVIII, la rivalidad comercial provocó la guerra entre las dos naciones, que terminó con la victoria inglesa. Tras la década de 1770, familias leales a Gran Bretaña emigraron a Canadá desde los recién independizados Estados Unidos de América.

A pesar del control británico, los franceses conservaron su lengua y su fe católica. En 1867, Québec, Ontario, Nueva Escocia y New Brunswick se unieron para formar el Dominio de Canadá, que formaba parte del Imperio británico. Con la expansión hasta el Pacífico también llegaron a Canadá nuevos pueblos.

Los descendientes de británicos y franceses son la amplia mayoría de la población, aunque también incluye ucranianos, neerlandeses, rusos, polacos, alemanes, italianos, chinos, indios, vietnamitas y caribeños.

☉ TÓTEMS
En los antiguos poblados aborígenes de la costa pacífica canadiense, los jefes de la tribu erigían altos tótems de madera de cedro que representaban espíritus guardianes o leyendas.

☉ MONSTRUO MECÁNICO
Otra modalidad de rodeo: competidores metálicos con ruedas gigantes en acción en Calgary, Alberta.

☉ CAMPEONES
En Canadá, el hockey sobre hielo se remonta a la década de 1850. Hoy es el deporte más popular del país.

☉ WINTERLUDE
El festival Winterlude se celebra en Ottawa todos los años en febrero. En él se esculpen figuras de hielo o nieve y se patina sobre el canal Rideau.

☉ POR EL ÁRTICO
Los vehículos equipados con esquís se han convertido en el método de transporte más popular para los inuit y otros pueblos del norte.

CRONOLOGÍA

1497	Juan Caboto descubre Terranova.
1534	Jacques Cartier explora el río San Lorenzo.
1608	Samuel de Champlain funda Québec.
1642	Fundación de Montréal.
1670	Se crea la Hudson's Bay Company.
1713	Los británicos llegan a Terranova.
1759	Los británicos derrotan a los franceses en Québec.
1763	Canadá, colonia británica.
1840	Unión de Canadá Superior e Inferior.
1867	Dominio de Canadá: Ontario, Québec, Nueva Escocia, New Brunswick.
1870	Manitoba, Columbia Británica e Isla del Príncipe Eduardo se unen a Canadá.
1896	Carrera del oro (hasta 1898).
1905	Saskatchewan y Alberta se unen a Canadá.
1914	Primera Guerra Mundial (hasta 1918): Canadá apoya a los aliados.
1939	Segunda Guerra Mundial (hasta 1945): Canadá apoya a los aliados.
1949	Terranova se une a Canadá.
1959	Apertura de la vía marítima de San Lorenzo.
1968	Los independentistas reclaman un Québec libre.
1994	Canadá en la NAFTA.
1995	Québec rechaza la independencia en un referéndum.
1999	Territorio autónomo para los inuit (Nunavut).

ESTADOS UNIDOS DE AMÉRICA

☉ MAÍZ

DATOS

ESTADOS UNIDOS DE AMÉRICA
SUPERFICIE: 9.363.520 km²
POBLACIÓN:
286.000.000 hab.
CAPITAL: Washington DC
OTRAS CIUDADES: Nueva
York, Los Ángeles, Chicago
PUNTO MÁS ALTO: monte
McKinley (6.194 m)
LENGUA OFICIAL: inglés
MONEDA: dólar USA

BERMUDAS
Territorio británico de ultramar
SUPERFICIE: 53 km²
POBLACIÓN: 60.000 hab.
CAPITAL: Hamilton
LENGUA OFICIAL: inglés
MONEDA: dólar de Bermudas

☉ ÁGUILA AMERICANA

Estados Unidos de América (EE. UU.) se extiende en la parte central de América del Norte. En la región sólo hay otro territorio, formado por la colonia británica de las Bermudas, un grupo de 150 pequeñas islas situadas a 1.120 km, al sudeste del estado de Nueva York.

48 de los estados que forman Estados Unidos se sitúan entre Canadá, México, y los océanos Atlántico y Pacífico. El paisaje estadounidense es sorprendentemente variado, con autopistas largas y rectas que cruzan desiertos, montañas, campos y bosques, y que comunican las grandes ciudades del este y del oeste.

En el extremo noroccidental del continente americano, separado del resto del país por Canadá, se extiende el mayor de todos los estados, Alaska, que está cubierto de una gran superficie de tierras vírgenes. Sus islas están habitadas por osos pardo y sus aguas, por familias de ballenas.

Lejos de la costa oeste de Estados Unidos, en medio del océano Pacífico, se encuentra el archipiélago volcánico de Hawai, que también constituye un estado. Numerosos turistas viajan hasta allí para disfrutar del cálido clima y de sus espectaculares volcanes.

Estados Unidos es el cuarto país en extensión, tras la Federación Rusa, Canadá y China.

☉ ARDILLA LISTADA

☉ LA ESTATUA DE LA LIBERTAD
Esta estatua de 92 m de altura domina el puerto de Nueva York. Regalo de Francia, fue inaugurada en 1886.

☉ DESIERTO DE CACTUS, ARIZONA
En esta parte de Arizona, se pueden alcanzar los 41°C en verano. Los espinosos cactus, con flores rosa en verano, bordean la carretera del monte Ajo.

ALASKA

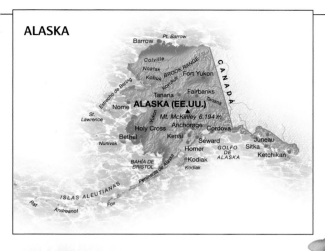

Barrow
Pt. Barrow
Colville
Noatak
BROOK RANGE
Fort Yukon
Kobuk
Koyukuk
Tanana
Fairbanks
Nome
ALASKA (EE.UU.)
Tanana
St. Lawrence
Yukon
Mt. McKinley 6.194 m
Anchorage
Holy Cross
Cordova
Kenai
Seward
Sitka
Nunivak
Homer
GOLFO DE ALASKA
Juneau
Bethel
Kodiak
Ketchikan
BAHÍA DE BRISTOL
Kodiak
Península de Alaska
ISLAS ALEUTIANAS
Flat
Andreanof
Fox
Estrecho de Bering
CANADA

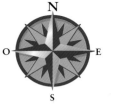

N O E S

⟳ MANATÍ
El manatí vive frente a las costas de Florida.

⟳ EL ESTADO MÁS GRANDE
Alaska es una tierra de costas brumosas, islas, imponentes montañas, glaciares y remotas zonas vírgenes llenas de nieve.

CANADÁ

Seattle
Olympia
WASHINGTON
Mt Rainier 4.392 m
Spokane
Kalispell
Havre
Williston
Minot
Grand Forks
DAKOTA DEL NORTE
MINNESOTA
Lago Superior
MAINE
Bangor
Augusta
Portland
Salem
Eugene
OREGÓN
Columbia
Missoula
Missouri
Grand Falls
Helena
Butte
MONTANA
Jamestown
Bismarck
Fargo
Duluth
Marquette
Lago Hurón
Burlington
Montpelier
NUEVA HAMPSHIRE
Portland
Concord
MASSACHUSETTS
Lewiston
Pendleton
Billings
Sheridan
St. Cloud
WISCONSIN
Green Bay
MICHIGAN
Lago Michigan
Rochester
Syracuse
Boston
Albany
Hartford
Cape Cod
Providence
RHODE ISLAND
Klamath Falls
Boise
IDAHO
Idaho Falls
Black Hills
Aberdeen
Minneapolis
St. Paul
La Croase
Madison
Milwaukee
Grand Rapids
Detroit
Lansing
Lago Erie
Windsor
Erie
Buffalo
CONNECTICUT
Nueva York
Twin Falls
Pocatello
WYOMING
Snake
Rapid City
Pierre
DAKOTA DEL SUR
Sioux Falls
IOWA
Cedar Rapids
Rockford
Chicago
Gary
Cleveland
Akron
PENSILVANIA
Scranton
Filadelfia
NUEVA JERSEY
Trenton
reka
Redding
Reno
Carson City
NEVADA
Elko
Gran Lago Salado
Ogden
Salt Lake City
Casper
Laramie
Scottsbluff
NEBRASKA
Grand Island
Norfolk
Sioux City
Omaha
Des Moines
Davenport
Peoria
ILLINOIS
Indianápolis
INDIANA
Columbus
OHIO
Dayton
Cincinnati
Pittsburgh
Harrisburg
Baltimore
WASHINGTON D.C.
DELAWARE
MARYLAND
Dover
Bahía de Chesapeake
acramento
Oakland
San Francisco
San José
Salinas
Rock Springs
Cheyenne
Fort Collins
Boulder
Denver
Lincoln
Kansas City
Jefferson City
Springfield
St. Louis
Louisville
Frankfort
Charleston
Lexington
VIRGINIA OCC.
Richmond
VIRGINIA
Norfolk
Roanoke
Provo
UTAH
GREAT BASIN
Colorado
Grand Junction
COLORADO
Mt. Elbert 4.399 m
Colorado Springs
Salina
Topeka
Abilene
KANSAS
MISURI
Evansville
KENTUCKY
Knoxville
Greensboro
Raleigh
Cabo Hatteras
Fresno
Mt. Whitney 4.418 m
Monument Valley
Pueblo
Hutchinson
Wichita
Joplin
Springfield
Paducah
Nashville
Winston-Salem
Charlotte
CAROLINA DEL NORTE
Bakersfield
Death Valley
Las Vegas
Gran Cañón
Durango
Trinidad
Cimarron
Tulsa
ARKANSAS
TENNESSEE
Chattanooga
Greenville
Wilmington
CALIFORNIA
Los Ángeles
San Bernardino
NUEVO MÉXICO
Flagstaff
Gallup
Santa Fe
Canadian
OKLAHOMA
Oklahoma City
Arkansas
Fort Smith
Little Rock
Memphis
Birmingham
Atlanta
Macon
Columbia
CAROLINA DEL SUR
Cabo Fear
Augusta
Charleston
ISLAS DEL CANAL
Long Beach
San Diego
ARIZONA
Phoenix
Mesa
Colorado
Albuquerque
Gila
Amarillo
Red River
Lubbock
Wichita Falls
Tennessee
Tupelo
Meridian
ALABAMA
Montgomery
Columbus
GEORGIA
Savannah
Yuma
Tucson
Las Cruces
El Paso
MÉXICO
Rio Grande
Douglas
Midland
Odessa
Abilene
TEXAS
Fort Worth
Dallas
Texarkana
Brazos
Shreveport
LUISIANA
Jackson
MISISIPÍ
Alabama
Ohio
Alexandria
Mobile
Biloxi
Pensacola
Albany
Tallahassee
Jacksonville
St. Augustine
Daytona Beach
Cabo Cañaveral
San Angelo
Waco
Austin
Houston
Beaumont
Baton Rouge
Nueva Orleans
Misisipí
Orlando
FLORIDA
Tampa
St. Petersburg
Fort Myers
Lago Okeechobee
West Palm Beach
San Antonio
Port Arthur
Galveston
Delta del Misisipí
GOLFO DE MÉXICO
Miami
Corpus Christi
Rio Grande
Laredo
Brownsville
Cayo Oeste
Cayos de Florida
Estrecho de Florida
CORDILLERA DE LAS CASCADAS
SIERRA NEVADA

⟳ BRYCE CANYON
Viento, agua y hielo han erosionado las brillantes rocas anaranjadas y rosadas, formando bellos pináculos en este parque nacional de Utah.

BERMUDAS

ESTADOS UNIDOS DE AMÉRICA

ISLAS HAWAI

KAUAI
Lihue
NIIHAU
Kauai Channel
OAHU
Honolulu
MOLOKAI
Wailuku
LANAI
MAUI
Lanai City
KAHOOLAWE
Alenuihaha Channel
Mauna Kea 4.205 m
HAWAI
Hilo
Mauna Loa 4.169 m

⟳ LAS CATARATAS DEL NIÁGARA
Situadas entre EE. UU. y Canadá, estas hermosas cascadas no sólo son una atracción turística, sino también una fuente de energía eléctrica.

LOS EVERGLADES
Los Everglades son una enorme área pantanosa del sur de Florida donde viven caimanes, caracoles manzana, y garcetas.

El nordeste de Estados Unidos es una zona templada con verdes valles fluviales, bosques y costas rocosas. La llanura litoral, estrecha en el norte, se ensancha al sur de la bahía de Chesapeake, donde largas playas de arena la flanquean. Las áreas llanas dan paso a los montes Apalaches, un sistema compuesto de varias cordilleras. En el extremo sudeste, la soleada península de Florida da paso a un cinturón de islotes arenosos, los cayos, sacudidos en ocasiones por huracanes muy violentos.

PELIGRO DE INCENDIO
En Bryce Canyon, Utah, un cartel advierte del peligro de incendio, algo frecuente en los bosques de Estados Unidos.

Al sur de los Grandes Lagos se extiende una llanura avenada por los ríos Misuri y Misisipí. Éste forma un delta pantanoso y brumoso al desembocar, en el golfo de México. Al oeste, se encuentra una zona agrícola llana y seca, muy peligrosa por los repentinos y devastadores tornados. Las praderas, antaño un océano inmenso de hierba que alcanzaba el pie de las Montañas Rocosas, se han convertido en una sucesión de campos de cultivo, granjas y ranchos.

Junto a las Rocosas se extienden llanuras saladas y se alzan rocas de formas peculiares, originadas por la erosión. El río Colorado ha tallado la garganta más profunda del mundo: el Gran Cañón. El sudoeste, a su vez, está ocupado por cálidos desiertos.

CAZADOR NOCTURNO
Con sus ojos y cola rayados, el mapache entra de noche en los vertederos.

CLIFF CASCADE
Bellas cascadas descienden las acantiladas colinas del valle Yosemite. En la imagen, la cima de la cascada Yosemite, segunda en altura del mundo, con una caída de 739 m.

FLUJO DE LAVA
Este lento movimiento de lava de un volcán hawaiano se conoce como pahoehoe.

TORNADOS
Estos violentos torbellinos llamados tornados *son frecuentes en las praderas de Estados Unidos. Pueden alcanzar los 500 km/h y barrerlo todo a su paso.*

En el extremo oeste, las Montañas Costeras, la cordillera de las Cascadas y Sierra Nevada forman una barrera para los húmedos vientos oceánicos. Aun así, las vertientes occidentales reciben lluvias que hacen crecer los frescos bosques del noroeste. El norte de California tiene un clima agradable y primaveral, si no está envuelto en niebla. El sur es más cálido y seco.

Alaska, con sus paisajes solitarios, sus costas heladas y algunos de los picos más altos de América del Norte, se adentra hacia el gélido océano Ártico.

Las 126 islas e islotes que forman las islas Hawai son las cimas de un cinturón de volcanes submarinos.

◐ LAS ROCOSAS DE COLORADO
Al Parque Nacional Rocky Mountains se accede desde la localidad de Estes Park, Colorado, a orillas del río Big Thompson. Las imponentes Rocosas son la espina dorsal de América del Norte.

◐ EL GRAN CAÑÓN
En Arizona, el río Colorado ha excavado la mayor garganta del mundo: hasta 1,5 km de profundidad.

◐ LOS COLORES DEL OTOÑO
En Nueva Inglaterra, en el extremo nordeste de Estados Unidos, las hojas de los árboles de los bosques templados adoptan bellos tonos rojizos, anaranjados y marrones antes de caer.

◖ LEONES MARINOS
Graciosos en el agua, cómicos en tierra, los leones marinos viven en muchas islas de la costa de California. Los machos pueden medir hasta 3 m de longitud.

◐ EL GOLDEN GATE
Este puente es el icono más típico de California. Inaugurado en 1937, cruza un estrecho que comunica la bahía de San Francisco con el océano Pacífico.

◖ PANTANOS DEL OKEFENOKEE
Entre Georgia y Florida, este refugio de vida salvaje es un laberinto de canales, pantanos e islas flotantes. Sus cipreses calvos están cubiertos de musgo español.

Durante los últimos 75 años, Estados Unidos se ha convertido en el país más poderoso del mundo y en uno de los más ricos.

Se trata de una república democrática de tipo federal; sus estados pueden tener sus propias leyes. El jefe del Estado es el presidente, y se elige cada cuatro años.

Además de sus 50 estados, el país posee también algunas islas en el océano Pacífico y en el mar Caribe.

Estados Unidos es uno de los mayores productores agrícolas del mundo: trigo, soja, maíz, cítricos y hortalizas. Las costas y los ríos aportan una gran cantidad de pescado. Milwaukee es famosa por su cerveza, Kentucky por su *bourbon* y California por sus vinos.

Además, Estados Unidos cuenta con grandes recursos minerales: petróleo y gas natural en Texas, el golfo de México y Alaska; es el mayor productor del mundo de carbón, y posee oro, uranio, cobre y hierro. Los lagos artificiales se usan para obtener energía hidroeléctrica; mientras que los bosques, especialmente en Alaska, proporcionan madera.

◯ COMIDA AMERICANA
Además de comida rápida como las hamburguesas o los perritos calientes, EE. UU. ha aportado al mundo refrescos de cola, cereales para el desayuno y zumos de naranja de Florida.

◯ ESTRELLAS EN HOLLYWOOD
Estrellas en el pavimento de Hollywood, California, en homenaje a los grandes del cine. Walt Disney (1901–1966) fue el creador de Micky Mouse.

◯ LOS PRIMEROS RASCACIELOS
Se construyeron en Chicago y Nueva York. Conocido como «Plancha de Hierro» por su forma, el edificio Fuller, de 20 plantas y situado en Nueva York, fue erigido en 1901.

◯ ANTES DEL 11-S
Esta fotografía de Nueva York está tomada antes del 11 de septiembre de 2001. Ese día, las torres gemelas, el World Trade Center, a la derecha de la imagen, fueron destruidas por terroristas.

◯ HARLEY DAVIDSON ELECTRA GLIDE, 1988

◯ DISNEYWORLD
Este famoso parque temático de Florida, inaugurado en 1971, fue el segundo ideado por Walt Disney, pionero de los dibujos animados. Todos los años atrae a millares de visitantes de todo el mundo.

Las industrias americanas producen una gran variedad de bienes para el hogar, tejidos y vestidos. California es el centro mundial de la industria informática, del cine y la televisión; mientras que en Detroit existen importantes fábricas de automóviles. Además, Estados Unidos es el primer productor aeronáutico y aeroespacial.

Para la economía estadounidense, los servicios como la banca, las finanzas y los seguros, son aún más relevantes que la industria manufacturera. Wall Street, en Nueva York, es el centro mundial de las finanzas. En 1994, Estados Unidos firmó con sus vecinos, Canadá y México, el Acuerdo Norteamericano de Libre Comercio (NAFTA).

Pese a su gran poder económico, Estados Unidos también tiene sus problemas: su industria debe enfrentarse a la competencia de otros países, cuyos costes productivos son menores.

◐ PETRÓLEO TEXANO
Texas ha basado su riqueza en el ganado, el algodón y el petróleo. Hoy, EE. UU. es el segundo productor mundial de petróleo.

◐ EL MONTE RUSHMORE
Terminadas en 1941, estas enormes cabezas muestran a cuatro ex presidentes del país: Washington, Jefferson, Roosevelt y Lincoln.

◐ ¡DE COMPRAS HASTA DESMAYARSE O ARRUINARSE!
Los grandes centros comerciales son un invento estadounidense muy difundido por todo el mundo.

◑ CENTRO ESPACIAL KENNEDY
Cabo Cañaveral, en Florida, es el lugar de partida de muchas misiones espaciales. Dos de los vuelos con lanzaderas, iniciados en 1981, sufrieron sendos accidentes en 1986 y 2003.

◑ ORDENADORES
La revolución mundial de la informática se inició en la década de 1980 en ´«Silicon Valley», California.

◑ BIOSPHERE 2
En esta base experimental, creada en el desierto de Arizona, se reproducen en miniatura los hábitats de la Tierra. Es un lugar de prácticas para futuras bases espaciales en otros planetas o en la Luna.

BÉISBOL

El béisbol es uno de los deportes más populares de Estados Unidos; se juega desde la década de 1840.

CHINATOWN

Desde el s. XIX, Estados Unidos cuenta con una numerosa población de origen chino. En el barrio chino de Lower East Side, en Nueva York, los carteles están en chino y las tiendas venden comida china.

El 75% de los estadounidenses vive en áreas urbanas. Los hispanos y los afroamericanos son los dos grupos étnicos más numerosos.

extendido. Los primeros pueblos en habitar el país (indios americanos, inuit y aleutianos) sólo representan el 1% de la población. Actualmente, existe un renovado interés por sus culturas tradicionales.

Aunque Estados Unidos es oficialmente un estado laico, la religión desempeña un papel importante en la vida diaria. El 85% de la población es cristiana; no obstante, el número de protestantes dobla al de católicos. Un 2% es de religión judía y otro 2% es musulmán. El inglés es la lengua oficial, aunque el español está muy

EL GOSPEL

Las iglesias cristianas de rito africano han desarrollado un canto coral conocido como gospel, que también ha influido en la música popular. Esta cantante es una policía de Nueva York.

EQUITACIÓN, NUEVO MÉXICO

Montar a caballo ha formado parte del estilo de vida del país desde los tiempos del Salvaje Oeste.

DANZA HAWAIANA

Las islas Hawai se convirtieron en un estado de la Unión en 1959. Las danzas isleñas y los vestidos tradicionales de faldas de paja y guirnaldas de flores son típicos de la cultura polinesia.

AFROAMERICANOS

La numerosa población negra de Estados Unidos es de ascendencia africana. Los afroamericanos han tenido un papel destacado en la mejora de los derechos civiles y en la cultura de la nación. Muchos géneros musicales, como el jazz o el blues, los han inventado ellos.

⊘ TRADICIONES NATIVAS

Los primeros americanos aún se enfrentan a muchos problemas sociales y económicos, aunque se aferran con orgullo a sus tradiciones.

⊘ PATINAJE EN CENTRAL PARK

Central Park, en el corazón del activo distrito de Manhattan, es un refugio para relajarse paseando, corriendo, o patinando.

La mayoría de la población es blanca de ascendencia europea, sobre todo británica, irlandesa, francesa, italiana, alemana, neerlandesa, sueca y polaca. Cerca del 9% se compone de hispanohablantes procedentes de México, América Central o del Caribe. También hay judíos, chinos, japoneses, coreanos, vietnamitas, y polinesios de Hawai y Samoa. Cerca del 12% está formado por negros africanos o caribeños, cuyos antepasados fueron esclavizados por los europeos durante los primeros 200 años de colonización.

Todas las minorías étnicas del país, desde los indios hasta los afroamericanos, han sufrido políticas racistas y han vivido en la miseria. Aun así, la mayor riqueza de la nación radica en su mezcla de culturas y en el amplio espectro de modos de vida, reflejados en la música, la danza, la literatura, las costumbres, el pensamiento, el arte, la comida y las fiestas. En el último siglo, los escritores, artistas, músicos y directores de cine de Estados Unidos han ejercido una notable influencia a escala mundial. Los deportes más populares, béisbol, baloncesto, y fútbol americano, tienen miles de seguidores.

⊙ EL 4 DE JULIO

El 4 de julio Estados Unidos conmemora su independencia de Gran Bretaña, obtenida en 1776. La foto muestra un desfile en el estado de Maine, Nueva Inglaterra.

⊙ PRENSA LIBRE

Estados Unidos cuenta con muchos periódicos famosos ubicados en las grandes ciudades. Entre ellos, el Washington Post y el New York Times.

⊘ FÚTBOL AMERICANO

Rápido y emocionante, el fútbol americano es muy popular; en escuelas, universidades, y en el ámbito profesional. Las transmisiones de la Superbowl han llegado a una audiencia de más de 138 millones de espectadores.

⟲ EL PAÍS DIVIDIDO

Las banderas de la Unión y la Confederación, las dos partes en conflicto en la guerra civil (1861–1865).

Los nativos americanos descienden de pueblos prehistóricos originarios de la región asiática de Siberia que cruzaron el mar hace unos 30.000 años y que desarrollaron diferentes culturas por el continente americano.

A partir del siglo XVI, ingleses, neerlandeses, españoles y franceses empezaron a explorar y colonizar el este y el sur. Al principio establecieron alianzas con los nativos, a quienes denominaron *indios*, pero pronto estallaron violentas guerras entre ellos. Muchos europeos compraron esclavos africanos para plantar tabaco y algodón en las tierras colonizadas.

⟲ UN CONFLICTO SANGRIENTO

Más de 360.000 soldados de la Unión (norte) y 260.000 confederados (sudistas) murieron en la guerra civil. También murieron miles de civiles.

Los colonos británicos se rebelaron contra el dominio de Londres y declararon la independencia en 1776; derrotaron a las tropas británicas y fundaron una república, que sobrevivió a una sangrienta guerra civil (1861–1865) entre estados del norte y del sur, la cual terminó con la esclavitud.

Los colonos emigraron al oeste, hacia territorio indio; conquistaron esas tierras, diezmaron a su población, y adquirieron extensas regiones a Francia, España y Rusia (Alaska, 1867).

⟲ FORT PITT

Encuentro en Fort Pitt entre indios y comerciantes blancos. Cuando los colonizadores europeos se desplazaron hacia el oeste, los nativos perdieron sus tierras y su estilo de vida.

⟲ LOS «PILGRIM FATHERS»

Los colonizadores europeos más famosos fueron un grupo de puritanos huidos de Inglaterra que fundaron una colonia en Plymouth Rock, Massachusetts, en 1620.

LA CARRERA DEL ORO

En 1848 se descubrió oro en el río American, California. Pronto llegaron buscadores de todo el mundo, que esperaban enriquecerse.

AMÉRICA, DE LUTO

John F. Kennedy, un joven y dinámico presidente, fue asesinado en 1963. En la foto, su esposa Jackie y su hermano Robert durante el funeral.

El este se industrializó, el ferrocarril atravesó el continente y se encontró oro en California. Miles de pobres abandonaron Europa buscando fama y fortuna en estas nuevas tierras.

Estados Unidos luchó al lado de los aliados en la Primera Guerra Mundial (1917–1918). Tras la bonanza de la década de 1920, llegaron el hundimiento de la bolsa en 1929 y años de penuria. Estados Unidos entró en la Segunda Guerra Mundial en 1941, después de que Japón bombardeara la base naval de Pearl Harbor, en Hawai. Finalizada la guerra, las relaciones con su antiguo aliado, la Unión Soviética comunista, fueron de mal en peor. Durante la Guerra Fría, que duró hasta la década de 1990, ambos mantuvieron relaciones muy tensas.

MARTIN LUTHER KING

Este gran defensor de los derechos civiles obtuvo el premio Nobel de la Paz en 1964. Fue asesinado en 1968.

PARTIDOS POLÍTICOS

Los dos partidos políticos más poderosos de Estados Unidos son el Demócrata y el Republicano. En la foto, convención demócrata en Chicago.

CARRETAS HACIA EL OESTE

En la década de 1840, miles de pioneros pusieron rumbo hacia el oeste, siguiendo rutas como la Oregon Trail, que se extendía a lo largo de 3.200 km.

CRONOLOGÍA

1565	Los españoles fundan Saint Augustine, Florida.
1607	Los ingleses fundan Jamestown, Virginia.
1620	Los peregrinos fundan Plymouth.
s. XVIII	Punto álgido de la trata de esclavos.
1775	Guerra de Independencia.
1776	Declaración de independencia.
1789	George Washington, primer presidente.
1791	Declaración de los derechos universales.
1803	Adquisición de Luisiana.
1812	Guerra con el Reino Unido (hasta 1814).
1819	Compra de Florida a España.
1846	Guerra con México (hasta 1848): anexión de Nuevo México y California.
1861	Guerra civil (hasta 1865).
1865	Asesinato del presidente Lincoln.
1867	Compra de Alaska a Rusia.
1876	Batalla de Little Big Horn.
1898	Guerra con España.
1917	Primera Guerra Mundial (hasta 1918): Estados Unidos con los aliados.
1929	Hundimiento de la bolsa de Wall Street.
1941	Japón ataca Pearl Harbor; Segunda Guerra Mundial (hasta 1945).
1950	Inicio de la Guerra Fría (hasta 1990).
1961	Guerra de Vietnam (hasta 1973).
1969	Llegada a la Luna.
1963	Asesinato del presidente Kennedy.
1994	Estados Unidos, en la NAFTA.
2001	Ataque terrorista a las Torres Gemelas y al Pentágono.

115

MÉXICO
Y AMÉRICA CENTRAL

○ **MARIPOSA MONARCA**

L a frontera septentrional de México discurre a orillas de un río muy largo que atraviesa un polvoriento desierto. En Estados Unidos se conoce como «río Grande», y en México, como «río Bravo del Norte».

La larga y delgada península de Baja California se extiende hacia el sur desde Tijuana hasta el cálido y azul océano Pacífico. Las cordilleras de Sierra Madre Occidental y Sierra Madre Oriental delimitan una elevada meseta central con desiertos, lagos, pantanos y volcanes activos, y en la que los terremotos son habituales. Los accidentes geográficos meridionales incluyen Sierra Madre del Sur y la meseta de Chiapas. En el extremo sudeste, la península de Yucatán forma un amplio gancho en torno a la bahía de Campeche. El sur del país cuenta con una lozana vegetación típica de las selvas tropicales húmedas.

Los siete pequeños países de América Central se extienden al sur del istmo de Tehuantepec. La masa continental serpentea de noroeste a sudeste y alcanza su punto más estrecho en el istmo de Panamá. Su espina dorsal está formada por una serie de picos, entre los que figuran muchos volcanes activos y elevadas altiplanicies. Esta cordillera sólo se ve cortada por el lago Nicaragua, que cubre una superficie de 8.430 km². La franja costera caribeña es baja, llana, y llena de pantanos y lagunas. El clima de América Central es tropical, cálido y húmedo.

DATOS

BELICE
Republic of Belize
SUPERFICIE: 22.696 km²
POBLACIÓN: 200.000 hab.
CAPITAL: Belmopan
OTRAS CIUDADES: Belize City, Dangriga
PUNTO MÁS ALTO: pico Victoria (1.122 m)
LENGUA OFICIAL: inglés
MONEDA: dólar de Belice

COSTA RICA
República de Costa Rica
SUPERFICIE: 51.100 km²
POBLACIÓN: 3.900.000 hab.
CAPITAL: San José
OTRAS CIUDADES: Limón, Alajuela
PUNTO MÁS ALTO: Chirripo Grande (3.819 m)
LENGUA OFICIAL: español
MONEDA: colón costarricense

EL SALVADOR
República de El Salvador
SUPERFICIE: 21.041 km²
POBLACIÓN: 6.200.000 hab.
CAPITAL: San Salvador
OTRAS CIUDADES: Santa Ana, San Miguel
PUNTO MÁS ALTO: Monte Cristo (2.418 m)
LENGUA OFICIAL: español
MONEDA: colón salvadoreño

GUATEMALA
República de Guatemala
SUPERFICIE: 108.889 km²
POBLACIÓN: 11.600.000 hab.
CAPITAL: Ciudad de Guatemala
OTRAS CIUDADES: Puerto Barrios, Quezaltenango
PUNTO MÁS ALTO: monte Tajumulco (4.220 m)
LENGUA OFICIAL: español
MONEDA: quetzal

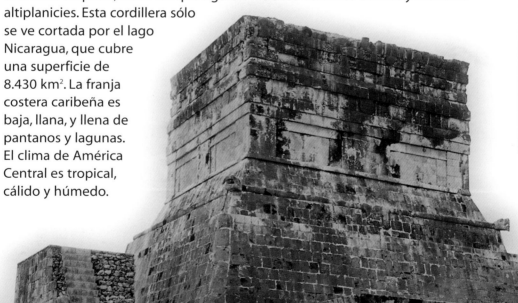

↻ **TEMPLO GUERRERO**
Este imponente templo, ahora en ruinas, fue erigido por fieros guerreros toltecas, que conquistaron la ciudad maya de Chichén Itzá en el año 987.

☉ MONO AULLADOR

Algunas especies de estos monos grandes y ruidosos están amenazadas por el retroceso de las selvas de América Central.

MÉXICO

☉ EL CANAL DE PANAMÁ

Esta vía de navegación básica fue inaugurada en 1914; atraviesa el istmo de Panamá y comunica los océanos Atlántico y Pacífico.

BELICE

☉ TUCÁN

Este pájaro usa su gran pico para comer frutos tropicales.

☉ CHICHÉN ITZÁ

En la península mexicana de Yucatán se alzan las ruinas de Chichén Itzá, centro de las civilizaciones maya y tolteca entre los años 800 y 1180.

HONDURAS

GUATEMALA

NICARAGUA

☉ BELICE

La costa baja y pantanosa de Belice está salpicada de bajíos y cayos. Los ciclones son frecuentes en agosto y septiembre.

☉ AL PIE DEL VOLCÁN

Costa Rica es un país montañoso. El Arenal, en la cordillera de Guanacaste, entró en erupción por última vez en 1968.

EL SALVADOR

COSTA RICA

PANAMÁ

☉ CACTUS SAGUARO

El saguaro de los desiertos del noroeste de México alcanza los 15 m de altura; se trata del cactus más grande del mundo.

☉ DESPUÉS DEL HURACÁN

Buena parte de América Central, incluida la capital de Honduras, Tegucigalpa, fue devastada por el huracán Mitch en 1998.

117

○ **MERCADO TRADICIONAL**
Cazadores de oportunidad en un mercado al aire libre Ciudad de México. La ciu moderna se alza so la antigua capital azte Tenochtitlán, que alberga grandes merca

○ **GRANOS DE CAFÉ**
El café es un importante producto de exportación para países como Costa Rica o Nicaragua.

México se considera habitualmente parte de América del Norte, si bien sus regiones meridionales tienen más en común con los países centroamericanos. México es una república democrática federal, que en 1994 firmó con Canadá y Estados Unidos el Acuerdo Norteamericano de Libre Comercio (NAFTA).

El país posee grandes campos de petróleo en el golfo de México, además de plata, plomo, oro y uranio. Sin embargo, el 90% de sus recursos mineros está aún por explotar.

La industria produce fertilizantes, derivados del petróleo, vehículos y maquinaria; los agricultores mexicanos cultivan algodón, café, frutas tropicales y verduras; mientras que la pesca es un sector muy relevante.

Es el país en vías de desarrollo con la mayor deuda externa. Muchos de sus habitantes son muy pobres, y desde hace años cruzan ilegalmente la frontera con Estados Unidos en busca de trabajo. En Ciudad de México viven más de 20 millones de personas, y es quizá la ciudad más contaminada del mundo.

○ **TACOS, GUACAMOLE Y CHILE**

Los problemas de México se reflejan en las repúblicas vecinas de Guatemala, Belice, Honduras, El Salvador, Nicaragua, Costa Rica y Panamá. En los últimos 50 años, varios dictadores de la región han usado escuadrones de la muerte para silenciar a la oposición. Estados Unidos, a fin de impedir el ascenso del comunismo en la zona, los ha ayudado a resistir los ataques de las guerrillas revolucionarias. En América Central también ha habido disputas fronterizas, y la raíz de todos estos conflictos ha sido la pobreza. La mayoría de ellos ya han concluido pero la reconstrucción es lenta: la pobreza y la deuda externa son aún el problema básico. La economía de la zona depende del café, los plátanos, el algodón, la caña de azúcar, el maíz y el pescado, aunque se exporta artesanía y productos textiles.

○ **PESCADORES**
Un pescador mexicano lanza su red. En estas aguas, las sardinas representan la mayor parte de las capturas, seguidas por las anchoas, el atún y las gambas.

○ **AGUAS AZULES**
En Cajún, Yucatán, los turistas pueden ver las maravillas de un atolón tropical desde barcos con fondo de cristal.

PLÁTANOS

Los plátanos destinados a la exportación se envasan antes de que maduren. Los países de América Central compiten con sus vecinos del Caribe por su cuota en el mercado mundial.

MINA DE ESTAÑO

México tiene ricas reservas minerales: estaño, plata, antimonio, flúor y mercurio. Sus reservas más apreciadas son las de petróleo y gas natural.

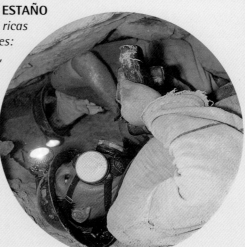

TEJIDO A MANO

La región es famosa por sus telas de vivos colores que, tradicionalmente, se tejen sobre simples telares de correas tensadas alrededor de un punto fijo.

CIUDAD DE MÉXICO

En la capital de México y sus barrios de la periferia viven unos 25 millones de habitantes. Es la ciudad más poblada de América y un centro industrial, financiero, de negocios y comunicaciones.

DATOS

HONDURAS
República de Honduras
SUPERFICIE: 112.088 km²
POBLACIÓN: 6.500.000 hab.
CAPITAL: Tegucigalpa
OTRAS CIUDADES: San Pedro Sula, Choluteca
PUNTO MÁS ALTO: Cerro Las Minas (2.849 m)
LENGUA OFICIAL: español
MONEDA: lempira

MÉXICO
Estados Unidos Mexicanos
SUPERFICIE: 1.958.201 km²
POBLACIÓN: 100.000.000 hab.
CAPITAL: Ciudad de México
OTRAS CIUDADES: Guadalajara, Monterrey, Puebla de Zaragoza
PUNTO MÁS ALTO: Citlatépetl (5.700 m)
LENGUA OFICIAL: español
MONEDA: peso mexicano

NICARAGUA
República de Nicaragua
SUPERFICIE: 130.000 km²
POBLACIÓN: 4.900.000 hab.
CAPITAL: Managua
OTRAS CIUDADES: León, Granada
PUNTO MÁS ALTO: Cordillera Isabela (2.438 m)
LENGUA OFICIAL: español
MONEDA: córdoba

PANAMÁ
República de Panamá
SUPERFICIE: 75.517 km²
POBLACIÓN: 2.900.000 hab.
CAPITAL: Ciudad de Panamá
OTRAS CIUDADES: San Miguelito, Colón, David
PUNTO MÁS ALTO: Volcán Baru (3.475 m)
LENGUA OFICIAL: español

119

○ CABEZA OLMECA

Esta colosal cabeza de piedra fue esculpida hace 3.000 años por los olmecas del antiguo México.

A partir del año 1200 a.C., México y América Central vivieron el ascenso de brillantes civilizaciones fundadas por pueblos indígenas (olmecas, mayas, toltecas y aztecas), de las que aún se conservan ciudades en ruinas, pirámides escalonadas, y grandes templos. Cuando los españoles invadieron el territorio en 1519, se quedaron atónitos ante las maravillas de la capital azteca, Tenochtitlán (actual Ciudad de México).

Los pueblos indígenas, a quienes los españoles llamaron *indios*, eran hábiles astrónomos, matemáticos, escritores, músicos y artesanos, pero carecían de armas de fuego, razón de su derrota ante los españoles. Así, durante los siguientes 300 años, la región formó parte del Imperio español de ultramar.

○ LAS RUINAS DE MITLA

Mitla, en el sur de México, fue un antiguo lugar sagrado: hace 1.000 años estuvo ocupado por los mixtecas. Las ruinas aún conservan restos de la pintura original, hecha de bayas.

○ VENTA DE TEJIDOS

Madejas de lana de colores brillantes para tejer a mano se apilan en este mercado de Guatemala.

Tras la independencia, en 1823, el poder mexicano permaneció en manos de unos pocos terratenientes. En la década de 1840, el país tuvo que ceder mucho territorio a Estados Unidos, y de 1910 a 1917 fue desgarrado por la revolución y la guerra civil.

Tras su independencia, los estados de América Central intentaron formar una confederación, pero se separaron en 1838. El pueblo siguió siendo pobre, mientras unos pocos ricos lo dominaban todo. Belice fue colonia británica, Honduras Británica, de1862 a 1981.

○ SOMBRERO AZTECA

Los aztecas eran buenos artesanos; producían bellos mantos y sombreros de plumas, elaboradas joyas y telas con estampados.

○ LOS MAYAS

El período clásico de la civilización maya duró del año 250 al 900 d.C, y se distinguió por la construcción de ciudades con grandes templos y pirámides de piedra. El territorio maya se extendía desde la península de Yucatán, en México, hasta Guatemala y Belice. Sus descendientes siguen viviendo en estas regiones.

Los pueblos de la región tienen una cultura muy rica: algunos descienden de europeos, aunque en su mayoría son mestizos, cruce de españoles y nativos. En la región aún viven grandes grupos de mayas, otomis, tarascanos, zapotecas, mixtecas, tarahumaras, nahuas, misquitos, guaymíes y kunas. Los garifunas, que habitan en Belice, Honduras y Nicaragua, provienen de un cruce entre africanos y un pueblo indígena: los caribes. En toda la región se habla español, aunque también se hablan lenguas locales. Sin embargo, en Belice y en la costa este de Nicaragua se habla inglés.

México y América Central profesan una gran fe católica, si bien con gran influencia de las tradiciones indígenas, que se manifiesta en muchas celebraciones y procesiones religiosas.

⟡ ARQUITECTURA COLONIAL

En Taxco de Alarcón, pueden verse iglesias construidas por los españoles. La región era un centro minero antes de la llegada de los españoles en 1528.

⟡ EL DÍA DE LOS MUERTOS

Los mexicanos celebran el día de los muertos el 1 de noviembre. Los altares se llenan de ofrendas de comida, esqueletos de cartón piedra, fotos y flores.

⟡ TRADICIONES MIXTAS

Los antiguos ritos mayas han influido en el culto cristiano de los mayas quiché de Guatemala.

CRONOLOGÍA

a.C.

2600	Orígenes de la civilización maya en Yucatán.
1000	Orígenes de la civilización zapoteca.

d.C.

s. III	Imperio maya (hasta el siglo IX).
1325	Los aztecas fundan Tenochtitlán.
s. XV	Máximo esplendor del Imperio azteca.
1519	España invade el Imperio azteca.
s. XVII	Los piratas atacan la costa atlántica.
1810	Rebelión contra España en México.
1821	Fin del dominio español en América Central.
1823	Provincias unidas de América Central (hasta 1838): Honduras, Costa Rica, El Salvador, Guatemala, Nicaragua.
1846	Guerra de México con Estados Unidos (hasta 1848): México pierde Nuevo México y California.
1862	Belice, colonia británica.
1911	Revolución mexicana: reforma política.
1914	Inauguración del canal de Panamá.
1978	Revolución nicaragüense.
1981	Independencia de Belice.
1985	Terremoto en Ciudad de México.
1994	México: ingreso en la NAFTA y levantamiento de Chiapas.
2001	Tercera cumbre americana para negociar la ampliación del área de libre comercio.

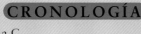

121

EL CARIBE

⟳ IBIS ESCARLATA

Entre el estrecho de Florida y la costa venezolana de Sudamérica se extiende una gran cantidad de hermosas islas. El oeste está bañado por las aguas del golfo de México y el este se abre hacia el océano Atlántico. Muchas de las islas están formadas por coral; otras son las cimas de volcanes submarinos, algunos de los cuales aún están activos. Los arrecifes costeros forman un mundo repleto de corales, algas y peces de vivos colores.

El clima es tropical, cálido y con una gran humedad, sólo mitigada en las pequeñas islas por efecto de las brisas marinas. Hacia el final del verano y en otoño, los huracanes provocan fuertes vientos y precipitaciones.

Las Bahamas forman, junto a las islas Turks y Caicos, el anillo septentrional exterior de este gran conjunto de islas. El cinturón de las Grandes Antillas incluye Cuba, la isla más extensa de la región, que comprende fértiles llanuras, bosques y áreas montañosas. Sus vecinas comprenden las islas Caimán, Jamaica, la Española, dividida entre Haití y la República Dominicana, y Puerto Rico.

Las Pequeñas Antillas tienen una extensión menor y están diseminadas alrededor de un gran arco, entre las Islas Vírgenes y Aruba. Las septentrionales son conocidas como «Islas de Sotavento», y las meridionales, como «Islas de Barlovento». La zona recluida por las Antillas es el mar Caribe.

DATOS

DOMINICA
Commonwealth of Dominica
SUPERFICIE: 751 km²
POBLACIÓN: 70.000 hab.
CAPITAL: Roseau
PUNTO MÁS ALTO: Morne Diablotin (1.447 m)
LENGUA OFICIAL: inglés
MONEDA: dólar del Caribe

REPÚBLICA DOMINICANA
República Dominicana
SUPERFICIE: 48.734 km²
POBLACIÓN: 8.600.000 hab.
CAPITAL: Santo Domingo
OTRAS CIUDADES: Santiago de los Caballeros, La Romana
PUNTO MÁS ALTO: Pico Duarte (3.175 m)
LENGUA OFICIAL: español
MONEDA: peso dominicano

GRANADA
Grenada
SUPERFICIE: 344 km²
POBLACIÓN: 100.000 hab.
CAPITAL: Saint George's
PUNTO MÁS ALTO: monte St Catherine (840 m)
LENGUA OFICIAL: inglés
MONEDA: dólar del Caribe

HAITÍ
République d'Haïti
SUPERFICIE: 27.750 km²
POBLACIÓN: 7.700.000 hab.
CAPITAL: Puerto Príncipe
OTRAS CIUDADES: Jacmel, Les Cayes
PUNTO MÁS ALTO: monte La Selle (2.677 m)
LENGUAS OFICIALES: francés, criollo
MONEDA: gourde

⟳ ARRECIFE DE CORAL
Entre los brillantes corales viven anémonas, esponjas, caballitos de mar y toda clase de peces.

122

DATOS

ANTIGUA Y BARBUDA
Antigua and Barbuda
SUPERFICIE: 442 km²
POBLACIÓN: 71.000 hab.
CAPITAL: Saint Johns
PUNTO MÁS ALTO: Boggy Peak (402 m)
LENGUA OFICIAL: inglés
MONEDA: dólar del Caribe

BAHAMAS
Commonwealth of the Bahamas
SUPERFICIE: 13.878 km²
POBLACIÓN: 300.000 hab.
CAPITAL: Nassau
PUNTO MÁS ALTO: Cat Island (63 m)
LENGUA OFICIAL: inglés
MONEDA: dólar de Bahamas

BARBADOS
Barbados
SUPERFICIE: 430 km²
POBLACIÓN: 260.000 hab.
CAPITAL: Bridgetown
PUNTO MÁS ALTO: monte Hillaby (340 m)
LENGUA OFICIAL: inglés
MONEDA: dólar de Barbados

CUBA
República de Cuba
SUPERFICIE: 110.861 km²
POBLACIÓN: 11.000.000 hab.
CAPITAL: La Habana
OTRAS CIUDADES: Santiago de Cuba, Camagüey
PUNTO MÁS ALTO: monte Turquino (2.005 m)
LENGUA OFICIAL: español
MONEDA: peso cubano

◗ PALMERAS
La imagen más típica del Caribe es la de una bella palmera movida por la brisa. Aquí, en la soleada isla de Jamaica, los cocos crecen en palmeras de hasta 24 m de altura.

◗ HURACANES
Los satélites espaciales siguen la evolución de los huracanes. Estas devastadoras tormentas en forma de espiral barren el Caribe de agosto a octubre.

BAHAMAS

CUBA

SAN CRISTÓBAL Y NIEVES

ANTIGUA Y BARBUDA

PUERTO RICO

DOMINICA

SANTA LUCÍA

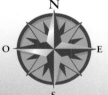
JAMAICA

HAITÍ

BAHAMAS
Nassau
Andros
Turks y Caicos
La Habana
CUBA
Camagüey
Isla de la Juventud
Islas Caimán (RU)
Santiago de Cuba
HAITÍ
Puerto Príncipe
Kingston
JAMAICA
REPÚBLICA DOMINICANA
San Juan
Puerto Rico (EE.UU.)
Santo Domingo
GRANDES ANTILLAS
MAR CARIBE
PEQUEÑAS ANTILLAS
Antillas Neerlandesas
Islas Vírgenes (RU y EE.UU.)
ANTIGUA Y BARBUDA
Montserrat (RU)
Guadalupe (FR)
DOMINICA
Martinica (FR)
SANTA LUCÍA
BARBADOS
SAN VICENTE Y LAS GRANADINAS
GRANADA
TRINIDAD Y TOBAGO

REPÚBLICA DOMINICANA

TRINIDAD Y TOBAGO

BARBADOS

SAN VICENTE Y LAS GRANADINAS

GRANADA

◗ TRANSPORTE EN ASNOS
Los asnos son un transporte muy utilizado para moverse por el montañoso territorio de la República Dominicana.

◗ PLAYA TROPICAL
Santa Lucía es una isla volcánica que forma parte de las Islas de Barlovento. Sus playas de arena blanca y paisajes espectaculares atraen a muchos turistas.

☉ CHE GUEVARA

Ernesto «Che» Guevara, argentino de origen, tuvo un papel notable en la Revolución Cubana (1956–1959). Fue asesinado en Bolivia en 1967.

☉ BARCAS ARTESANAS

En muchos países del Caribe, la construcción de barcas aún se hace con métodos tradicionales.

DATOS

JAMAICA
SUPERFICIE: 10.990 km²
POBLACIÓN: 2.500.000 hab.
CAPITAL: Kingston
OTRAS CIUDADES: Spanish Town, Montego Bay
PUNTO MÁS ALTO: Blue Mountain Peak (2.256 m)
LENGUA OFICIAL: inglés
MONEDA: dólar jamaicano

SAN CRISTÓBAL Y NIEVES
Federation of St Christopher and Nevis
SUPERFICIE: 261 km²
POBLACIÓN: 40.000 hab.
CAPITAL: Basseterre
PUNTO MÁS ALTO: monte Liamuiga (1.156 m)
LENGUA OFICIAL: inglés
MONEDA: dólar del Caribe

SANTA LUCÍA
Santa Lucia
SUPERFICIE: 622 km²
POBLACIÓN: 160.000 hab.
CAPITAL: Castries
PUNTO MÁS ALTO: monte Gimie (959 m)
LENGUA OFICIAL: inglés
MONEDA: dólar del Caribe

SAN VICENTE Y LAS GRANADINAS
Saint Vincent and the Grenadines
SUPERFICIE: 388 km²
POBLACIÓN: 110.000 hab.
CAPITAL: Kingstown
PUNTO MÁS ALTO: monte La Soufrière (1.272 m)
LENGUA OFICIAL: inglés
MONEDA: dólar del Caribe

TRINIDAD Y TOBAGO
Republic of Trinidad and Tobago
SUPERFICIE: 5.130 km²
POBLACIÓN: 1.300.000 hab.
CAPITAL: Port-of-Spain
OTRAS CIUDADES: San Fernando, Arima
PUNTO MÁS ALTO: monte Aripo (940 m)
LENGUA OFICIAL: inglés
MONEDA: dólar de Trinidad y Tobago

En el Caribe existen 13 estados independientes; unos son repúblicas democráticas, y otros tienen a monarcas europeos como jefes de Estado. Los lazos económicos entre los diferentes países están reforzados por la Comunidad del Caribe, CARICOM, fundada en 1973. La mayoría de los 11 territorios restantes son dependencias de otros estados. Algunos son gobernados como parte de la Francia continental.

Cuba, la mayor isla del Caribe, tiene un gobierno comunista desde 1959, y hasta 1991 mantuvo estrechos vínculos comerciales con los países comunistas de Europa. Desde el colapso de dichos regímenes, Cuba ha luchado contra un estricto bloqueo comercial impuesto por Estados Unidos.

En algunos países, como Haití, la violencia y la corrupción políticas tienen un largo historial; en otros, el problema radica en las alianzas. Así, por ejemplo, Anguila rechazó unirse a la federación de San Cristóbal y Nieves cuando ésta accedió a la independencia; Aruba, a su vez, se separó de las Antillas Neerlandesas. Varias islas han sido gravemente afectadas por desastres naturales, como erupciones volcánicas o huracanes.

☉ RADIOTELESCOPIO

El mayor radiotelescopio del mundo se encuentra cerca de Arecibo, en la isla de Puerto Rico.

Muchos habitantes del Caribe son pobres. Entre los cultivos industriales destinados a la exportación figuran las especias, las frutas tropicales (plátanos, mangos y limas), la caña de azúcar y el algodón. De Cuba, son famosos el ron y el tabaco. Muchos isleños pescan y producen su propia comida. Los platos típicos de la zona se elaboran con pescado, coco, pimiento y harina de maíz.

☉ LOS TIEMPOS CAMBIAN

Rodney Bay, en Santa Lucía, era una costa pantanosa habitada por pescadores. En la década de 1940 se convirtió en una base naval de EE. UU., y hoy es un centro turístico, que cuenta con un puerto deportivo y numerosos hoteles.

☉ DÍA DE MERCADO

En un mercado caribeño, se pueden encontrar sabrosas frutas tropicales, pescado, marisco y verduras. Entre los refrigerios, las creps de pollo al curry y verduras.

↻ FIDEL CASTRO
Líder de la Revolución Cubana. Fidel Castro derrocó en 1959 al régimen corrupto de Fulgencio Batista.

↻ PUEBLO CARIBEÑO
La mayoría de los caribeños vive en casas simples de una sola planta. Las paredes blancas reflejan el sol y mantienen frescos los interiores pese al fuerte calor exterior. Hasta cuatro generaciones de una familia llegan a vivir en estas casas.

La industria es limitada, aunque Trinidad produce petróleo y gas natural. Las aguas azules y las playas, dotadas de blancas arenas y palmeras, son excelentes recursos turísticos. Otras islas, como las Caimán, poseen leyes especiales sobre impuestos que permiten que compañías financieras y bancos de todo el mundo se establezcan allí. Sin embargo, esta riqueza no suele beneficiar a todo el pueblo.

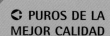

↻ PUROS DE LA MEJOR CALIDAD
Los finos cigarros y el ron, elaborado con caña de azúcar, son famosos productos de Cuba.

DATOS

Dependencias

ANGUILA
Territorio británico de ultramar
SUPERFICIE: 91 km²
POBLACIÓN: 9.000 hab.
CAPITAL: The Valley
LENGUA OFICIAL: inglés
MONEDA: dólar del Caribe

ARUBA
Isla autónoma de Países Bajos
SUPERFICIE: 193 km²
POBLACIÓN: 80.000 hab.
CAPITAL: Oranjestad
LENGUA OFICIAL: neerlandés
MONEDA: florín neerlandés

ISLAS CAIMÁN
Territorio británico de ultramar
SUPERFICIE: 264 km²
POBLACIÓN: 30.000 hab.
CAPITAL: George Town
LENGUA OFICIAL: inglés
MONEDA: dólar de las Islas Caimán

GUADALUPE
Departamento de ultramar de Francia
SUPERFICIE: 1.705 km²
POBLACIÓN: 400.000 hab.
CAPITAL: Basse-Terre
LENGUA OFICIAL: francés
MONEDA: euro

MARTINICA
Departamento de ultramar de Francia
SUPERFICIE: 1.102 km²
POBLACIÓN: 400.000 hab.
CAPITAL: Fort-de-France
LENGUA OFICIAL: francés
MONEDA: euro

125

○ TRÁFICO DE ESCLAVOS

Entre los siglos XVI y XIX, esclavos africanos fueron conducidos al Caribe, para ser vendidos en los mercados. Las familias se separaban y los castigos eran muy severos.

○ PLANTACIONES DE AZÚCAR

La caña de azúcar ha sido el principal recurso de la economía caribeña desde el siglo XVII hasta hace poco. El azúcar se enviaba a Europa y América del Norte. Los esclavos africanos trabajaban en fincas propiedad de europeos.

DATOS

Dependencias caribeñas

MONTSERRAT
Territorio británico de ultramar
SUPERFICIE: 102 km²
POBLACIÓN: 6.000 hab.
CAPITAL: Plymouth
LENGUA OFICIAL: inglés
MONEDA: dólar del Caribe

ANTILLAS NEERLANDESAS
Islas autónomas de Países Bajos
SUPERFICIE: 800 km²
POBLACIÓN: 200.000 hab.
CAPITAL: Willemstad
LENGUA OFICIAL: neerlandés
MONEDA: florín de las Antillas Neerlandesas

PUERTO RICO
Comunidad territorial de Estados Unidos
SUPERFICIE: 8.875 km²
POBLACIÓN: 3.800.000 hab.
CAPITAL: San Juan
LENGUAS OFICIALES: inglés, español
MONEDA: dólar USA

TURKS Y CAICOS
Territorio británico de ultramar
SUPERFICIE: 430 km²
POBLACIÓN: 10.000 hab.
CAPITAL: Cockburn Town
LENGUA OFICIAL: inglés
MONEDA: dólar USA

ISLAS VÍRGENES (REINO UNIDO)
Territorio británico de ultramar
SUPERFICIE: 151 km²
POBLACIÓN: 20.000 hab.
CAPITAL: Road Town
LENGUA OFICIAL: inglés
MONEDA: dólar USA

ISLAS VÍRGENES (ESTADOS UNIDOS)
Territorio no-incorporado de Estados Unidos
SUPERFICIE: 347 km²
POBLACIÓN: 100.000 hab.
CAPITAL: Charlotte Amalie
LENGUA OFICIAL: inglés
MONEDA: dólar USA

En la prehistoria, las islas caribeñas fueron habitadas por pueblos indígenas del continente americano. Cuando Colón llegó a las islas en 1492, había dos etnias principales: los arawak y los caribes. Los primeros fueron esclavizados, asesinados por los españoles, o bien murieron de enfermedades infecciosas. Los segundos, de temible reputación entre los europeos, resistieron más tiempo, pero al final pocas comunidades sobrevivieron.

Los españoles se establecieron en muchas islas. Cuando sus flotas embarcaban hacia España con los tesoros saqueados del continente eran asaltadas por piratas ingleses, franceses y neerlandeses. Estos países, a su vez, no tardaron en conquistar islas y plantar en ellas tabaco y caña de azúcar. Para cultivarlas, importaban esclavos de África. Algunos, tratados de forma cruel, lograron escapar. En el siglo XVIII hubo violentas rebeliones en Jamaica y Haití. Esta última fue la primera república independiente afrocaribeña.

○ CARNAVAL

En Trinidad, el Carnaval es una fiesta de disfraces, danzas, percusión, y unos versos llamados calypsos.

○ LA SANTA MARÍA

La carabela de Cristóbal Colón alcanzó la isla de San Salvador, Bahamas, en 1492, fecha clave en la historia de América.

○ MUJERES PIRATA

Dos famosas piratas, Anne Bonny y Mary Read, fueron juzgadas en Jamaica en 1720. Las costas del Caribe habían sufrido continuas incursiones de piratas y bucaneros.

↻ VUELTA A LOS ORÍGENES

Los rastafaris se aferran a sus raíces africanas y rinden homenaje a Haile Selassie (1891–1975), antiguo emperador de Etiopía.

Tras la abolición de la esclavitud, hacia la década de 1830, muchos europeos abandonaron la región. Gentes de India y del sudeste asiático fueron contratadas para trabajar en algunas islas como Trinidad. Sin embargo, la mayoría de las islas del Caribe fueron colonias hasta la década de 1960.

Los caribeños actuales descienden de muchos pueblos: nativos, africanos, españoles, ingleses, irlandeses, franceses, neerlandeses y asiáticos. Los dos grupos mayoritarios son los afrocaribeños y los españoles. El español, el inglés y el francés están muy extendidos, así como los dialectos criollos, influidos por lenguas africanas.

El cristianismo está muy arraigado. En Haití se practica el vudú, una religión animista africana. Los *rastafaris* de Jamaica se inspiran en la espiritualidad africana.

La música y danzas caribeñas, de la salsa al *reggae*, se han popularizado en todo el mundo; la música ocupa un lugar destacado en los carnavales de la región. Los deportes más populares son el *cricket*, el fútbol y el béisbol.

↻ SONIDOS DE ACERO

Los tambores de acero llamados pans *producen el típico sonido de Trinidad.*

↻ EL CRICKET

El cricket *es un deporte muy popular en las islas del Caribe. Sus equipos han estado entre la elite desde la década de 1960.*

↻ VUDÚ HAITIANO

Tambores y danzas sumen a la gente en trance en Cap Haïtien. El vudú, que se basa en las creencias africanas en unos espíritus llamados loas, *inspiró las rebeliones de los esclavos en Haití. Hoy, sigue siendo popular.*

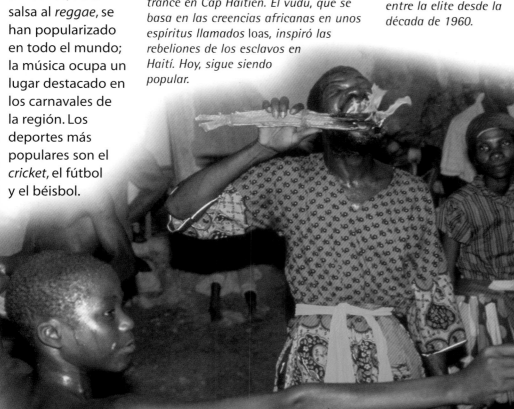

CRONOLOGÍA

200	Establecimiento de nativos americanos: los ciboney son expulsados de Cuba por los taínos.
1000	Migraciones arawak y caribes.
1492	Cristóbal Colón llega a las Bahamas.
1496	Primera colonia española: Santo Domingo (La Española).
1511	Los españoles llegan a Cuba.
1523	Comercio de esclavos con África.
1655	Los ingleses conquistan Jamaica.
1660	Punto álgido de la piratería (hasta 1720).
1697	Los franceses en Haití (La Española).
1804	Independencia de Haití: república gobernada por antiguos esclavos.
1838	Fin de la esclavitud en parte del Caribe.
1868	Abortada la rebelión independentista en Cuba (1878).
1895	Levantamiento contra España en Cuba (hasta 1898).
1898	Puerto Rico cedida a EE. UU.
1952	Fulgencio Batista toma el poder en Cuba.
1959	Fidel Castro derroca a Batista en Cuba.
1961	Independencia de Barbados.
1962	Crisis de los misiles en Cuba: conflicto con EE. UU. por el establecimiento de una base soviética de misiles. Independencia de Jamaica y Trinidad.
1973	Independencia de Bahamas.
1983	EE. UU. invade Granada.
1995	Erupciones volcánicas en Montserrat.

127

BOLIVIA, COLOMBIA ECUADOR Y PERÚ

○ AVE CON SERPIENTE

Esta bella escultura de piedra de San Agustín, en Colombia, fue creada hace unos 2.000 años.

La cordillera de los Andes recorre Sudamérica de forma longitudinal a lo largo de 6.400 km, de Colombia, en el norte, a Tierra del Fuego, en el sur. Las montañas son altas, hermosas y apreciadas, pues contienen reservas de plata, estaño y otros minerales.

En los Andes se alzan enormes volcanes cubiertos de nieve, relucientes glaciares y extensas mesetas frías. El lago Titicaca, situado entre Perú y Bolivia, ocupa una superficie de 8.288 km². En el norte, los Andes descienden hacia las bajas llanuras que bordean la húmeda costa del Caribe. En el oeste, están limitados por una franja litoral bañada por el océano Pacífico. En algunas partes, la franja es húmeda y fértil, pero en Perú la mayor parte es desértica, pues las frías corrientes oceánicas dificultan la evaporación del agua y la formación de nubes de lluvia.

Al oeste de Sudamérica, las islas Galápagos, pertenecientes a Ecuador, son un punto en medio del Pacífico. En el este de Ecuador, los picos y las mesetas de los Andes descienden a través de brumosas laderas y valles escarpados hacia las inmensas selvas del centro de Sudamérica. Los ríos que nacen en la vertiente oriental de los Andes vierten sus aguas en el Orinoco o en el Amazonas.

○ BAÑOS, ECUADOR

Esta pequeña localidad se encuentra en los Andes orientales, en la ruta a El Oriente, provincia de Ecuador situada en la cuenca del Amazonas.

DATOS

BOLIVIA
República de Bolivia
SUPERFICIE: 1.098.581 km²
POBLACIÓN: 8.500.000 hab.
CAPITALES: La Paz, Sucre
OTRAS CIUDADES: Santa Cruz, Cochabamba
PUNTO MÁS ALTO: Nevado Sajama (6.542 m)
LENGUA OFICIAL: español
MONEDA: peso boliviano

COLOMBIA
República de Colombia
SUPERFICIE: 1.138.914 km²
POBLACIÓN: 43.000.000 hab.
CAPITAL: Bogotá
OTRAS CIUDADES: Medellín, Cali, Barranquilla
PUNTO MÁS ALTO: monte Cristobal Colón (5.775 m)
LENGUA OFICIAL: español
MONEDA: peso colombiano

ECUADOR
República del Ecuador
SUPERFICIE: 461.475 km² (incluidas las islas Galápagos)
POBLACIÓN: 12.800.000 hab.
CAPITAL: Quito
OTRAS CIUDADES: Guayaquil, Cuenca
PUNTO MÁS ALTO: monte Chimborazo (6.267 m)
LENGUA OFICIAL: español
MONEDA: dólar

PERÚ
República de Perú
SUPERFICIE: 1.285.216 km²
POBLACIÓN: 26.000.000 hab.
CAPITAL: Lima
OTRAS CIUDADES: Callao, Arequipa, Chiclayo
PUNTO MÁS ALTO: Nevado Huascarán (6.768 m)
LENGUAS OFICIALES: español, quechua, aymará
MONEDA: nuevo sol

COLOMBIA

⟳ LA DIVISORIA DE LOS ANDES
Sudamérica está dividida en dos por la cordillera de los Andes. Una parte de las lluvias fluye hacia el océano Pacífico; el resto, hacia el distante océano Atlántico.

⟳ BOLIVIA ORIENTAL
Estas cabañas se alzan en la región de Las Yungas, en el este de Bolivia, donde el Altiplano desciende hacia la húmeda selva de la cuenca del Amazonas.

⟳ CÓNDOR

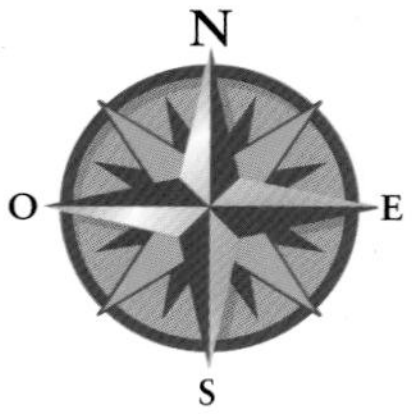

⟳ EL LAGO TITICACA
El lago más extenso de Sudamérica está formado, en realidad, por dos lagos pequeños, el Chucuito y el Uinamarca, comunicados mediante un angosto estrecho.

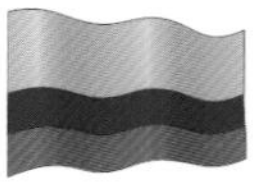

BOLIVIA

ECUADOR

⟳ EL URUBAMBA
Este río nace en los Andes, atraviesa gargantas profundas, y confluye con el Apurímac para formar el Ucayali, el cual, a su vez, desemboca en el Amazonas.

N
O — E
S

PERÚ

⟳ A GRAN ALTITUD
La estación de esquí de Chacaltaya, cerca de La Paz, Bolivia, es la más alta del mundo y domina los llanos del Altiplano.

⟳ RÍO DE HIELO
En Perú, los Andes se dividen en tres vertientes. Los picos más elevados se alzan en la Cordillera Blanca, donde las cimas nevadas descienden hacia glaciares como el Pastoruri, a 5.300 m de altitud.

Mapa
Punta Gallinas
Barranquilla
Cartagena
PANAMÁ
Cristobal Colón 5.775 m
VENEZUELA
Cauca
Magdalena
Cabo Corrientes
Medellín
Pereira
Manizales
Meta
Ibagué
Bogotá
Buenaventura
COLOMBIA
Guaviare
Cali
Neiva
Nevado del Huila 5.750 m
Pasto
Punta Galera
Quito
ECUADOR
Caquetá
Putumayo
Guayaquil
Chimborazo 6.267 m
Golfo de Guayaquil
Amazonas
Iquitos
Marañón
Punta Aguja
Piura
Chiclayo
Ucayali
BRASIL
Trujillo
Chimbote
Nevado Huascarán 6.768 m
PERÚ
Callao
Huancayo
Mamoré
Guaporé
Lima
Cuzco
Península de Paracas
Volcán El Misti
Nevado Ancohume 6.550 m
Nazca
Arequipa
Lago Titicaca
La Paz
BOLIVIA
OCÉANO PACÍFICO
Cochabamba
Santa Cruz
Oruro
Sucre
Lago Poopó
ALTIPLANO
Potosí
Pilcomayo
CHILE
PARAGUAY

◯ PESCA
En el profundo lago Titicaca, los pueblos aymará y uru pescan siluros, truchas y samarugos.

◯ LABORATORIOS DE COCAÍNA
Un avión en busca de plantaciones secretas de coca. Ésta se procesa para obtener cocaína.

Los cuatro países de los Andes septentrionales son repúblicas. Con frecuencia, el ejército ha tomado el poder o ha controlado indirectamente a sus gobernantes. Se han formado numerosas guerrillas alimentadas por la pobreza general y la injusticia social. Ha habido muchos asesinatos llevados a cabo por bandas criminales que comercian con cocaína, una droga derivada de la coca, que los campesinos de la región han cultivado durante cientos de años.

◯ RECOLECCIÓN DE JUNCOS
Altos y resistentes juncos llamados totora crecen en las orillas e islas del lago Titicaca, así como en plataformas flotantes de vegetación. Los juncos se recogen y atan en haces para construir casas y barcas de pesca o balsas.

◯ ESTACIÓN DE TREN
Alausí, en la provincia de Chimborazo (Ecuador), se extiende a lo largo de la línea Guayaquil–Quito. El ferrocarril más alto del mundo se encuentra en Perú.

◯ MÚSICA ANDINA
Conocidos como antaras *o* zampoñas, *estos instrumentos se tocan desde la época inca.*

La región posee grandes reservas minerales de petróleo, cobre, esmeraldas, plata, estaño, zinc, plomo y oro.

No obstante, mucha gente, tanto en la ciudad como en el campo, vive en la pobreza. En las cálidas tierras bajas, los agricultores cultivan algodón, caña de azúcar y plátanos. Los granos de café de Colombia, cultivados en las laderas tropicales, se encuentran entre los mejores del mundo. En las frías mesetas se cultivan patatas, maíz, trigo y quino.

Los bosques aportan la preciada madera. La numerosa flota pesquera del Pacífico captura sardinas, anchoas y atunes, mientras que en la costa se crían langostinos. El pescado también se procesa para crear fertilizantes.

◯ TRANSPORTE LOCAL
Una calesa motorizada proporciona transporte en Chiclayo, la capital de la región peruana de Lambayeque. La ciudad se encuentra en la ruta panamericana, una carretera que une América del Norte con Sudamérica.

◘ EL ESTADIO DE LIMA

El Estadio Nacional de Perú se encuentra en la capital del país, donde viven unos 6 millones de habitantes.

◑ LA MONTAÑA DE PLATA

Al llegar a Bolivia, los españoles explotaron Cerro Rico, en Potosí, la mayor mina de plata del mundo.

◘ LA CAPITAL DE COLOMBIA

Las montañas delimitan el horizonte de los modernos y altos edificios de Bogotá, la capital de Colombia, donde viven unos 5 millones de personas.

En esta zona predomina la religión católica y se celebran muchos peregrinajes y fiestas. El español se habla en los cuatro países. Muchos habitantes son mestizos (cruce de europeos e indios); mientras que otros descienden de europeos, africanos o asiáticos. Los pueblos nativos sólo representan el 1% de los colombianos; en cambio, en los países vecinos, el porcentaje es del 25% en Ecuador, el 45% en Perú y el 55% en Bolivia.

Los dos grupos indígenas mayoritarios son los aymarás y los quechuas. Muchos de estos indios son campesinos pobres olvidados durante mucho tiempo por la gente poderosa de las ciudades. En las montañas, el tiempo parece haberse detenido, la vida sigue igual desde hace siglos: la gente teje, va al mercado y cría llamas. La evocadora música andina se toca con guitarras, zampoñas y tambores.

◑ MULAS

De pie firme aunque tercas, las mulas se han usado en los Andes desde el siglo XVI para el transporte de mercancías.

◑ TERRAZAS DE CULTIVO

La construcción de terrazas en las laderas de los Andes se remonta a tiempos muy antiguos. Los incas fueron maestros en las técnicas de regadío.

131

En la prehistoria, el norte de los Andes fue invadido por oleadas de diferentes tribus, y, desde tiempos remotos, muchas civilizaciones avanzadas se desarrollaron allí.

Entre los años 1200 a.C. y 200 a.C., la civilización chavín produjo esculturas, cerámica y tejidos pintados. Extrañas líneas y complejos dibujos que se aprecian en el desierto, cerca de Nazca, sur de Perú, pudieron haberse dedicado a los dioses. Más al norte, el valle del Moche fue el centro de una civilización que construyó pirámides en honor del Sol, así como sistemas de regadío.

⬣ PIEDRAS INCAS
Los incas dominaban la técnica de la piedra: sus construcciones han resistido terribles terremotos.

⬣ EL TEMPLO DEL SOL
Esta pirámide dominaba la capital moche. De 40 m de altura, se cree que para su construcción se emplearon 140 millones de ladrillos.

Hace más de 1.000 años, el pueblo chimú del norte de Perú destacó en la orfebrería y también produjo cerámica en grandes cantidades.

Quizá la civilización más apasionante fue la de los incas, quienes derrotaron a los chimúes en 1476. Su imperio, con la capital en Cuzco (Perú), se extendía desde Ecuador hasta Chile y poseía 12 millones de habitantes. Los incas construyeron ciudades con grandes templos y estudiaron las estrellas.

⬣ SED DE ORO
Los rumores sobre la abundancia de oro atrajo a muchos colonizadores europeos.

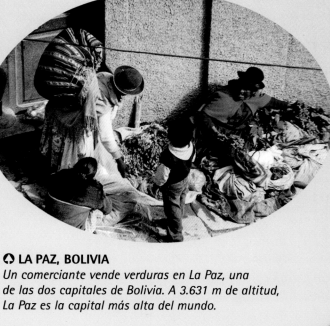

⬣ LA PAZ, BOLIVIA
Un comerciante vende verduras en La Paz, una de las dos capitales de Bolivia. A 3.631 m de altitud, La Paz es la capital más alta del mundo.

España invadió Colombia en 1499. En 1532, un pequeño ejército de conquistadores españoles, ávidos de oro y plata, usó mil artimañas para acabar con el gran Imperio inca. Los Andes ofrecían una riqueza superior a todo lo que habían soñado.

⬣ RESTOS INCAS
Por todo su imperio, los incas construyeron fortalezas, ciudades, canales, residencias y sistemas de regadío. Las mercancías eran transportadas por llamas, y los mensajes, por relevos de corredores.

MACHU PICCHU

La más famosa de las ciudades incas de Perú fue construida en lo alto de las gargantas del valle del Urubamba, probablemente en el siglo XV, y estaba rodeada por terrazas de cultivo.

El dominio español sobre la región duró unos 300 años. Los españoles construyeron iglesias y ciudades, extrajeron plata, y emplearon a los indígenas para trabajar la tierra. En la década de 1820, Simón Bolívar (1783–1830) encabezó la insurrección contra España. Su nombre aún perdura en uno de los territorios que liberó: Bolivia.

Una vez independientes, los nuevos países lucharon entre ellos. Unas pocas familias de las clases dirigentes se hicieron muy ricas, pero la mayoría del pueblo entró en una fase de pobreza que aún dura.

QUITO, ECUADOR

La capital de Ecuador conserva antiguos edificios coloniales junto a oficinas y fábricas modernas. La ciudad se alza a 2.850 m de altitud al pie del volcán Pichincha.

PEREGRINAJES

Los españoles introdujeron el catolicismo en los Andes. En la foto, el santuario de Nuestra Señora de Acua Santa, en Ecuador.

LA CONQUISTA

Los españoles llegaron a Perú en 1532, capturaron al emperador Atahualpa a traición y pronto conquistaron todo el territorio inca, si bien la resistencia se prolongó durante 40 años más.

CRONOLOGÍA

a.C.

8500	Probable inicio de la agricultura en Perú.
3000	Cerámica en Ecuador y en Colombia.
1500	Trabajos de metal en Perú.
900	Civilización chavín en los Andes.
200	Civilización nazca en Perú.

d.C.

1	Civilización moche en Perú.
600	Civilización tiahuanaco en Bolivia.
1200	Inicios del Imperio inca.
1250	Civilización chimú en Perú.
s. XV	Máximo esplendor del Imperio inca.
1531	Los españoles llegan a Ecuador.
1533	Los incas vencidos por los españoles.
1538	Colombia bajo dominio español.
1545	Extracción de plata en Bolivia.
1780	Rebelión indígena en Perú.
1819	Colombia independiente de España.
1822	Unión de Ecuador con Colombia.
1824	Independencia de Perú.
1825	Independencia de Bolivia.
1830	Independencia total para Colombia; independencia de Ecuador.
1932	Guerra del Chaco (hasta 1935): Bolivia derrotada por Paraguay.
1941	Perú invade Ecuador.
1948	Se crea la Organización de Estados Americanos.
1952	Revolución nacional boliviana.
1989	Colombia: violencia entre mafias.

133

Brasil, Venezuela y las Guyanas

♦ PECES CARNÍVOROS
En la cuenca del Amazonas abundan las pirañas, un tipo de pez carnívoro.

Venezuela, la «pequeña Venecia», debe su nombre a la amplia ensenada del lago Maracaibo, que recordó a los primeros exploradores europeos las lagunas en torno a Venecia.

Venezuela está dominada por el río Orinoco, que se abre paso entre la punta septentrional de los Andes y los altos de Guyana. El río fluye a través de las herbáceas llanuras de Los Llanos y forma un amplio delta pantanoso en la costa del Caribe. En el este, el Salto del Ángel, la cascada más alta del mundo, tiene una espectacular caída de 979 metros.

La costa baja del Caribe, con su clima bochornoso, continúa hacia el este a través de Guyana, Surinam y la Guayana Francesa. En el sur de estos países, las llanuras dan paso a los altos de Guyana.

Tras cruzar la frontera con Brasil, las montañas descienden hacia la gran cuenca del Amazonas. Este enorme río es alimentado por las aguas de miles de afluentes que discurren por la selva más extensa del mundo, de 330 millones de hectáreas. Ancho y fangoso, el Amazonas fluye hacia el este y desemboca en el océano Atlántico. El sur de Brasil se eleva en las tierras altas de Brasil y la meseta del Mato Grosso, que es avenada por el río Paraná, que fluye en dirección sur.

♦ SERPIENTE GIGANTE
La anaconda puede medir hasta 9 m. Vive en ríos y estanques, y estrangula a su presa para matarla.

♦ PALMERAS EN EL PANTANAL
En el sudoeste de Brasil, los humedales del Pantanal se deben a la inundación estacional del río Paraguay. Las aguas cubren unos 100.000 km² del Mato Grosso.

BRASIL
República Federativa do Brasil
SUPERFICIE: 8.547.403 km²
POBLACIÓN: 172.000.000 hab.
CAPITAL: Brasilia
OTRAS CIUDADES: São Paulo, Río de Janeiro, Salvador, Belo Horizonte, Porto Alegre
PUNTO MÁS ALTO: Pico da Neblina (3.014 m)
LENGUA OFICIAL: portugués
MONEDA: real

GUYANA
Co-operative Republic of Guyana
SUPERFICIE: 214.969 km²
POBLACIÓN: 800.000 hab.
CAPITAL: Georgetown
OTRAS CIUDADES: New Amsterdam, Linden
PUNTO MÁS ALTO: monte Roraima (2.772 m)
LENGUA OFICIAL: inglés
MONEDA: dólar de Guyana

SURINAM
Republic of Suriname
SUPERFICIE: 163.265 km²
POBLACIÓN: 400.000 hab.
CAPITAL: Paramaribo
OTRAS CIUDADES: Groningen, Nieuw Amsterdam
PUNTO MÁS ALTO: Juliana Top (1.230 m)
LENGUA OFICIAL: neerlandés
MONEDA: florín de Surinam

✪ OSO HORMIGUERO

Existen tres especies sudamericanas de oso hormiguero, todas ellas con lenguas largas y pegajosas para comer hormigas y termitas.

GUYANA

VENEZUELA

✪ LAS CATARATAS DEL IGUAZÚ

Antes de confluir con el Paraná, entre Brasil y Argentina, el Iguazú forma cientos de cascadas.

SURINAM

GUAYANA FRANCESA

BRASIL

VENEZUELA

Golfo de Venezuela
Antillas Neerlandesas
Maracaibo
Lago Maracaibo
Caracas
Puerto España
Barcelona
TRINIDAD Y TOBAGO
ANDES
LOS LLANOS
Pico Bolívar 5.002 m
Orinoco
Delta del Orinoco
VENEZUELA
COLOMBIA
Salto del Ángel
MESETA DE GUYANA
GUYANA
Georgetown
Paramaribo
SURINAM
Cayena
GUAYANA FRANCESA
Orinoco
Branco
Pico da Neblina 3.014 m
Negro
Macapá
Delta de Marajó
Marajó I.
Belém
Delta de São Marcos
São Luis
Japurá
Amazonas
Manaus
Santarém
Tocantins
Teresina
Fortaleza
S E L V A S
Madeira
Tapajós
Xingú
SERTÃO
Natal
Recife
Juruá
Purus
Aripuanã
Araguaia
Parnaíba
São Francisco
Maceió
Rio Branco
Jiparaná
Arinos
BRASIL
Lago de Sobradinho
Salvador
PERÚ
SERRA DOS PARECIS
Guaporé
BOLIVIA
MATO GROSSO
Cuiabá
■ **Brasilia**
MESETA BRASILEÑA
Goiânia
Uberlandia
Campo Grande
Belo Horizonte
PARAGUAY
Paraná
Campos
São Paulo
Santos
Rio de Janeiro
Cabo Frio
Represa de Itaipu
Cataratas del Iguazú
SERRA DO MAR
Curitiba
Florianópolis
ARGENTINA
Uruguay
Santa Maria
Pôrto Alegre
URUGUAY
Laguna de Patos
Laguna de Mirim

N O E S

✪ EN EL ESTE DE BRASIL

Este pilar de arenisca en Vila Velha, en el estado brasileño de Espírito Santo, ha sido desgastado por el viento y la lluvia del Atlántico sur.

✪ RANA DE FLECHA VENENOSA

✪ TAPIR

El tapir vive en la densa selva ecuatorial y los pantanos de Sudamérica, y utiliza sus flexibles labios superiores para comer.

✪ UN GRAN RÍO

Con sus más de 6.400 km de longitud, el Amazonas es el segundo río más largo del mundo después del Nilo.

135

DATOS

VENEZUELA
República de Venezuela
SUPERFICIE: 912.050 km²
POBLACIÓN: 24.600.000 hab.
CAPITAL: Caracas
OTRAS CIUDADES: Maracaibo, Valencia
PUNTO MÁS ALTO: pico Bolívar (5.002 m)
LENGUA OFICIAL: español
MONEDA: bolívar

GUAYANA FRANCESA
Guyane Française
Departamento de ultramar de Francia
SUPERFICIE: 90.000 km²
POBLACIÓN: 200.000 hab.
CAPITAL: Cayena
LENGUA OFICIAL: francés
MONEDA: euro

La mitad norte de Sudamérica está dividida en cuatro repúblicas independientes: Brasil, Venezuela y otros dos países caribeños, Surinam y Guyana. La vecina Guayana Francesa es un departamento de ultramar de Francia.

Esta parte del mundo cuenta con grandes ciudades y activos puertos, así como con remotas áreas montañosas y selváticas aún por explorar. La región tiene numerosos recursos naturales en forma de petróleo (en Venezuela), carbón, hierro, bauxita (de la que se obtiene aluminio), cromo, cobre, oro y plata. Las industrias brasileñas producen automóviles y ordenadores.

La selva amazónica proporciona madera. La rápida destrucción de los bosques por agricultores, mineros y silvicultores es una amenaza no sólo para Brasil sino para todo el planeta. En las áreas deforestadas se cría ganado bovino.

LAGO DE PETRÓLEO
La economía venezolana depende de las reservas de petróleo del lago Maracaibo.

También se cría ganado en los extensos Llanos de Venezuela.

Brasil es el primer productor mundial de café y caña de azúcar. También se cultiva arroz, maíz, soja, cítricos y mandioca. Cayena, en la Guayana Francesa, es famosa por su pimiento rojo picante, mientras que Guyana es conocida por su pegajoso azúcar marrón, qué empezó a producirse en la región de Demerara.

COQUITOS DE BRASIL

UN MUNDO EN PELIGRO
La cuenca del Amazonas contiene un tercio de la superficie mundial de selva, un bien muy precioso que, no obstante, está en peligro, pues extensas áreas de selva ya han sido destruidas.

CULTIVO DE MANDIOCA
Con las carnosas raíces de la planta de la mandioca se fabrica harina; sus hojas se consumen como verdura.

PIMIENTA DE CAYENA
Esta picante especia toma el nombre de la capital de la Guayana Francesa.

✿ PAPAGAYO
Muchos papagayos salvajes son recogidos de las selvas y vendidos a particulares.

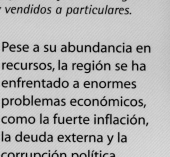

✿ LA CAÑA DE AZÚCAR
Cosecha de caña de azúcar. A continuación, los tallos serán prensados y puestos en remojo para producir un líquido azucarado que, al calentarlo, se separará en cristales marrones de azúcar de caña y melaza.

Pese a su abundancia en recursos, la región se ha enfrentado a enormes problemas económicos, como la fuerte inflación, la deuda externa y la corrupción política. Venezuela depende en gran medida de su petróleo, cuyo precio ha caído en los últimos años.

Aunque hay gente rica, la mayoría vive sumida en una gran miseria. En grandes ciudades, como Caracas o Río de Janeiro, familias con escasos recursos económicos se amontonan en inmensos barrios de chabolas. Muchos de los indígenas de las áreas más alejadas han sido asesinados o expulsados de sus tierras; sus ríos han sido envenenados y los bosques donde cazaban, talados.

✿ UNA VÍA SEGURA
Un rebaño es conducido por la Transpantaneira, la única vía que cruza los humedales brasileños del Pantanal.

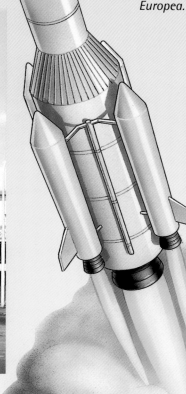

✿ LA ERA ESPACIAL
La base de lanzamiento de cohetes de Kourou, en la Guayana Francesa, está al servicio de la Agencia Espacial Europea.

✿ PARAMARIBO, SURINAM
Paramaribo, en la desembocadura del río Surinam, es la capital de Surinam y su puerto principal. Cerca del 50% de la población del país vive en ella.

☼ RENDIDOS AL FÚTBOL
El fútbol es muy popular en todo Sudamérica, sobre todo en Brasil, cuya selección nacional ha sido cinco veces campeona del mundo.

Los primeros pueblos indígenas del norte de Sudamérica representan sólo una parte muy pequeña de la población (apenas un 5% en Guyana, menos del 2% en Brasil) y viven, por lo general, aislados en comunidades en zonas remotas de la selva, donde se dedican a la caza y a la pesca. Entre ellos figuran los xingu, los yanomami, los shavanti, los kayapo, los caribes de la costa, los warrau y muchos otros. En los últimos cien años se han extinguido más de 85 pueblos.

Muchos habitantes de la región son mestizos, un cruce entre europeos e indígenas. La mayor parte de los europeos de la zona desciende de

☼ MESTIZAJE
Brasil es una sociedad multirracial, con mucho mestizaje entre indígenas, europeos y africanos.

☼ ALDEA EN LA SELVA
En Venezuela y en Brasil pueden verse las cabañas redondas de los yanomami, cuyas tierras vienen siendo destruidas desde la década de 1970 a causa de la explotación minera.

portugueses, españoles, italianos, neerlandeses, franceses, británicos y alemanes. También hay una cantidad considerable de negros de origen africano. La costa del Caribe cuenta con una notable población asiática: en Surinam, por ejemplo, viven muchos habitantes originarios de la isla de Java, en Indonesia.

Todas las lenguas oficiales de los países de la zona se remontan al período colonial: portugués en Brasil, español en Venezuela, inglés en Guyana, neerlandés en Surinam y francés en la Guayana Francesa.

☼ UN RÍO FRONTERIZO
El río Paraguay a su paso por Corumba, una localidad en la frontera de Brasil con Bolivia. El río continúa para formar las fronteras Brasil-Paraguay y Paraguay-Argentina.

◑ EN LA PLAYA
Las playas de Río de Janeiro, en la costa del océano Atlántico, atraen a numerosos bañistas. La de la foto pertenece a un barrio rico del sur de Río: Barra de Tijuca.

◑ MÚSICO KAYAPO
Los kayapo viven en el nordeste de Brasil, entre los ríos Araguaia y Xingu.

En Brasil y Venezuela predomina la religión católica, aunque también hay protestantes, musulmanes e hindúes. Religiones animistas como la candomblé, influida por tradiciones católicas y africanas, son populares en Brasil.

Como en la mayor parte de Latinoamérica, el fútbol es el deporte más popular, y se practica en playas, descampados, o calles. Brasil es el país que más veces ha ganado el campeonato del mundo de fútbol.

Esta fascinante mezcla de culturas se manifiesta en actos como el Carnaval de Río de Janeiro, donde la gente desfila con vistosos disfraces al ritmo de la samba, el baile más típico de Brasil. La variedad étnica también ha contribuido a la cocina, que combina influencias africanas, asiáticas y europeas.

◑ BARRIOS DE CHABOLAS
São Paulo, con 15 millones de habitantes, es la ciudad más grande de Brasil. Numerosas familias pobres viven en favelas.

◑ CARACAS
La capital de Venezuela se ha expandido hasta más allá del antiguo núcleo colonial y comprende parques, altos edificios de oficinas y pisos, centros comerciales y fábricas.

◑ DE JAVA A SURINAM
Muchos trabajadores de las colonias neerlandesas del sudeste asiático hallaron trabajo en Surinam a partir de 1863 e introdujeron su cultura, como este baile ritual.

◑ EL CARNAVAL DE RÍO
Durante cinco días al año, la ciudad brasileña de Río de Janeiro se viste de carnaval, mientras la gente disfrazada baila samba por las calles.

139

Los primeros pueblos de la selva no dejaron tantos restos de su estilo de vida como los pueblos andinos, pues en lugar de piedra utilizaban madera, plantas y paja: materiales poco resistentes al clima cálido y húmedo del trópico. Aun así, los arqueólogos tienen conocimientos cada vez mayores sobre su vida en la selva, donde plantaban árboles y semillas que empleaban para comer, construir cabañas o con fines medicinales.

Cabral vor dem Samorin.

☼ PEDRO ALVARES CABRAL
Llevado por las corrientes oceánicas, este navegante portugués descubrió Brasil, por casualidad, en 1500.

Los españoles llegaron a Venezuela en 1498 y los portugueses, a Brasil dos años más tarde. Su llegada fue desastrosa para los nativos, muchos de los cuales murieron de enfermedades europeas. Franceses y neerlandeses ocuparon una parte de la costa del Caribe durante los siglos XVII y XVIII, y los británicos la actual Guyana en 1796. Los europeos plantaron caña de azúcar y otros cultivos, y trajeron esclavos africanos para trabajar en las plantaciones. Más adelante se contrataría a asiáticos para trabajar en la costa caribeña.

☼ GEORGETOWN, GUYANA
El puerto caribeño de Georgetown es la capital de Guyana. El ayuntamiento, en la avenida de la República, data del período colonial (1831–1970).

☼ LA ÓPERA DE MANAUS
Situada en la selva, a orillas del río Negro, Manaus cuenta con un bello edificio de la ópera que data de 1896, cuando la zona se enriqueció con el comercio de la goma.

Venezuela se separó de España entre 1811 y 1821, tras una guerra de independencia dirigida por el libertador Simón Bolívar. Brasil se convirtió en un reino en 1815 y en un imperio siete años más tarde. A pesar de todo, los ricos terratenientes

☼ EN LA SELVA
En el Amazonas, los pueblos han usado los materiales de la selva para sus casas, medicinas y alimentos.

☼ EL LIBERTADOR
Simón Bolívar nació en Venezuela en 1783. En la década de 1820, sus ejércitos ayudaron a expulsar a los españoles de Sudamérica.

destronaron a la familia real portuguesa cuando ésta decretó el final de la esclavitud.

En 1889, Brasil pasó a ser una república. En la década de 1960, su capital fue desplazada de Río de Janeiro, en la costa atlántica, a Brasilia, una ciudad en la meseta brasileña expresamente construida a tal efecto.

En 1946 la Guayana Francesa equiparó sus derechos con los de la Francia continental. Guyana obtuvo la independencia del Reino Unido en 1970; y Surinam, de Países Bajos en 1975.

◯ BRASILIA

Planificada por el arquitecto Lucio Costa, esta ciudad pasó a ser capital de Brasil en la década de 1960. Su posición es más céntrica que la anterior capital, Río de Janeiro.

◯ EL PRESIDENTE DEL PETRÓLEO

Carlos Andrés Pérez fue presidente de Venezuela de 1974 a 1979, durante el boom del petróleo.

◯ LA CARACAS ESPAÑOLA

Los edificios coloniales datan de los siglos XVI y XVII, época de dominio español.

◯ PROTESTA DE LOS «SIN TIERRA»

Aunque Brasil dispone de grandes recursos naturales, millones de ciudadanos viven por debajo del umbral de la pobreza. En la foto, campesinos sin tierra protestan en São Paulo.

CRONOLOGÍA

400	Cultura marajoara en el estuario del Amazonas.
1498	Los españoles llegan a Venezuela.
1500	Los portugueses reclaman Brasil.
1593	Los españoles reclaman Surinam.
s. XVII	Brasil: esclavos importados de África trabajan en las plantaciones de caña de azúcar.
1602	Los neerlandeses ocupan Surinam.
1604	Los franceses ocupan Cayena.
1620	Los neerlandeses ocupan Guyana.
1749	Rebelión contra España en Venezuela.
1815	Unión de Brasil con el reino de Portugal.
1821	Venezuela se une a Colombia, ya independiente.
1822	Brasil declara la independencia, el príncipe Pedro gobierna el país.
1825	Pedro I, reconocido emperador de Brasil.
1829	Independencia de Venezuela.
1831	Guyana, colonia británica.
1834	Abolida la esclavitud en Guyana.
1888	Abolida la esclavitud en Brasil.
1889	Brasil se convierte en república.
1910	Se descubre petróleo en Venezuela.
1946	Guayana Francesa, departamento de ultramar de Francia.
1960	Brasilia, capital de Brasil.
1966	Independencia de Guyana.
1975	Independencia de Surinam.
1992	Conferencia de la ONU en Río de Janeiro sobre medio ambiente.

ARGENTINA, CHILE PARAGUAY Y URUGUAY

PELÍCANO PARDO

En el corazón de Sudamérica se sitúa Paraguay, atravesado por el río homónimo que desemboca en el Paraná. El oeste está dominado por los bosques tropicales del Gran Chaco; el este comprende tanto regiones boscosas como herbáceas, campos de cultivo y ranchos. En la desembocadura del Río de la Plata, en la costa atlántica, se encuentra Uruguay, un país de fértiles llanuras y bajas colinas.

En el nordeste de Argentina, entre los ríos Paraná y Uruguay, se extiende la rica región agrícola de Mesopotamia. El centro del sector septentrional forma parte del Gran Chaco, mientras que la región centrooriental es una gran llanura herbácea conocida como la Pampa, una zona destinada a la agricultura y a la ganadería. El sur está constituido por los desolados valles y altiplanos de la Patagonia.

El sector meridional de los Andes, donde se alzan los picos más altos de América, conforma la frontera entre Argentina y Chile, el cual se extiende entre las vertientes occidentales de los Andes y el océano Pacífico. Esta franja costera comprende regiones verdes y templadas, de clima mediterráneo, y el desierto de Atacama, uno de los lugares más secos de la tierra, donde pueden pasar años sin llover.

Al otro lado del estrecho de Magallanes, el continente da paso a las islas de la Tierra del Fuego y a las frías y grises aguas del cabo de Hornos.

ROCAS DE GUANO
Este peñasco, cerca de Constitución, centro de Chile, está cubierto de guano, heces de aves marinas, que en zonas de Sudamérica es un recurso muy apreciado para producir fertilizantes.

VOLCÁN
Picos volcánicos se elevan en el lago chileno de Chungara.

DATOS

ARGENTINA
República Argentina
SUPERFICIE: 2.780.400 km²
POBLACIÓN: 37.400.000 hab.
CAPITAL: Buenos Aires
OTRAS CIUDADES: Córdoba, Mar del Plata, San Miguel de Tucumán
PUNTO MÁS ALTO: pico del Aconcagua (6.959 m)
LENGUA OFICIAL: español
MONEDA: peso argentino

CHILE
República de Chile
SUPERFICIE: 756.626 km²
POBLACIÓN: 15.400.000 hab.
CAPITAL: Santiago de Chile
OTRAS CIUDADES: Viña del Mar, Valparaíso, Concepción
PUNTO MÁS ALTO: Ojos del Salado (6.880 m)
LENGUA OFICIAL: español
MONEDA: peso chileno

PARAGUAY
República del Paraguay
SUPERFICIE: 406.752 km²
POBLACIÓN: 5.600.000 hab.
CAPITAL: Asunción
OTRAS CIUDADES: Ciudad del Este, Pedro Juan Caballero
PUNTO MÁS ALTO: monte Villarrica (680 m)
LENGUA OFICIAL: español
MONEDA: guaraní

URUGUAY
República Oriental del Uruguay
SUPERFICIE: 177.414 km²
POBLACIÓN: 3.300.000 hab.
CAPITAL: Montevideo
OTRAS CIUDADES: Salto, Rivera
PUNTO MÁS ALTO: Mirador Nacional (501 m)
LENGUA OFICIAL: español
MONEDA: peso uruguayo

ISLAS MALVINAS
Falkland Islands
Territorio británico de ultramar
SUPERFICIE: 12.173 km²
POBLACIÓN: 2.000 hab.
CAPITAL: Port Stanley
LENGUA OFICIAL: inglés
MONEDA: libra de las Malvinas

○ UNA CORTINA DE AGUA

En una parte de la frontera entre Argentina y Brasil, el curso del río Iguazú se ve interrumpido por islas, rápidos y cascadas.

○ LA PATAGONIA

Situado al sur del río Negro, Argentina es un país de mesetas y valles barridos por el viento.

○ CHUMBERA

○ TIERRA DEL FUEGO

El extremo sur de Sudamérica es una desolada península dividida entre Argentina y Chile. Ushuaia, la ciudad más meridional del mundo, se alza en el canal de Beagle.

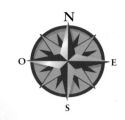

○ DESFILADEROS

Entre los montes de la Patagonia, los ríos han excavado cañones. Los Andes protegen a esta extensa y seca región argentina de los vientos del Pacífico, portadores de lluvia.

PARAGUAY

○ ELEFANTES MARINOS

○ EN EL SUR DE LOS ANDES

La gran masa helada del Perito Moreno da paso al lago Argentina, uno de los paisajes más imponentes de Sudamérica.

Map labels

Arica
Iquique
Calama
Antofagasta
DESIERTO DE ATACAMA
BOLIVIA
CHACO
Verde
Pilcomayo
GRAN
Bermejo
Paraguay
Concepción
PARAGUAY
Asunción
Ciudad del Este
BRASIL
Salta
San Miguel de Tucumán
Formosa
Ojos del Salado 6.880 m
Copiapó
Resistencia
Alto Paraná
Santiago del Estero
Corriente
Posadas
Catamarca
Salado
MESOPOTAMIA
La Rioja
Laguna Mar Chiquita
Córdoba
Concordia
Uruguay
Salto
Coquimbo
Pta. Lengua de Vaca
SIERRA DE CÓRDOBA
San Juan
Santa Fe
Paraná
Paysandú
Aconcagua 6.959 m
Mendoza
Rosario
Negro
Valparaíso
San Luis
Río Cuarto
Buenos Aires
URUGUAY
Rancagua
Santiago de Chile
La Plata
Montevideo
Talca
San Rafael
LA PAMPA
Río de la Plata
Pta. Norte
Cabo San Antonio
Chillán
ARGENTINA
Concepción
Pta. Lavapié
Bahía Blanca
Mar del Plata
Cabo Corrientes
CHILE
Neuquén
Negro
Bahía Blanca
Temuco
Colorado
Valdivia
Pta. de la Galera
Osorno
Limay
Viedma
Golfo de San Matías
Puerto Montt
Península de Valdés
Isla de Chiloé
C. Quilán
Chubut
Rawson
PATAGONIA
ANDES
Chico
URUGUAY
ARCHIPIÉLAGO DE LOS CHONOS
Lago de Buenos Aires
Comodoro Rivadavia
Golfo de San Jorge
C. Tres Puntas
Puerto Deseado
Deseado
Golfo de Penas
Chico
OCÉANO PACÍFICO
Isla Wellington
Santo Cruz
Puerto Santa Cruz
ISLAS MALVINAS (RU)
Bahía Grande
Gran Malvina
Stanley
Isla Soledad
ARCHIPIÉLAGO DE LA REINA ADELAIDA
Río Gallegos
Estrecho de Magallanes
Punta Arenas
Tierra del Fuego
Isla Santa Inés
C. San Diego
Ushuaia
Cabo de Hornos

CHILE

ARGENTINA

GEORGIAS DEL SUR (RU)

○ ARMADILLO

○ FRUTA APETITOSA

Las huertas del centro de Chile producen fruta para la exportación: naranjas, limones, manzanas, uva y peras.

La parte meridional del continente sudamericano está dividida en cuatro repúblicas independientes: los estados septentrionales de Uruguay y Paraguay, los amplios espacios abiertos de Argentina, y el largo y estrecho territorio de Chile. Durante muchos años, la región ha vivido bajo regímenes militares y ha sufrido guerras motivadas por problemas fronterizos. En 1982, Argentina declaró la guerra al Reino Unido por la soberanía de las Islas Malvinas, una colonia británica situada en el Atlántico sur. Hoy, todos los países disfrutan de sistemas de gobierno democráticos, pero se enfrentan a muchos problemas políticos y sociales.

○ MERCADO GANADERO

Los vaqueros chilenos se conocen como huasos. El ganado se cría en las regiones del centro de Chile, al sur de Santiago.

En Paraguay se cría ganado y se cultiva algodón. Con las hojas de una planta llamada *yerba mate* se elabora el té amargo homónimo, consumido también en Argentina. En Uruguay se cría ganado y en la costa se cultiva fruta.

Argentina se enriqueció exportando carne de bovino. Grandes rebaños de bovino pastan aún en la Pampa, mientras que en la Patagonia se cría ganado ovino.

○ EN EL ATLÁNTICO SUR

En la colonia británica de las Islas Malvinas se practica la cría de ganado ovino.

○ LAGO SALADO

El aire seco del desierto de Atacama, Chile, evapora los charcos de agua y forma llanuras de sal.

○ SANTIAGO

El 90% de los chilenos vive en áreas urbanas. La capital, con aproximadamente 5 millones de habitantes, es la mayor ciudad del país.

○ MINA DE COBRE

Chile es el primer productor mundial de cobre. La enorme mina a cielo abierto de Chuquicamata está situada en el desierto de Atacama.

○ VINOS ARGENTINOS

La resguardada región en torno a Mendoza tiene un clima templado y seco. Gracias a los ríos y a las técnicas de regadío, prosperan los viñedos desde el siglo XVII.

○ LA PLAZA DEL CONGRESO

En el corazón de Buenos Aires, capital de Argentina, se alza el Palacio del Congreso, que está formado por dos cámaras: el Senado y la Cámara de Diputados.

Al pie de los Andes, en la soleada región en torno a Mendoza, crecen viñedos. La pesca, el petróleo y el gas natural son recursos importantes del extremo sur, donde se encuentra Ushuaia, la ciudad más meridional del mundo. La industria se concentra en la capital, Buenos Aires, y destaca en los sectores alimentario, del cuero, textil, químico y automovilístico.

La industria de Chile (siderúrgica, metalúrgica, química y textil) se localiza en el puerto de Valparaíso y en la capital, Santiago. Además, en el norte, el país dispone de grandes reservas de cobre. En las zonas templadas del centro de Chile se producen vinos y cítricos para la exportación, y a lo largo de la costa se encuentran puertos para grandes flotas pesqueras.

○ FAUNA ANTÁRTICA

Los pingüinos de Magallanes pueden verse en la península de Valdés, Argentina, junto a elefantes marinos y ballenas.

○ GOBIERNOS MILITARES

El ejército gobernó Argentina de 1976 a 1983, Chile de 1973 a 1989, Paraguay de 1954 a 1993, y Uruguay de 1973 a 1984.

○ OBELISCO CONMEMORATIVO

Este obelisco se alza en la plaza de la República, en el centro de Buenos Aires, y conmemora la fundación de la ciudad en 1536.

○ LA PRESA DE ITAIPÚ

Gestionada por Argentina y Paraguay, la presa que forma parte de la mayor central hidroeléctrica del mundo creó un lago de 1.350 km² y costó 25.000 millones de dólares USA.

145

Los pueblos nativos americanos migraron hacia el sur en tiempos prehistóricos: hacia el 14000 a.C. ya habían alcanzado el centro de Sudamérica y en el 12000 a.C. llegaron a Patagonia.

Mientras que el norte de Chile cayó bajo el dominio de las grandes civilizaciones de los Andes septentrionales, los pueblos del extremo sur vivieron de la caza en las praderas, o de la pesca en las costas.

Los españoles invadieron la región en el siglo XVI, aunque encontraron la feroz resistencia de pueblos indígenas como los querandíes de la Pampa, o los mapuches de Chile. Los españoles dejaron la zona en el siglo XIX, y al cabo de poco estallaron guerras regionales y civiles. Los nativos fueron exterminados y enormes áreas de la Pampa, convertidas

☉ LÒS GAUCHOS
Los gauchos eran bravos y orgullosos vaqueros de la Pampa argentina. Hoy en día, los vaqueros aún rinden homenaje a sus tradiciones.

☉ IGLESIA ANDINA
Esta iglesia blanca de piedra volcánica se puede ver en Tocanao, en la punta de los Andes, en la región chilena de Antofagasta.

☉ VIÑA DEL MAR
Los turistas sudamericanos acuden a esta localidad cercana a Valparaíso, Chile, por sus playas y su casino.

en ranchos de terratenientes poderosos. Dichos ranchos eran trabajados por gauchos, vaqueros salvajes de origen mixto español e indígena.

En los siglos XIX y XX, llegaron numerosos inmigrantes españoles, italianos, británicos, alemanes, suizos, polacos, judíos y sirios. Más reciente es la inmigración japonesa, coreana, o de otras partes de Sudamérica.

Hoy, los descendientes de todos estos pueblos dominan la región. Los indígenas representan un ínfimo porcentaje de población, pero sus culturas perduran en algunas áreas. La lengua guaraní está muy extendida en Paraguay; y el español se habla en todas partes, aunque también pueden oírse otros idiomas, como el italiano o el galés.

☉ MOMIA DEL DESIERTO
En Sudamérica se han conservado cuerpos momificados de antiguas civilizaciones. Este cráneo de mujer fue hallado en el desierto de Atacama.

☉ CAMPEONES DE POLO
La influencia europea se manifiesta en la pasión de los argentinos ricos por el polo, deporte en el que el país ha obtenido éxitos internacionales.

⚙ EVITA

Antigua actriz, Eva Perón (1919–1952), se casó con el político argentino Juan Domingo Perón en 1945. Evita fue un personaje muy popular e influyente.

⚙ LA BOCA

Este barrio de Buenos Aires, junto al contaminado Riachuelo, fue fundado por inmigrantes vascos e italianos. Hoy es un barrio de artistas, y los edificios están pintados con colores llamativos y brillantes.

⚙ FÓRMULA 1

La pasión argentina por la Fórmula 1 viene de la década de 1950, al proclamarse J.M. Fangio cinco veces campeón del mundo.

En el Atlántico sur, los habitantes de las Malvinas son ingleses de lengua y costumbres. La religión dominante en estos países es la católica, con minorías protestantes y judías.

Los estados de la mitad sur del continente han sido la cuna de grandes automovilistas, futbolistas o tenistas; en los Andes cada vez es más popular el esquí y las actividades de montaña. En Chile y en Argentina nacieron los escritores Isabel Allende (1942) y Jorge Luis Borges (1899–1986), respectivamente.

CRONOLOGÍA

1516	Los españoles descubren el Río de la Plata.
1536	Los españoles fundan por primera vez Buenos Aires.
1537	Los españoles fundan Asunción.
1541	Los querandíes atacan Buenos Aires; los españoles conquistan Chile.
1543	Reconstrucción de Buenos Aires (hasta 1580).
1726	Los españoles levantan un fuerte en Montevideo.
1811	Independencia de Paraguay.
1816	Independencia de Argentina.
1818	Independencia de Chile.
1825	Uruguay declara la independencia (reconocida, 1828).
1857	Colonización europea de la Pampa.
1865	Paraguay: guerra con Uruguay, Argentina y Brasil (hasta 1870).
1878	Guerras contra la población indígena en Argentina (hasta 1883).
1879	Guerra del Pacífico (hasta 1884): Chile derrota a Perú y Bolivia.
1946	Juan Domingo Perón, presidente de Argentina.
1954	Golpe militar en Paraguay.
1973	Salvador Allende derrocado en Chile por el general Augusto Pinochet.
1976	Gobierno militar en Argentina: prisión y muerte para los opositores.
1982	Argentina invade las Malvinas; derrotada por el Reino Unido.
1991	Argentina, Brasil, Paraguay y Uruguay forman la unión comercial del Mercosur.

147

N
O E
S

RUSIA

TURQUÍA
GEORGIA
ARMENIA
AZERBAIYÁN
LÍBANO
ISRAEL
SIRIA
JORDANIA
IRAQ
KUWAIT
ARABIA
SAUDÍ
QATAR
EMIRATOS
ÁRABES
UNIDOS
YEMEN
OMÁN
IRÁN
TURKMENISTÁN
UZBEKISTÁN
KAZAJSTÁN
KIRGUIZISTÁN
TAYIKISTÁN
AFGANISTÁN
PAKISTÁN
NEPAL
BUTÁN
INDIA
BANGLADESH
SRI
LANKA
MYANMAR
LAOS
TAILANDIA
CAMBOYA
VIETNAM
MONGOLIA
CHINA
COREA
DEL NORTE
COREA
DEL SUR
JAPÓN
TAIWAN
FILIPINAS
BRUNÉI
MALASIA
SINGAPUR
INDONESIA
TIMOR
ORIENTAL

148

↻ DRAGÓN DE COMODO,
INDONESIA

ASIA

◊ Rangún,
MYANMAR

◊ Hong Kong,
CHINA

◊ Urgup,
TURQUÍA

◊ Monumento cósmico,
RUSIA

sia, el continente más extenso del mundo, ocupa un 30% de las tierras emergidas del planeta. Limita con Europa y África al oeste, y con el océano Pacífico al este, donde existen minúsculas islas volcánicas que forman el *cinturón de fuego*, llamado así por la abundancia de volcanes.

El límite occidental de Asia está constituido por los montes Urales y el Cáucaso. Las tierras del extremo norte sobrepasan el Círculo Polar Ártico, donde se forma la tundra, helada durante la mayor parte del año. Al sur se extienden bosques de coníferas y, más allá, las fértiles estepas. En Asia central las precipitaciones son escasas y abundan los desiertos.

Las cordilleras más altas del mundo, el Himalaya y el Karakoram, forman una barrera al norte de la península india, y cuentan con el pico más elevado del mundo: el Everest. Al sur, dos de los ríos más largos del planeta, el Ganges y el Brahmaputra, fluyen hacia el cálido océano Índico, donde forman un amplio delta que se nutre de los sedimentos que dichos ríos transportan en sus frecuentes inundaciones.

La costa sudoeste de Asia se beneficia de las brisas de los mares Rojo y Mediterráneo; mientras que las tierras e islas del sur del continente poseen un clima tropical, con inviernos cálidos y secos, y veranos en los que soplan unos vientos llamados *monzones*, que vienen acompañados de copiosas lluvias.

Entre las etnias que habitan Asia, los árabes se encuentran en el sudoeste; los hindúes, en India, y los chinos, en el este. El continente asistió al nacimiento de las primeras grandes civilizaciones y al desarrollo de las principales religiones del mundo.

Muchos asiáticos son pobres: un 60% vive de la agricultura. En los últimos 50 años, algunos países se han industrializado, y su rápido desarrollo ha elevado su nivel de vida. Aun así, Japón es el país más industrializado de Asia. En el sudoeste del continente, la riqueza proviene del petróleo; aunque tanto el este como el sudeste cuentan con industrias. El futuro dominio económico del lejano Oriente es innegable.

149

RUSIA
Y LA ANTIGUA URSS

○ **LOBO GRIS**

Europa se adentra en Asia sin traspasar límite alguno, excepto ríos y montes. La Federación Rusa y algunos de sus vecinos cabalgan entre dos continentes.

Bielorrusia se encuentra situada en la gran llanura que se extiende desde Alemania hasta Rusia. Al sur, Ucrania y Moldavia ocupan las estepas, llanuras herbáceas destinadas ahora al cultivo de trigo. Ucrania limita con los Cárpatos al oeste y con el mar Negro, al sur. La cordillera del Cáucaso atraviesa Georgia, Armenia y Azerbaiyán, entre el mar Negro y el Caspio. Al este del mar Caspio, precisamente, se extienden las repúblicas asiáticas de Kazajstán, Turkmenistán, Uzbekistán

○ **EN LA NIEVE**
Las motos de nieve facilitan el transporte sobre el hielo y la nieve en el invierno siberiano.

y Kirguizistán, donde las polvorientas estepas dejan paso a los desiertos y a los altos picos montañosos.

La Federación Rusa es el país más extenso del mundo. Los montes Urales se suelen tomar como línea divisoria entre la Rusia europea y la asiática, que alcanza las costas del océano Pacífico. La costa septentrional de Rusia suele estar bloqueada por el hielo ártico; mientras que más al sur, una vasta llanura sin árboles, la tundra, cede el paso a un cinturón de bosques de píceas y abedules: la taiga. En el sudoeste se encuentran las estepas y en el sudeste, los desiertos y las montañas. Rusia está avenada por muchos grandes ríos, como el Don, el Volga, el Irtysh, el Yenisei o el Lena.

○ **MERCADO DE TASHKENT**
La capital de Uzbekistán es un antiguo centro comercial y de la industria textil.

ARMENIA
Haikakan Hanrapetoutioun
SUPERFICIE: 29.800 km²
POBLACIÓN: 3.800.000 hab.
CAPITAL: Ereván
OTRAS CIUDADES: Gyumri, Ejmiadzin
PUNTO MÁS ALTO: monte Aragats (4.090 m)
LENGUA OFICIAL: armenio
MONEDA: dram

AZERBAIYÁN
Azerbaijchan Respublikasy
SUPERFICIE: 86.600 km²
POBLACIÓN: 8.000.000 hab.
CAPITAL: Bakú
OTRAS CIUDADES: Ganka, Sumgait
PUNTO MÁS ALTO: Bazar Dyuzi (4.466 m)
LENGUA OFICIAL: azerí
MONEDA: manat

BIELORRUSIA
Respublika Belarus
SUPERFICIE: 207.600 km²
POBLACIÓN: 10.000.000 hab.
CAPITAL: Minsk
OTRAS CIUDADES: Gomel, Pinsk
LENGUA OFICIAL: bielorruso
MONEDA: rublo

GEORGIA
Sakartvelos Respublika
SUPERFICIE: 69.700 km²
POBLACIÓN: 5.000.000 hab.
CAPITAL: Tiflis
OTRAS CIUDADES: Kutaisi, Rustavi
PUNTO MÁS ALTO: monte Shkhara (5.201 m)
LENGUA OFICIAL: georgiano
MONEDA: lari

KAZAJSTÁN
Qazaqstan Respublikasï
SUPERFICIE: 2.717.300 km²
POBLACIÓN: 14.900.000 hab.
CAPITAL: Aqmola
OTRAS CIUDADES: Qaraghandy, Shymkent
PUNTO MÁS ALTO: Tengri (6.398 m)
LENGUA OFICIAL: kazako
MONEDA: tenge

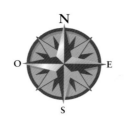

○ EL SOL DE UCRANIA

Las orillas del Dniéper y el Dniéster, así como las cálidas costas del mar Negro atraen a numerosos turistas de Europa oriental.

○ CASTILLO DE ANANURI, GEORGIA

En la Edad Media, Georgia llegó a ser un poderoso reino, que fue absorbido por Rusia en el siglo XIX.

MOLDAVIA

UCRANIA

BIELORRUSIA

RUSIA

GEORGIA

UZBEKISTÁN

KAZAJSTÁN

TAYIKISTÁN

TURKMENISTÁN

KIRGUIZISTÁN

AZERBAIYÁN

○ MAR DE ARAL

El exceso de regadío para fines agrícolas y la evaporación han causado un alarmante descenso del mar de Aral.

ARMENIA

○ RUINAS DE PENDZHIKENT (UZBEKISTÁN)

El reino de Sogdiana fue conquistado por Alejandro Magno en el año 328 a.C. Los restos hallados (en la foto) muestran que era un cruce de caminos en las vías comerciales entre India, China y Persia (actual Irán).

◖ FLORA ÁRTICA

Las plantas del Ártico son bajas para protegerse de los glaciales vientos.

❂ DESASTRE NUCLEAR
En 1986 se produjo un accidente en la central nuclear de Chernóbil (Ucrania, entonces parte de la Unión Soviética). La radiación se esparció por el norte de Europa.

❂ DE COMPRAS EN MOSCÚ
Durante la época comunista, los grandes almacenes de propiedad estatal ofrecían una gama muy limitada de productos. Los problemas económicos aún perduran en la actualidad.

Hasta 1991, todos los países de esta zona formaban parte de un solo estado: la Unión Soviética (URSS), constituida en 1922, tras la revolución de 1917 que llevó a los comunistas al poder. El fin del comunismo tuvo lugar en 1991 y, aunque Moscú impidió por la fuerza la secesión de territorios como Chechenia, la Unión Soviética se dividió en varios países, el mayor de los cuales pasó a llamarse «Federación Rusa».

La Federación y los nuevos países formaron la Comunidad de Estados Independientes (CEI) con el fin de mantener los vínculos económicos entre sí.

Los estados de la antigua Unión Soviética disponen de inmensos

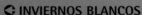

recursos económicos: madera, petróleo, gas natural, oro y diamantes. El transporte es un gran problema en un territorio tan vasto, sobre todo en la remota Siberia, donde muchos recursos permanecen a la espera de ser explotados. El ferrocarril transiberiano comunica Moscú con el puerto ruso de Vladivostok, en la costa del océano Pacífico.

❂ INVIERNOS BLANCOS
La mayor parte de Rusia soporta largos inviernos con fuertes nevadas. La temperatura media de enero varía de los –9 °C de Moscú a los –14 °C de Vladivostok.

Las fértiles superficies del sur y el oeste son aptas para los cereales; las tierras meridionales, más templadas, como Georgia, producen fruta y vino; y los países centrales cultivan algodón. La industria, ubicada al oeste de Europa, destaca en los sectores automovilístico, siderúrgico, en los astilleros y la minería.

◐ EL PALACIO DE VERANO

Edificado en una de las islas sobre las que se levanta San Petersburgo, este palacio fue construido para el zar Pedro el Grande de 1710 a 1714.

◐ MOSCÚ-VLADIVOSTOK: EL TRANSIBERIANO

El ferrocarril transiberiano recorre el trayecto entre Moscú y Vladivostok. Inaugurado en 1905, se trata de la línea férrea más larga del mundo. El tren tarda ocho días para completar el trayecto, de 9.438 km, y ha desempeñado un papel muy importante en la historia de Rusia. Hoy existen conexiones con Mongolia y China.

Durante la era comunista, la URSS pasó de ser un país muy pobre a convertirse en una gran potencia industrial. Hacia la década de 1980, sin embargo, la industria rusa se había quedado obsoleta y era muy contaminante. En la década de 1990, tras el comunismo, el desempleo era elevado y las mafias poseían gran parte de los negocios. Las exportaciones cayeron y el Estado dejó de pagar los sueldos. Aun así, Rusia sigue siendo hoy un gran motor económico; los países del Caspio y Asia central podrían prosperar en el futuro gracias al petróleo.

◐ LOS HUEVOS DE PASCUA IMPERIALES

Estos huevos fueron un encargo del zar al joyero Carl Fabergé (1846–1920) como regalo de Pascua.

◐ ALGODÓN UZBEKO

Uzbekistán es el cuarto mayor productor de algodón del mundo. Este cultivo se cosecha y procesa en Urgench.

◐ EL PALACIO DE INVIERNO

La residencia de los zares en San Petersburgo fue construida en 1762 y restaurada en 1839. Con el anexo Hermitage, alberga ahora una de las colecciones artísticas más valiosas del mundo.

DATOS

MOLDAVIA
Republica Moldova
SUPERFICIE: 33.700 km²
POBLACIÓN: 4.300.000 hab.
CAPITAL: Chisinau
OTRAS CIUDADES: Tiraspol, Beltsy
PUNTO MÁS ALTO: monte Balaneshty (429 m)
LENGUA OFICIAL: moldavo
MONEDA: leu

FEDERACIÓN RUSA
Rossiskaya Federatsiya
SUPERFICIE: 17.075.400 km²
POBLACIÓN: 144.400.000 hab.
CAPITAL: Moscú
OTRAS CIUDADES: San Petersburgo, Novosibirsk
PUNTO MÁS ALTO: monte Elbrus (5.642 m)
LENGUA OFICIAL: ruso
MONEDA: rublo

TAYIKISTÁN
Repoblika i Tojikiston
SUPERFICIE: 143.100 km²
POBLACIÓN: 6.200.000 hab.
CAPITAL: Dushambé
OTRAS CIUDADES: Kulyab, Khodzhent
PUNTO MÁS ALTO: Qullai Garmo (7.495 m)
LENGUA OFICIAL: tayiko
MONEDA: somoni

◐ LA CATEDRAL DE SAN BASILIO

Desde 1555, las cúpulas bulbosas de la catedral de San Basilio se alzan en la Plaza Roja, en el centro de Moscú.

Los rusos son un pueblo eslavo que constituye un 80% de la población de la Federación Rusa. El 20% restante está compuesto por más de 150 pueblos, algunos de los cuales, como los chukchi, los nénets, los evenki o los sami, viven diseminados por el Ártico ruso y se dedican a la cría de renos y a la caza. Pero existen, además, otros grupos étnicos; calmucos, yakutios, tártaros, chechenos, daguestanos, bashkir, kets, judíos, tuvinianos, y buriatos conforman la realidad étnica de la Federación Rusa.

Al oeste de las nuevas fronteras de la región, viven los ucranianos y los bielorrusos, ambos eslavos, así como los moldavos, emparentados con los rumanos.

◐ EL BALLET RUSO

En San Petersburgo, el ballet se remonta a 1738. Muchas grandes obras se representaron en el siglo XIX. Hoy, la compañia más famosa es el Ballet Mariinsky, el antiguo Kírov.

Al sur del Cáucaso viven los osetios, georgianos, azerís y armenios; y al este del mar Caspio, los kazakos, turcomanos, uzbekos, kirguís y tayikos.

Pese a los amplios espacios abiertos de la Federación Rusa, la mayoría de la gente vive al oeste de los Urales, un 75% reside en áreas urbanas.

◐ HOCKEY SOBRE HIELO

El hockey sobre hielo es un deporte popular en la Federación Rusa, el país que (junto con la antigua Unión Soviética) más veces ha vencido en los campeonatos del mundo y en los Juegos Olímpicos.

◐ SACERDOTES ORTODOXOS

El culto cristiano ortodoxo fue introducido en los países eslavos por el misionero griego San Cirilo (827–869).

◐ LA TUMBA DE UN FAMOSO GUERRERO

El Mausoleo de Guri Amir en Samarkanda (Uzbekistán), está decorado con piezas de mosaico y rinde honor al emperador mongol Tamerlán (1336–1405), que conquistó la mayor parte de Asia central y murió mientras se dirigía hacia el este para invadir China.

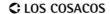

◐ LOS COSACOS

Los cosacos de las estepas eran famosos por sus habilidades ecuestres y sus danzas salvajes. Más tarde serían reclutados por los zares como soldados.

◑ LEÓN TOLSTOI ◑ ARTISTAS

◑ PIOTR I. TCHAIKOVSKY

Rusia tiene una larga historia de escritores y músicos, entre ellos el compositor Piotr Ilich Tchaikovsky (1840–1893) y el escritor León Tolstoi (1828–1910), autor de Guerra y paz y Ana Karenina.

La religión cristiana de dogma ortodoxo predomina en el oeste y el sudoeste de la zona. Las iglesias con cúpulas bulbosas, algunas de ellas doradas, son típicas de muchas localidades. No obstante, la mayor parte de los pueblos de Asia central es musulmana, aunque también existen judíos y budistas. Muchas religiones, incluido el cristianismo, fueron duramente reprimidas en los primeros tiempos de la era comunista.

◐ TRADICIÓN MUSICAL

La música folclórica tradicional, como la de estos músicos de San Petersburgo, es popular en toda Rusia. La balalaica tiene una caja triangular y un mástil similar al de la guitarra.

En la Edad Media, la Iglesia ortodoxa produjo grandes obras de arte en forma de iconos o pinturas sagradas. Su culto se acompaña de cánticos religiosos corales. El arte se ha valorado siempre en Rusia. Moscú y San Petersburgo cuentan con *ballets* famosos. Compositores como Shostakovich (1906–1975) o escritores como el dramaturgo Anton Chéjov (1860–1904) destacan entre los artistas rusos.

◐ VIAJE POR EL ÁRTICO

Tradicionalmente se utilizaban perros, renos y caballos para arrastrar trineos por el Àrtico, donde los ríos se congelan hasta el punto de soportar el peso de camiones.

◐ MATRIUSKAS

Las muñecas vacías de madera, o matriuskas, son una tradición rusa y un recuerdo muy popular entre quienes visitan Rusia. Cada una encierra otra más pequeña.

DATOS

TURKMENISTÁN
Turkmenistan
SUPERFICIE: 488.100 km²
POBLACIÓN: 5.400.000 hab.
CAPITAL: Achkabad
OTRAS CIUDADES: Charjew, Dashkhovuz
PUNTO MÁS ALTO: cordillera del Köpetdeg
LENGUA OFICIAL: turco oguz
MONEDA: manat

UCRANIA
Ukrayina
SUPERFICIE: 603.700 km²
POBLACIÓN: 48.700.000 hab.
CAPITAL: Kiev
OTRAS CIUDADES: Járkiv, Odessa
PUNTO MÁS ALTO: monte Goverla (2.061 m)
LENGUA OFICIAL: ucraniano
MONEDA: hrivna

UZBEKISTÁN
Uzbekiston Respublikasi
SUPERFICIE: 447.400 km²
POBLACIÓN: 25.100.000 hab.
CAPITAL: Tashkent
OTRAS CIUDADES: Samarkanda, Bujará
PUNTO MÁS ALTO: monte Beshtor (4.229 m)
LENGUA OFICIAL: uzbeko
MONEDA: sum

◐ ICONOS RELIGIOSOS

Pintar un icono se consideraba por sí solo un acto de culto.

Las estepas empezaron a poblarse en la prehistoria; hace unos 2.500 años, ya vivían en ellas unos jinetes que practicaban el arte de la guerra, los escitas. Aunque hacia el año 400 d.C. comenzaron a llegar eslavos del oeste de Rusia, fueron los vikingos suecos conocidos como *rusos*, que comerciaban a lo largo del Volga y del Dniéper, hasta llegar al mar de Aral, los que dieron nombre a la región de Rusia.

Los primeros estados rusos surgieron alrededor de los centros comerciales de Kiev (hoy capital de Ucrania) y Novgorod. La fundación de Moscú data de 1147. En el siglo XIII, los eslavos fueron atacados por poderosos ejércitos mongoles procedentes de Asia.

Rusia resistió la invasión y edificó su propio imperio, cuyos gobernantes recibieron el nombre de *zares*. En el siglo XVII, el zar Pedro I el Grande modernizó el país y fundó la ciudad de San Petersburgo. Rusia se enfrentó a Turquía en el sur, se expandió hacia Siberia en el este, y hacia Polonia, en el oeste. Francia, a su vez, invadió la región en 1812.

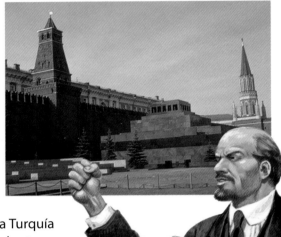

◑ CORTE DE BARBAS

Pedro I abolió los privilegios especiales de las familias aristocráticas rusas. Sus largas barbas, símbolo de distinción, fueron cortadas.

◐ EL MAUSOLEO DE LENIN

Vladímir Ilich Uliánov, Lenin, (1870–1924), dirigió la Revolución bolchevique de Octubre. Su tumba (en la foto) se encuentra en la Plaza Roja de Moscú.

A principios del pasado siglo, los rusos poseían muy pocos derechos y los regentes se resistían a cambiar.

En 1905 y en 1917, estallaron sendas revoluciones. La segunda conllevó el asesinato del zar y de su familia.

◐ EL JEFE DEL EJÉRCITO ROJO

León Trotsky (1879–1940) fue un revolucionario ruso que dirigió al Ejército Rojo comunista durante la guerra civil rusa (1917–1920). Años más tarde tuvo que exiliarse y fue asesinado por orden de Stalin.

◐ PEDRO EL GRANDE

Nacido en 1672, el zar Pedro I viajó por toda Europa occidental. Al morir, en 1725, Rusia se había transformado en un poderoso estado moderno.

◐ LA REVOLUCIÓN DE OCTUBRE

La injusticia secular vivida bajo los zares acabó en 1917 cuando obreros revolucionarios, estudiantes y soldados tomaron el poder en Rusia.

↻ LA ERA ESPACIAL

Este monumento a la exploración espacial apunta hacia el cielo. La URSS fue el primer país que lanzó un satélite a la órbita terrestre.

CRONOLOGÍA

s. X	Los vikingos fundan estados en Rusia y Ucrania.
988	Introducción del culto ortodoxo.
1223	Los mongoles invaden las estepas.
1462	Iván el Grande libera a Rusia de los mongoles (hasta 1505).
1547	Iván el Terrible se corona zar.
1881	Asesinato del zar Alejandro I.
1905	Rusia, derrotada por Japón; revolución y reformas políticas.
1917	Revolución de Octubre.
1922	Fundación de la Unión Soviética (URSS).
1924	Muerte de Lenin.
1936	Stalin aterroriza a sus adversarios.
1939	La URSS pacta con la Alemania nazi.
1940	La URSS se anexiona los países bálticos.
1941	La URSS se une a los aliados en la «Gran Guerra Patriótica» contra Alemania (hasta 1945).
1946	La URSS controla Europa oriental; Guerra Fría con Occidente (hasta 1989).
1979	La URSS invade Afganistán.
1985	Mijaíl Gorbachov introduce reformas.
1989	Europa central se libera del control soviético.
1991	Disolución de la Unión Soviética; fundación de la Federación Rusa.

Un grupo socialista denominado *bolchevique* y dirigido por Lenin se apoderó de Rusia y su antiguo imperio durante una guerra civil que terminó en 1920. Lenin murió en 1924, y su sucesor, el despiadado político Josif Stalin (1879–1953), provocó la muerte de millares de rusos en campos de trabajo. En 1941, Alemania invadió el país. Los soviéticos resistieron y en 1944 expulsaron definitivamente a los alemanes.

↻ LAIKA, LA PRIMERA ASTRONAUTA

Tras la guerra, la URSS controló toda Europa oriental. En 1961, con su avanzada tecnología, envió al primer humano al espacio. EE. UU. y sus aliados retaron a menudo a esta potencia durante la Guerra Fría, que duró hasta la década de 1980, cuando el comunismo se vino abajo y la URSS se dividió en varios estados.

↻ IN MEMORIAM

Al pie de las murallas del Kremlin, el fuerte medieval de Moscú, una llama arde en honor al soldado desconocido. La URSS fue el país con el mayor número de muertos en la Segunda Guerra Mundial.

↻ GUERRAS LOCALES

En cuanto nacieron nuevos estados de las ruinas de la URSS estallaron violentos conflictos por la delimitación de los territorios. De 1989 a 1994, Armenia y Azerbaiyán lucharon por el enclave de Nagorno-Karabaj.

↻ LA NUEVA RUSIA

Boris Yeltsin (situado a la derecha de la imagen) se convirtió en presidente de Rusia en 1990 y asistió a la disolución de la antigua Unión Soviética. El sucesor de Yeltsin, Vladímir Putin, se enfrenta a graves problemas para modernizar el país.

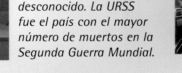

ORIENTE
PRÓXIMO

○ CEDRO DEL LÍBANO

DATOS

BAHRÉIN
Dawlat al Bahrayn
SUPERFICIE: 694 km²
POBLACIÓN: 700.000 hab.
CAPITAL: Manama
OTRAS CIUDADES: Muharraq
PUNTO MÁS ALTO: Jabal ad Dukhan (135 m)
LENGUA OFICIAL: árabe
MONEDA: dinar de Bahréin

CHIPRE
Kypriaki Dimokratia
SUPERFICIE: 9.251 km²
POBLACIÓN: 873.000 hab.
CAPITAL: Nicosia
OTRAS CIUDADES: Limassol, Larnaka
PUNTO MÁS ALTO: monte Olympos (1.952 m)
LENGUAS OFICIALES: griego, turco
MONEDA: libra chipriota

IRÁN
Jomhuri-e-Eslami-e-Iran
SUPERFICIE: 1.633.188 km²
POBLACIÓN: 63.400.000 hab.
CAPITAL: Teherán
OTRAS CIUDADES: Mashhad, Isfahan
PUNTO MÁS ALTO: monte Damavand (5.604 m)
LENGUA OFICIAL: farsi (persa)
MONEDA: rial

IRAQ
Joumhouriya al 'Iraqia
SUPERFICIE: 438.317 km²
POBLACIÓN: 23.300.000 hab.
CAPITAL: Bagdad
OTRAS CIUDADES: Mosul, Kirkuk
PUNTO MÁS ALTO: Haji Ebrahim (3.600 m)
LENGUA OFICIAL: árabe
MONEDA: dinar iraquí

Oriente Próximo, igualmente conocido como «Oriente Medio», es una extensa región limitada por los mares Mediterráneo y Negro al noroeste y al norte, respectivamente; por el mar Rojo al sudoeste, y por el océano Índico al sudeste. Aunque las tierras más fértiles se sitúan al norte, en esta zona predominan los desiertos poco poblados y las estepas. En el Mediterráneo se halla, además, la isla de Chipre.

El sector septentrional de Oriente Próximo es montañoso, con altas cordilleras que se elevan de Turquía a Irán, país accidentado a su vez por los montes Elburz, en el norte, y los Zagros, en el sur. El monte Damavand, en los montes Elburz, es el pico más alto de la zona. La península Arábiga también posee montañas, las más extensas de las cuales bordean el mar Rojo y se adentran en el sur de Yemen. En el interior, en cambio, existen grandes mesetas.

La mayor parte de Oriente Próximo cuenta con un clima desértico; cálido y seco. Un sector de Arabia está ocupado por uno de los desiertos de arena más inhóspitos del mundo: Rub 'al Khali o «Región vacía». Irán también posee extensos desiertos, algunos de los cuales están cubiertos de sal, creada a raíz de la evaporación de las aguas ocasionales. Otras áreas secas, como las estepas, poseen una vegetación de matorral de baja altura.

Turquía tiene un clima más húmedo que el resto de la región. Su litoral mediterráneo goza de veranos secos, e inviernos lluviosos y templados; mientras que sus mesetas interiores, áridas y herbáceas, poseen inviernos muy fríos con nevadas frecuentes.

El agua escasea en Oriente Próximo. Hay pocos ríos importantes; los dos más largos, el Éufrates y el Tigris, nacen en las montañas de Turquía y atraviesan Iraq. En la fértil región situada entre ambos ríos, Mesopotamia, nacieron las primeras grandes civilizaciones, Asiria y Babilonia.

○ PALACIO, YEMEN
El palacio de Wadi Dahr se alza en Sanaa, capital de Yemen.

○ JERBO

🔾 ISFAHAN, IRÁN

La ciudad iraní de Isfahan es famosa por sus bellas mezquitas.

IRÁN

TURQUÍA

IRAQ

🔾 ANIMALES DEL DESIERTO

Los camellos aguantan mucho tiempo sin agua; por este motivo aún se emplean para transportar mercancías en los desiertos de Oriente Próximo.

BAHRÉIN

CHIPRE

KUWAIT

LÍBANO

ISRAEL

SIRIA

JORDANIA

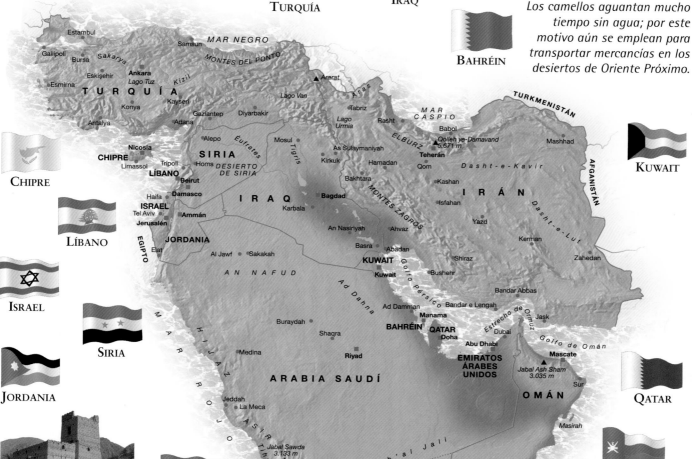

N
O E
S

MAR NEGRO
MONTES DEL PONTO

Estambul
Gallipoli
Bursa
Eskişehir
Esmirna
Ankara
Lago Tuz
T U R Q U Í A
Konya
Kayseri
Antalya
Adana
Gaziantep
Diyarbakir
Samsun
Sakarya
Kizil
Ararat
Lago Van
Aras
Tabriz
Lago Urmia
Rasht

Nicosia
CHIPRE
Limassol
Tripoli
LÍBANO
Beirut
Haifa
Tel Aviv
ISRAEL
Jerusalén
Ammán
JORDANIA
Elat
Alepo
Homs
SIRIA
DESIERTO DE SIRIA
Damasco
Éufrates
Mosul
Tigris
Bagdad
Karbala
An Nasiriyah
Basra
I R A Q
As Sulaymaniyah
Kirkuk
Hamadan
Bakhtara
Ahvaz
Abadan
AbAdan

ELBURZ
Babol
Qolleh ye-Damavand
5.671 m
Teherán
Qom
Kashan
Isfahan
Yazd
I R Á N
Kerman
Zahedan
Mashhad
Dasht-e-Kavir
Dasht-e-Lut
AFGANISTÁN
TURKMENISTÁN
MAR CASPIO

Al Jawf
Sakakah
AN NAFUD
KUWAIT
Kuwait
Shiraz
Bushehr
Bandar e Lengah
Bandar Abbas
Jask
EGIPTO
MONTES ZAGROS
Golfo Pérsico

Buraydah
Shaqra
Medina
Ad Dahna
Ad Damman
Manama
BAHRÉIN
QATAR
Doha
Dubai
Abu Dhabi
Estrecho de Ormuz
Golfo de Omán
Mascate
Jabal Ash Sham
3.035 m
Sur
EMIRATOS ÁRABES UNIDOS
O M Á N

Jeddah
La Meca
Riyad
ARABIA SAUDÍ
HIJAZ
MAR ROJO
ASIR
Tihamah
Jabal Sawda
3.133 m
Rub' al Jali
Masirah
Salalah
Kuria Muria

Jaza'lr Farasan
Al Hudaydah
Sanaa
YEMEN
Tarim
Hadramaut
Al Mukalla
Bab al Mandab
Adén
Golfo de Adén
Socotra (YEMEN)
Abd al Kuri

🔾 FORTALEZA, OMÁN

Muchos pueblos de Omán poseen un fuerte antiguo. Omán se encuentra en la entrada del golfo Pérsico.

YEMEN

ARABIA SAUDÍ

🔾 URGUP, TURQUÍA

En el valle de Goreme, centro de Turquía, raras formaciones de roca volcánica dan lugar a un curioso paisaje.

OMÁN

QATAR

🔾 CIUDADELA, ALEPO

Esta ciudadela de la antigua ciudad de Alepo, Siria, fue construida en la Edad Media.

EMIRATOS ÁRABES UNIDOS

✿ ESPECIAS ÁRABES
En la cocina árabe se usan muchas especias aromáticas.

DATOS

ISRAEL
Medinat Israel
SUPERFICIE: 21.056 km²
POBLACIÓN: 6.200.000 hab.
CAPITAL: Jerusalén
OTRAS CIUDADES:
Tel Aviv-Yafo, Haifa
PUNTO MÁS ALTO: monte Meron (1.208 m)
LENGUAS OFICIALES: hebreo, árabe
MONEDA: shekel

JORDANIA
Al-Mamlaka Al-Urduniya Al-Hashemiyah
SUPERFICIE: 97.740 km²
POBLACIÓN: 5.100.000 hab.
CAPITAL: Ammán
OTRAS CIUDADES: Zarqa, Irbid
PUNTO MÁS ALTO: Jabal Ramm (1.754 m)
LENGUA OFICIAL: árabe
MONEDA: dinar jordano

KUWAIT
Dowlat al Kuwait
SUPERFICIE: 17.818 km²
POBLACIÓN: 2.200.000 hab.
CAPITAL: Kuwait
OTRAS CIUDADES: Al Jahra, Salimiya
PUNTO MÁS ALTO: 283 m
LENGUA OFICIAL: árabe
MONEDA: dinar kuwaití

LÍBANO
Jumhouriya al-Lubnaniya
SUPERFICIE: 10.400 km²
POBLACIÓN: 3.600.000 hab.
CAPITAL: Beirut
OTRAS CIUDADES: Trípoli, Sidón
PUNTO MÁS ALTO: Qurnat as Sawda (3.083 m)
LENGUA OFICIAL: árabe
MONEDA: libra libanesa

Oriente Próximo cuenta con 15 países independientes. Los árabes son el grupo étnico mayoritario. Otros pueblos grandes son el iraní y el turco. Grupos menores son los greco y turcochipriotas, así como los judíos de Israel.

Siete países de la región son monarquías: Jordania y Arabia Saudí están gobernados por reyes; Bahréin, Kuwait, Qatar y los Emiratos Árabes Unidos, por emires, mientras que Omán es un sultanato. Los demás países son repúblicas, una de ellas, Irán, de tipo islámico, con leyes basadas en la doctrina del islam.

Desde 1974, Chipre está dividido entre la República Grecochipriota, en el sur, y la República Turca del Norte, reconocida sólo por Turquía.

✿ ARTESANÍA DEL COBRE
Los artesanos turcos producen objetos metálicos, alfombras, platos y tazas de hermosa decoración que más tarde se venderán en los mercados.

✿ ¡AL RICO POMELO!
Cítricos como los pomelos, las naranjas o los limones se adaptan bien a países soleados como Chipre, Irán o Israel.

✿ REFINERÍA, ARABIA SAUDÍ
Las refinerías tratan el valioso petróleo del que derivan combustibles y productos químicos que se usan en la industria.

✿ LA CIUDAD DE KUWAIT
Kuwait es la capital del país homónimo, rico en petróleo, que Iraq invadió en 1990 y del que se tuvo que retirar en 1991.

✿ ENTRADA DE UN ZOCO
Damasco, capital de Siria, cuenta con un gran zoco o mercado, con estrechas calles repletas de tiendas.

La división de Chipre trajo consigo el enfrentamiento armado entre los dos pueblos de la isla. También viene de lejos el conflicto entre Israel y sus vecinos árabes.

Algunos países de Oriente Próximo cuentan con grandes yacimientos de petróleo, el mayor recurso natural de la zona. Las exportaciones petrolíferas han contribuido a elevar el nivel de vida de varios de estos países. Arabia Saudí cuenta con las mayores reservas del mundo, además de ser el máximo productor. El crudo se refina para obtener derivados muy útiles.

◑ TALLA DE DIAMANTES
Artesanos israelíes cortan y pulen diamantes, que se exportan a muchos países.

Dos tercios de la población de Oriente Próximo reside en áreas urbanas. Las ciudades más grandes son Estambul y Ankara, en Turquía; Teherán, en Irán; Bagdad, en Iraq; y Damasco, en Siria. Muchas ciudades cuentan con barrios antiguos repletos de calles estrechas y mercados tradicionales junto a modernos rascacielos.

Cerca de un tercio de la población vive en áreas rurales y trabaja en la agricultura. Otros crían camellos, cabras y ovejas. Los cultivos suelen ser de regadío; los principales son la cebada, el trigo, los dátiles, las olivas, los frutos secos y los cítricos. Los países industriales más destacados son Turquía e Irán.

◑ PLAYA TURCA
El turismo está cambiando algunas partes de Turquía, que posee soleadas playas y fascinantes ruinas históricas.

◑ MERCADO DE YEMEN
Mercancía apilada en un mercado de Sanaa, Yemen.

◐ LA PATRULLA DEL DESIERTO
Los soldados jordanos son muy leales a su rey.

◑ POZO DE PETRÓLEO, IRAQ
Oriente Próximo posee dos tercios de las reservas mundiales de petróleo, un bien codiciado por Occidente.

DATOS

OMÁN
Sultanat 'Uman
SUPERFICIE: 212.457 km²
POBLACIÓN: 2.500.000 hab.
CAPITAL: Mascate
OTRAS CIUDADES: Salalah, Sur
PUNTO MÁS ALTO: Jabal Ash Sham (3.035 m)
LENGUA OFICIAL: árabe
MONEDA: rial omaní

QATAR
Dawlat Qatar
SUPERFICIE: 11.000 km²
POBLACIÓN: 658.000 hab.
CAPITAL: Doha
OTRAS CIUDADES: Dujan, Umm Said
PUNTO MÁS ALTO: monte Qurayn (103 m)
LENGUA OFICIAL: árabe
MONEDA: rial catarí

ARABIA SAUDÍ
Mamlaka al-'Arabiya as Sa'udiya
SUPERFICIE: 2.149.690 km²
POBLACIÓN: 22.700.000 hab.
CAPITAL: Riyad
OTRAS CIUDADES: Jedda, La Meca
PUNTO MÁS ALTO: Jabal Sawda (3.133 m)
LENGUA OFICIAL: árabe
MONEDA: rial saudí

SIRIA
Jumhuriya al-Arabya as-Suriya
SUPERFICIE: 185.180 km²
POBLACIÓN: 16.700.000 hab.
CAPITAL: Damasco
OTRAS CIUDADES: Alepo, Homs
PUNTO MÁS ALTO: monte Hermon (2.814 m)
LENGUA OFICIAL: árabe
MONEDA: libra siria

161

DERVICHES DANZARINES
Místicos musulmanes llamados derviches dan vueltas bailando como parte de su rito religioso. La orden de los derviches fue fundada en 1273.

El pueblo más numeroso de Oriente Próximo es el árabe, cuya lengua es el único idioma oficial en 11 de los 15 países que conforman el territorio; el árabe también es la lengua oficial en Israel junto con el hebreo, el idioma del grupo mayoritario, los judíos. Las demás lenguas principales de Oriente Próximo son el farsi o persa, en Irán; el griego, en Chipre, y el turco tanto en Turquía como en Chipre.

Oriente Próximo es la cuna de tres grandes religiones: el judaísmo, la principal religión de Israel; el cristianismo, importante en Chipre y en el Líbano, y el islam, que profesa un 86% de la población de la región.

El arte islámico es muy decorativo y suele adornar edificios y toda clase de objetos. Entre las actividades artísticas que se llevan a cabo, figuran la encuadernación e ilustración de libros, la caligrafía (escritura a mano con letras ornamentales), la escultura, la cerámica, la cristalería, el trabajo del metal, la tapicería y los productos textiles. Las mezquitas (lugares de culto) difundidas por toda la región siguen las elegantes líneas de la arquitectura islámica. La ornamentación es abstracta y en ella se cruzan con frecuencia formas de hojas o raíces de plantas curvadas. A diferencia de las iglesias cristianas, en las mezquitas no hay representaciones humanas o de animales, ya que están prohibidas por el Corán.

EL MURO DE LAS LAMENTACIONES
Los judíos acuden a este muro, resto de un antiguo templo de Jerusalén, para rezar.

SOBRE UN ASNO
En muchos países de la región, los asnos y los camellos se usan para transportar a la gente.

EL BACKGAMMON
El backgammon es un juego de mesa para dos jugadores especialmente popular en los países del Mediterráneo oriental.

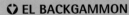

BEDUINOS DE LOS PANTANOS
En el sur de Iraq, los valles pantanosos del Tigris y el Éufrates están habitados por los llamados «beduinos de los pantanos».

LA LEY DEL VELO
Muchas mujeres musulmanas se cubren casi todo el cuerpo para salir a la calle. Varios países observan la ley islámica con el máximo rigor.

☼ VIDA EN COMUNIDAD

El kibbutz es un tipo de comunidad israelí en la que se comparte la propiedad, el trabajo, los bienes y los servicios.

☼ ARTE ISLÁMICO

Formas abstractas y letras árabes se usan para decorar mezquitas y otros edificios islámicos. El islam prohíbe la representación de personas en el arte.

☼ ROSCOS DE PAN

Los israelíes disfrutan con los roscos de pan llamados bagels. Otros platos de Israel son la sopa de pollo, el hígado picado y los falafel (garbanzos molidos y fritos con cebolla y especias).

☼ MEZQUITA DE QOM

Qom es una ciudad santa islámica en Irán, donde las leyes del Islam se observan de una manera muy estricta. Sus mezquitas figuran entre las más bellas del mundo.

El islam desempeña un papel central en la vida diaria. En Irán, las mujeres llevan vestidos negros con un velo llamado *chador* que cubre sus vestidos, ocultando su cabeza, espalda y, por lo general, la parte inferior del rostro. En algunos países musulmanes, las mujeres visten como en Occidente. Antaño, dichas mujeres eran confinadas en sus casas, pero hoy trabajan en los negocios, la educación y el gobierno.

El baloncesto, el fútbol, la halterofilia y la lucha figuran entre los deportes más populares. Menos activos pero también populares son los juegos de mesa como el *backgammon* o el ajedrez. En lugares montañosos se esquía, y en Arabia se celebran carreras de camellos.

Las tortas de pan y el arroz son la dieta de Oriente Próximo, y los dátiles, de los países desérticos. Los kebabs (pinchos de carne y verdura) y los derivados lácteos como el yogur o el queso son muy populares.

163

Oriente Próximo ha desempeñado un papel decisivo en el desarrollo de la civilización mundial: hace 11.000 años se empezó a cultivar la tierra; más tarde se levantaron las primeras ciudades, y la gente de la región inventó la escritura y redactó los primeros códigos de leyes.

Las grandes civilizaciones se desarrollaron en las tierras situadas entre los ríos Tigris y Éufrates, una región llamada «Mesopotamia», que significa «entre dos ríos». Las más famosas fueron la sumeria, la babilonia y la asiria. Los persas invadieron Mesopotamia en el año 539 a.C. Posteriormente, el Imperio persa cayó bajo Alejandro Magno en el año 331 a.C.

TROYA, TURQUÍA
Según la leyenda, en la guerra de Troya, siglo XII a.C., los soldados griegos entraron en la ciudad de Troya escondidos en un enorme caballo de madera.

ANTIGUO SUMERIO
Sumeria, en el sudeste de Iraq, fue la primera gran civilización (h. 3000–2000 a.C.). Los sumerios dejaron finos vestidos, joyas y alfarería.

CIUDAD ROMAN[A]
En un desierto del centro de S[iria] se alzan las ruinas de la antig[ua] ciudad romana de Palm[ira]

Al nacer Cristo, los romanos dominaban buena parte de Oriente Próximo. Mahoma, el fundador del islam, nació en La Meca, en la península Arábiga, hacia el año 570 d.C. Más tarde, sus seguidores construirían un gran imperio que se extendería hasta España. Los turcos dominarían además la mayor parte de Oriente Próximo.

DATOS

TURQUÍA
Türkiye Cumhuriyeti
SUPERFICIE: 774.815 km²
POBLACIÓN: 66.200.000 hab.
CAPITAL: Ankara
OTRAS CIUDADES: Estambul, Esmirna
PUNTO MÁS ALTO: monte Ararat (5.185 m)
LENGUA OFICIAL: turco
MONEDA: lira turca

EMIRATOS ÁRABES UNIDOS
Imarat al-Arabiya al-Muttahida
SUPERFICIE: 83.600 km²
POBLACIÓN: 3.100.000 hab.
CAPITAL: Abu Dhabi
OTRAS CIUDADES: Dubai, Sharjah
PUNTO MÁS ALTO: Jabal Yibir (1.527 m)
LENGUA OFICIAL: árabe
MONEDA: dirham

YEMEN
Jamhuriya al Yamaniya
SUPERFICIE: 527.968 km²
POBLACIÓN: 18.000.000 hab.
CAPITAL: Sanaa
OTRAS CIUDADES: Adén, Ta'izz
PUNTO MÁS ALTO: monte Hadur Shuayb (3.760 m)
LENGUA OFICIAL: árabe
MONEDA: rial

SALADINO
Saladino (h. 1137–1193) lideró a los musulmanes contra los cruzados tras conquistar Jerusalén en 1187.

CASTILLOS DE LAS CRUZADAS
El Krac des Chevaliers (castillo de los Caballeros) es el castillo medieval más grande de Siria y fue una base importante para los cruzados cristianos de 1142 a 1271.

SOLDADO HITITA
Entre los años 1200–900 a.C., los hititas de la antigua Turquía dominaron buena parte de Oriente Próximo.

◯ HÉROE ÁRABE

Conocido como «Lawrence de Arabia», el soldado británico, T. E. Lawrence (1888-1935) organizó una rebelión árabe contra los turcos en la Primera Guerra Mundial.

◯ GOLDA MEIR

Golda Meir (1898-1978) fue primera ministra de Israel durante la guerra del Yom Kippur (1973) contra los países árabes.

No obstante, tras años de decadencia, la Primera Guerra Mundial marcó el fin del Imperio turco y la creación de varios estados árabes, en algunos de los cuales se descubrió petróleo.

En la década de 1930, muchos refugiados judíos se establecieron en Palestina. El Estado de Israel se creó en 1948 y entró en guerra con los árabes, cuyas fuerzas serían derrotadas en 1949. Otras guerras entre árabes e israelíes estallaron en 1956, 1967 y 1973. En ellas, Israel ocupó la península del Sinaí y la Franja de Gaza (egipcias), Cisjordania (jordana) y los Altos del Golán (sirios). En 1979, Israel firmó un tratado de paz con Egipto, que recuperó la península del Sinaí.

En la década de 1990, Israel y la Organización para la Liberación de Palestina (OLP), dirigida por Yaser Arafat (1929-2004), acordaron crear un estado para los palestinos con la Franja de Gaza y Cisjordania.

Los kurdos del norte de Iraq han luchado sin éxito por la creación de un estado kurdo. Irán e Iraq se enfrentaron durante la década de 1980. Iraq invadió Kuwait en 1990, pero un ejército de la ONU obligó al presidente iraquí Sadam Hussein (1937-2006) a retirar sus tropas en 1991. En 2003, el régimen de Hussein fue derrocado por una coalición dirigida por Estados Unidos.

◯ CONVERSACIONES DE PAZ

En 1993, el primer ministro israelí Isaac Rabin (1922-1995) y el líder palestino Yaser Arafat se reunieron con el presidente de Estados Unidos, Bill Clinton. No obstante, la paz aún está lejos.

CRONOLOGÍA

a.C.

3500	Surgen civilizaciones en los valles del Tigris y del Éufrates (Mesopotamia).
539	Los persas invaden Mesopotamia.
331	Alejandro Magno derrota a los persas.
30	La mayor parte de Oriente Próximo bajo dominio de Roma.

d.C.

s. VII	Los árabes fundan un imperio islámico.
1095	Inicio de las cruzadas cristianas.
1187	Saladino captura Jerusalén.
1270	Fin de las cruzadas cristianas.
s. XIV	Inicio del dominio de los turcos otomanos.
1918	Fin del Imperio otomano.
1948	Fundación del estado de Israel.
1967	Guerra de los Seis Días: Israel conquista tierras de sus vecinos árabes.
1979	Revolución en Irán: el *sha* es derrocado y el ayatolá Jomeini lidera un gobierno islámico.
1980	Guerra Irán-Iraq (hasta 1990).
1990	Iraq ocupa Kuwait (hasta 1991).
1995	Asesinato del primer ministro de Israel Isaac Rabin.
2003	EE. UU. invade Iraq; Sadam Hussein, derrocado.
2006	Sadam Hussein es ejecutado.

ASIA
MERIDIONAL

↻ YAK

El país más extenso de Asia meridional es India, cuya superficie es aproximadamente un tercio de la europea. La parte norte de la región es montañosa y está accidentada por las cordilleras del Hindu Kush, en Afganistán, el Karakoram, entre Pakistán y China, y el Himalaya. Una fértil llanura se extiende desde el este de Pakistán hasta Bangladesh cruzando el norte de India. Algunos de los ríos más grandes del mundo (el Indo, el Ganges y el Brahmaputra) avenan estas llanuras. Las cuencas inferiores del Brahmaputra y el Ganges en Bangladesh han originado el delta más extenso del mundo.

El sur de India está formado por una extensa meseta, el Deccan, hundida entre dos cadenas montañosas: los Ghates occidentales y los orientales. Sri Lanka, una isla frente a la punta meridional de India, cuenta con un centro montañoso rodeado por fértiles llanuras. Las Maldivas, al sudoeste, son una cadena de islas coralíferas.

El noroeste es muy árido, sobre todo en el desierto de Thar, en la frontera entre India y Pakistán. En las montañas del norte los inviernos son muy fríos, pero la mayor parte de Asia meridional goza de un clima tropical.

Las fuertes lluvias del verano, causadas por los monzones, unos vientos húmedos que soplan del sur de mayo a octubre, son la principal característica del clima. Los agricultores esperan con anhelo estas lluvias, que pueden incluso llegar a provocar inundaciones. En 1998, los ríos de Bangladesh se desbordaron y sus aguas cubrieron dos tercios del país.

DATOS

AFGANISTÁN
Doulat i Yumhur ye Afghánistan
SUPERFICIE: 652.090 km²
POBLACIÓN: 26.800.000 hab.
CAPITAL: Kabul
OTRAS CIUDADES: Qandahar, Herat, Mazar-e-Sharif
PUNTO MÁS ALTO: monte Nowshak (7.485 m)
LENGUAS OFICIALES: pashto, dari (persa)
MONEDA: afgani

BANGLADESH
Gana Prajatantri Bangladesh
SUPERFICIE: 143.998 km²
POBLACIÓN: 131.300.000 hab.
CAPITAL: Dacca
OTRAS CIUDADES: Chittagong, Khulna
PUNTO MÁS ALTO: monte Keokradong (1.230 m)
LENGUA OFICIAL: bengalí
MONEDA: taka

BUTÁN
Druk-yul
SUPERFICIE: 47.000 km²
POBLACIÓN: 715.000 hab.
CAPITAL: Timbu
OTRAS CIUDADES: Phuntsholing
PUNTO MÁS ALTO: Kula Kangri (7.554 m)
LENGUA OFICIAL: dzongkha
MONEDA: ngultrum

INDIA
Bahrat Juktarashtra
SUPERFICIE: 3.287.590 km²
POBLACIÓN: 1.030.000.000 hab.
CAPITAL: Nueva Delhi
OTRAS CIUDADES: Bombay, Calcuta, Madras
PUNTO MÁS ALTO: monte Kanchenjunga (8.598 m)
LENGUA OFICIAL: hindi, inglés
MONEDA: rupia india

○ EL GANGES: UN RÍO SAGRADO
En India, los peregrinos hindúes acuden a la ciudad santa de Varanasi para bañarse en el río Ganges.

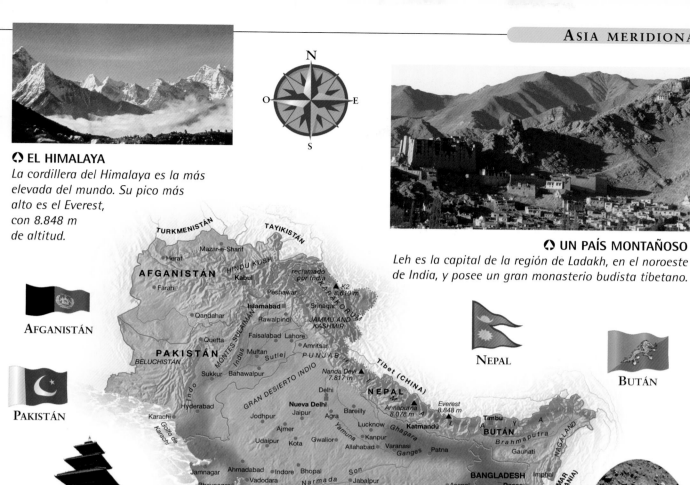

⬡ EL HIMALAYA
La cordillera del Himalaya es la más elevada del mundo. Su pico más alto es el Everest, con 8.848 m de altitud.

⬡ UN PAÍS MONTAÑOSO
Leh es la capital de la región de Ladakh, en el noroeste de India, y posee un gran monasterio budista tibetano.

AFGANISTÁN

PAKISTÁN

NEPAL

BUTÁN

BANGLADESH

INDIA

SRI LANKA

MALDIVAS

⬡ TEMPLO NEPALÉS
Nyatapola, en Bhaktapur, es el templo más alto del Nepal. La ciudad se encuentra al este de la capital, Katmandú.

⬡ EL BUDA RECLINADO
Polonnaruwa, antigua capital de Sri Lanka, conserva muchas esculturas gigantes de Buda. El budismo es la primera religión de Sri Lanka.

⬡ ARQUITECTURA HINDÚ
El Teli-ka-Mandir es un antiguo templo hindú de la ciudad de Gwalior, en India central.

⬡ TERRENO DIFÍCIL
Viajar es difícil en las montañas del norte de Pakistán. Puentes de cuerda cuelgan encima de muchos ríos de aguas rápidas.

167

Map labels
TURKMENISTÁN
TAYIKISTÁN
AFGANISTÁN
HINDU KUSH
Herat
Mazar-e-Sharif
Kabul
Farah
Qandahar
reclamado por India
K2 8.610 m
KARAKORUM
Peshawar
Srinagar
JAMMU AND KASHMIR
Islamabad
Rawalpindi
Tibet (CHINA)
PAKISTÁN
BELUCHISTÁN
Quetta
Faisalabad
Lahore
Amritsar
PUNJAB
MONTES SULAIMÁN
Indus
Multan
Sutlej
Sukkur
Bahawalpur
Nanda Devi 7.817 m
NEPAL
Karachi
Golfo de Karachi
Hyderabad
GRAN DESIERTO INDIO
Delhi
Nueva Delhi
Annapurna 8.078 m
Everest 8.848 m
Timbu
Jodhpur
Jaipur
Agra
Bareilly
Katmandú
BUTÁN
Ajmer
Lucknow
Ghagara
Brahmaputra
NAGALAND
Udaipur
Kota
Gwalior
Kanpur
Varanasi
Patna
Gauhati
Yamuna
Allahabad
Ganges
Jamnagar
Ahmadabad
Indore
Bhopal
Son
BANGLADESH
Imphal
MYANMAR (BIRMANIA)
Bhavnagar
Vadodara
Narmada
Jabalpur
Asanol
Khulna
Dacca
Surat
Golfo de Khambhat
INDIA
Jamshedpur
Kolkata (Calcuta)
Chittagong
Aurangabad
Nagpur
Raipur
Cuttack
Delta del Ganges
Bombay
MESETA DE DECÁN
Mahanadi
Pune
Godavari
Solapur
Hyderabad
Kolhapur
Krishna
Vishakhapatnam
Hubli-Dharwar
Kurnool
Vijayawada
Penner
Nellore
Mangalore
Bangalore
Chennai (Madras)
Mysore
Kozhikode
Coimbatore
Tiruchchirappalli
Palk
Cochin
Madurai
Estrecho
Jaffna
Trivandrum
Trincomalee
SRI LANKA
C. Comorin
Golfo de Mannar
SRI LANKA
Colombo
Kandy
Pidurutalagala 2.524 m
Galle
MALDIVAS
OCÉANO ÍNDICO

N
O
E
S

En Asia meridional hay ocho países, el mayor de ellos es India, que ocupa cerca de dos tercios de la región y en el que viven tres cuartas partes de los habitantes. Pakistán, el segundo país por extensión, ocupa más del 15% del territorio.

India es una república federal constituida por 25 estados, cada uno con su propio gobierno, y siete territorios. Bangladesh, Maldivas, Pakistán y Sri Lanka también son repúblicas, así como Afganistán, tras un período de gobierno fundamentalista islámico en la década de 1990. En Asia meridional también hay dos reinos: Bután y Nepal.

○ ELEFANTE MAQUILLADO
Para salvar las empinadas cuestas del fuerte de Amber (Jaipur, India), los turistas suben a elefantes pintados.

○ PALACIO ROSA
El Hawa Mahal, o Palacio de los Vientos, se alza en la bella ciudad «rosa» de Jaipur, fundada en 1728.

Desde 1947, cuando se formaron los modernos estados de Pakistán e India, se han producido enfrentamientos por territorios fronterizos, el mayor de ellos en torno a Jammu y Cachemira, en el noroeste de India. El estado indio reclama toda la región, pero Pakistán ocupa una parte de ella.

En el sur de Asia, mucha gente es pobre y vive de la agricultura (en Bután y Nepal, más del 90% de la población). La agricultura el la mayor fuente de ingresos de la región.

○ CESTERÍA
Los cesteros indios utilizan fibras naturales, como las hojas de palmera.

Cerca de un 63% de la población trabaja en la agricultura. El principal cultivo es el arroz, del cual India es el segundo mayor productor del mundo después de China, mientras que Bangladesh es el cuarto.

Otros cultivos son la cebada, el mijo, el sorgo y el trigo, además de las hortalizas (guisantes y judías), los cocos, la fruta y el té. También se produce algodón, yute, goma y tabaco. La cría de ganado es importante en algunos países, aunque los hindúes no comen carne, y además las vacas son sagradas.

○ MERCADO INDIO
Las verduras se cocinan con especias y se comen con arroz, el alimento básico en India, o una torta de pan llamada chapati.

○ SANDALIAS
En algunas partes de Asia meridional, el calzado y los vestidos aún se fabrican a mano. Las grandes fábricas producen para la exportación.

PESCA EN BANGLADESH

La pesca se practica en el golfo de Bengala, así como en los muchos ríos que avenan las llanuras de Bangladesh.

India posee reservas minerales de carbón, hierro y petróleo. La industria ha crecido mucho en los últimos 50 años, sobre todo en las ciudades. En India, las ciudades más grandes son Bombay, Nueva Delhi, Calcuta y Madras. Otras ciudades importantes de la zona son Karachi y Lahore, en Pakistán. Muchas ciudades del sur de Asia comparten partes deterioradas con chabolas y modernos rascacielos. El contraste entre ricos y pobres es muy acusado.

ORDENADORES

En Bangalore se fabrican ordenadores. En India, la industria de alta tecnología crece, pero la mayoría de la gente vive de la agricultura.

HOJAS DE TÉ

Las hojas del té son tan delicadas que se deben recoger a mano. India y Sri Lanka figuran entre los principales productores.

GUINDILLAS

A GOLPE DE PEDAL

El pedicab es una suerte de calesa conducida por un hombre o un niño en bicicleta. Otro transporte consta de un carro de dos ruedas tirado por un hombre a pie. Estos medios primarios de transporte para viajeros compiten con los taxis en las ciudades.

ARROZALES

Delimitados por barreras de tierra, los arrozales se aran e inundan antes de la siembra.

DATOS

MALDIVAS
Divehi Raajjeyge Jumhooriyya
SUPERFICIE: 298 km²
POBLACIÓN: 275.000 hab.
CAPITAL: Malé
PUNTO MÁS ALTO: isla de Wilingili (24 m)
LENGUA OFICIAL: divehi (maldivo)
MONEDA: rufiyaa

NEPAL
Nepal Adhirajya
SUPERFICIE: 147.181 km²
POBLACIÓN: 25.200.000 hab.
CAPITAL: Katmandú
OTRAS CIUDADES: Lalitpur, Biratnagar
PUNTO MÁS ALTO: monte Everest (8.848 m)
LENGUA OFICIAL: nepalés
MONEDA: rupia nepalesa

PAKISTÁN
Islami Jamhuriya e Pakistan
SUPERFICIE: 796.095 km²
POBLACIÓN: 144.600.000 hab.
CAPITAL: Islamabad
OTRAS CIUDADES: Karachi, Lahore, Faisalabad
PUNTO MÁS ALTO: K2 (8.611 m)
LENGUA OFICIAL: urdu
MONEDA: rupia pakistaní

SRI LANKA
Sri Lanka Prajathanthrika Samajavadi Janarajaya
SUPERFICIE: 65.610 km²
POBLACIÓN: 19.400.000 hab.
CAPITAL: Colombo
OTRAS CIUDADES: Dehiwala-Mt Lavinia, Moratuwa
PUNTO MÁS ALTO: monte Pidurutalagala (2.524 m)
LENGUAS OFICIALES: cingalés, tamil
MONEDA: rupia de Sri Lanka

☼ LOS SHERPAS

En el nordeste de Nepal viven los sherpas, famosos por sus habilidades alpinísticas y militares. Algunos trabajan como guías de montaña.

La población india puede dividirse en dos grandes grupos: los indoeuropeos de piel clara, en el norte, y los dravídicos del sur, de piel oscura. Existen 16 lenguas principales y más de 1.000 lenguas minoritarias y dialectos. La lengua oficial es el hindi, aunque el inglés se considera una lengua oficial «asociada».

En el noroeste del subcontinente indio viven afganos, persas e indoeuropeos. Los cingaleses de Sri Lanka y los habitantes de las islas Maldivas provienen de pueblos del norte de India, mientras que los tamiles de Sri Lanka son oriundos de India meridional.

Los habitantes del sur de Asia sobresalen en las artes decorativas, en la arquitectura y en la escultura. En esta región se pueden contemplar soberbios templos hindúes, mezquitas musulmanas, y estatuas gigantes de Buda. Las músicas y las danzas tradicionales son populares. India destaca también por la producción de películas.

☼ EDIFICIO JAINISTA

El jainismo es una religión india de 2.500 años de antigüedad. Este templo jainista se encuentra en la región del gran desierto de Thar, en el noroeste de India.

☾ VIVIENDAS SOBRE BARCAS

En la turbulenta región india de Jammu y Cachemira, una parte de la población vive en barcas sobre los lagos. De entre su artesanía destacan las cajas de cartón piedra pintado, que se venden a turistas en Delhi.

Muchos habitantes de las ciudades del sur de Asia visten ropas occidentales, aunque los hombres también llevan los tradicionales *dhotis* (tejidos blancos envueltos en torno al cuerpo y plegados entre las piernas) y muchas mujeres indias lucen vistosos saris de seda o algodón.

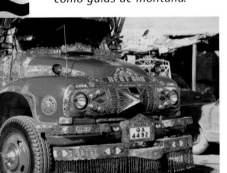

☼ TRANSPORTE EN CARRETERA

En India y Pakistán, los camioneros de largas distancias decoran sus vehículos. En el sur de Asia, las distancias son enormes.

☾ DIWALI

Diwali es la fiesta hindú de la luz y se celebra en otoño. Con ocasión del año nuevo y en honor de Lakshmi, la diosa de la buena suerte, la gente enciende lámparas de aceite o velas, y se intercambia cartas y regalos.

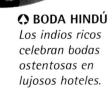

☼ BODA HINDÚ

Los indios ricos celebran bodas ostentosas en lujosos hoteles.

☼ PUERTA BUDISTA

El budismo constituye la religión principal de Bután y Sri Lanka. Ésta puerta es de un santuario budista.

El hinduismo, cuyo origen se remonta a unos 4.000 años, es una de las religiones más antiguas del mundo, y la practican el 63% de los habitantes del sur de Asia. Los hindúes adoran a muchos dioses, entre los más conocidos Shiva, Krishna y Vishnu, que son formas de un único espíritu universal. Los hindúes creen que el alma nunca muere y que se reencarna en el cuerpo de un ser humano o un animal. Una de las grandes fiestas religiosas es el Diwali, la fiesta hindú de la luz. Otra es el Holi, una fiesta de primavera.

◑ LAMAS
Los lamas son monjes budistas tibetanos.

◐ ENCANTADOR DE SERPIENTES
Un encantador indio de serpientes hipnotiza a una cobra, que empieza a oscilar fascinada por la música que emite el instrumento.

Los hindúes representan el 80% de la población de India, aunque también existen unos 100 millones de musulmanes, 36 millones de cristianos y casi 7 millones de budistas. El hinduismo es la primera religión de Nepal; el islam predomina en Afganistán, Maldivas Bangladesh y Pakistán, y el budismo, en Bután y Sri Lanka.

◑ LOS DIOSES DE LA ALDEA
Un 80% de los indios son hindúes. Muchos pueblos tienen sus propias estatuas religiosas.

◐ TEMPLO HINDÚ, KHAJURAHO
En el complejo hindú de Khajuraho, en el norte de India, se alzan 22 grandes templos decorados con elaboradas esculturas.

◑ CAMPANAS PARA LA ORACIÓN
En sus ceremonias religiosas, los budistas hacen sonar campanas para ahuyentar a los espíritus malignos.

◑ FIESTA DE PRIMAVERA
Holi es una antigua fiesta hindú de primavera en la que la gente se echa por encima agua y polvos de colores. Este día no se tienen en cuenta las diferencias de edad, casta o sexo.

◐ ELECCIONES DEMOCRÁTICAS

India es la mayor democracia del mundo, con más electores que ningún otro país. Desde que accedió a la independencia ha celebrado elecciones regularmente.

Desde el año 2500 a.C. hasta el 1700 a.C., la civilización del valle del Indo floreció en lo que ahora es Pakistán y el noroeste de India. Sus dos mayores ciudades fueron Harappa y Mohenjo-daro. Hacia el año 1500 a.C., pueblos arios del noroeste invadieron la región y desarrollaron las culturas hindúes. Después de que Alejandro Magno hubo alcanzado India hacia el año 320 a.C., una gran cultura budista se desarrolló en el norte. Los mongoles invadieron el norte de India en el siglo XV y, en 1526, este país ya formaba parte de un gran imperio mongol.

◐ CIVILIZACIÓN DEL INDO

La antigua ciudadela de Mohenjo-daro tenía calles anchas, casas grandes, buenas cloacas, silos y un gran baño usado para ritos religiosos.

◑ ESTATUA DE ARCILLA

Entre las ruinas de Mohenjo-daro se encontraron bellas estatuas. Se cree que ésta pertenecía a un sacerdote o a un rey.

◐ EL TAJ MAHAL

De mármol blanco, el Taj Mahal (Agra, India) fue construido como sepulcro de Mumtaz Mahal, la esposa favorita del emperador Shah Jahan (1592–1666). Es unos de los edificios más bellos y famosos del mundo.

◐ DESFILE DEL DÍA DE LA INDEPENDENCIA

Soldados indios desfilan para celebrar la independencia del Reino Unido. En India, el servicio militar es voluntario.

⟳ MIGRACIONES MASIVAS

Cuando India y Pakistán alcanzaron la independencia en 1947, millones de musulmanes e hindúes tuvieron que emigrar. Los ataques a los refugiados causaron numerosos muertos.

⟳ EL EMPERADOR

Asoka reinó en el Imperio maurya (272–232 a.C.), conquistó muchos territorios y se convirtió al budismo.

En el siglo XVI, comerciantes europeos empezaron a llegar a la zona. Al entrar en crisis el Imperio mongol, la Compañía de las Indias Orientales Británicas se hizo con el control de muchos territorios. En 1857 hubo una rebelión contra la Compañía. A raíz de su fracaso, en 1858 el Reino Unido pasó a dominar toda la región. Durante la colonización se construyeron ferrocarriles, canales y redes telefónicas.

No obstante, los indios deseaban la independencia. A partir de 1920, Mohandas K. Gandhi (1869–1948), también conocido como «Mahatma Gandhi», se lanzó a una resistencia no-violenta. Tras la Segunda Guerra Mundial, el Reino Unido concedió la independencia a India. A causa de los conflictos entre hindúes y musulmanes, los dirigentes del país dividieron India en un Pakistán musulmán y una India básicamente hindú. Millones de personas emigraron y muchas fueron asesinadas.

También hubo conflictos en el noroeste, donde India y Pakistán aún luchan por Cachemira. Pakistán fue dividido en dos territorios separados: Pakistán Oriental y Occidental. En 1971 estalló una guerra civil y el lado oriental se convirtió en un país independiente: Bangladesh. En Afganistán, tropas soviéticas invadieron el país para sostener el régimen comunista, pero se retiraron en 1988, tras lo cual, los talibanes impusieron un régimen islámico muy estricto. En 2001, una coalición internacional y rebeldes afganos derrocaron a los talibanes.

En Sri Lanka, tamiles hindúes apoyan a una guerrilla separatista. Las relaciones entre India y Pakistán son difíciles por la cuestión de Cachemira. Ambos países poseen armas nucleares.

⟳ TEMPLO DORADO, AMRITSAR

Este templo, el más sagrado de los sijs, se levanta en Amritsar, en el noroeste de India. Los sijs representan un 2% de la población india.

⟳ LÍDERES NACIONALES

El presidente de Pakistán, Muhammad Ali Jinnah (1876–1948, a la derecha), junto al primer ministro indio, Jawaharlal Nehru (1889–1964, a la izquierda), en 1947.

CRONOLOGÍA

a.C.

2500	Civilización del valle del Indo.
330	Alejandro Magno alcanza el sur de India.
272	El Imperio budista unifica buena parte del sur de India (hasta 232).

d.C.

s. XIII	Los mongoles ocupan el norte de India.
1526	El Imperio mongol ocupa el sur de Asia.
1619	Los portugueses controlan la mayor parte de Ceilán (actual Sri Lanka).
1649	Se termina el Taj Mahal.
1757	La Compañía de las Indias Orientales Británicas controla el golfo de Bengala.
1802	Ceilán, colonia británica.
1858	India, bajo la corona británica.
1947	Independencia de India; el país se divide en dos estados: India y Pakistán; guerra en Cachemira.
1948	Asesinato de Mahatma Gandhi.
1971	Pakistán Oriental se convierte en Bangladesh.
1972	Ceilán: República de Sri Lanka.
1988	La URSS se retira de Afganistán.
2001	Los talibanes, derrocados por una coalición liderada por EE. UU.

ASIA
ORIENTAL

◗ MONJE BUDISTA, LHASA

Lhasa es la capital del Tíbet, una región de China cuyos habitantes aspiran a la independencia.

DATOS

CHINA
Zhonghua Renmin Gonghe Guo
SUPERFICIE: 9.596.961 km²
POBLACIÓN:
1.275 millones hab.
CAPITAL: Pekín
OTRAS CIUDADES: Shanghai, Tianjin, Shenyang, Wuhan
PUNTO MÁS ALTO: Everest (8.848 m)
LENGUA OFICIAL: chino mandarín
MONEDA: yuan

MONGOLIA
Mongol Uls
SUPERFICIE: 1.566.500 km²
POBLACIÓN: 2.500.000 hab.
CAPITAL: Ulan Bator
OTRAS CIUDADES: Darhan, Erdenet
PUNTO MÁS ALTO: montes del Altai (4.362 m)
LENGUA OFICIAL: jalka
MONEDA: tugrik

COREA DEL NORTE
Chosun Minchu-chui Inmin Konghwa-guk
SUPERFICIE: 120.528 km²
POBLACIÓN: 22.000.000 hab.
CAPITAL: Pyongyang
OTRAS CIUDADES: Hamhung, Cho'ngjin
PUNTO MÁS ALTO: monte Paektu, (2.744 m)
LENGUA OFICIAL: coreano
MONEDA: won

China es, con gran diferencia, el país más extenso de Asia oriental y el tercero del mundo después de Rusia y Canadá. China reclama la isla de Taiwan, aunque ésta ya es, de por sí, un país con gobierno propio. Asia oriental engloba, además, Corea del Norte, Corea del Sur, Mongolia, y Japón. Este último, sin embargo, se tratará por separado (véase página 182).

El sector occidental de esta región de Asia está compuesto por altas mesetas, cordilleras y desiertos. Entre el Tíbet y Nepal se alza el Everest, la montaña más alta del mundo. Los desiertos interiores son cálidos en verano, pero muy fríos en invierno. El desierto de Gobi, a caballo entre China y Mongolia, es uno de los más desolados de la Tierra.

El sector oriental comprende fértiles llanos, tierras altas y valles fluviales muy poblados. Tres grandes ríos cruzan el este de China: el Huang He (antaño llamado «río Amarillo»), el Chang Jiang (Yangtsé o río Azul) y el Xi Jiang. Corea del Norte y Corea del Sur se extienden sobre una accidentada península que sobresale del nordeste de China. La mayoría de los coreanos vive en los llanos y en la costa.

El Tíbet es una elevada meseta barrida por el viento, con inviernos muy rigurosos y veranos cortos y frescos. El norte y el noroeste son secos, con zonas de puro desierto o estepa. En el sudeste de China, los veranos son cálidos y los inviernos frescos. El nordeste, incluida la mayor parte de Corea, cuenta con inviernos fríos.

◖ BOSQUE DE PIEDRA

Caliza erosionada en forma de troncos de árbol: el bosque de piedra de Yunnan se extiende al sudeste de Kunming, sur de China.

◗ PANDA GIGANTE

Los pandas gigantes son raros. Viven en los bosques de bambú del sudoeste de China y están amenazados por la pérdida de su hábitat.

⊙ SEÚL, COREA DEL SUR
Seúl es la capital de Corea del Sur, una de las ciudades más grandes del mundo, y cuenta con numerosos edificios altos e industrias.

COREA DEL NORTE

MONGOLIA

⊙ HONG KONG
Antigua colonia británica, Hong Kong fue devuelta a China en 1997 y desde entonces es una región administrativa especial.

Amur Pequeño Hinggan
GRAN HINGGAN
PEQUEÑO HINGGAN
Lago Hovsgol
RUSIA
Qiqihar
HENTYN
Harbin
Darhan
Erdenet
Choybalsan
Tamsagbulag
Mudanjiang
Ulaangom
HANGAYN
MONGOLIA
Changchun
Jilin
Tonghua
Ch'ongjin
KAZAJSTÁN
Hovd
ALTAI
Ulan Bator
Fushun
Shenyang
Anshan
COREA
DEL NORTE
Hamhung
Wonsan
Lago Ulungur
Karamay
Chifeng
Jinzhou
Pyongyang
Kaesong
Lago Ebinur
Yining
Kuytun
Junggar Pendi
DESIERTO DE GOBI
Baotou
Dalian
Bahía de Corea
Seúl
COREA
DEL SUR
Urümqi
Hami
Dalardzadgad
Pekín
Tangshan
Golfo de Bo
Weihai
Pusan
TIAN SHAN
Aksu
Lago Bosten
Shizuishan
Tianjin
Yantai
MAR
AMARILLO
Kwangju
KIRGUIZISTÁN
Kashi
Shijiazhuang
Zibo
Qingdao
DESIERTO DE TAKLA MAKÁN
Yumen
Yinchuan
Taiyuan
Jinan
Cheju
MAR DE CHINA ORIENTAL
ALTUN SHAN
QILIAN SHAN
Xining
Lanzhou
Huang He
Xuzhou
Lago Hongze
Nantong
K2 8.610 m
Hotan
KUNLUN SHAN
Lago Qinghai
Huang He
Zhengzhou
Nanjing
Shanghai
KARAKÓRUM
Xi'an
CHINA
Lago Chao
Hangzhou
INDIA
MESETA DEL TÍBET
BAYAN HAR SHAN
Macheng
Yichang
Wuhan
Lago Poyang
Ningbo
Linhai
PEKINÉS
HIMALAYA
Lago Siling
TANGGULA SHAN
Lago Nam
Qamdo
SICHUAN PENDI
Chengdu
Chang Jiang
Lago Dongting
Nanchang
Wenzhou
Lago Tangra
Everest 8.848 m
Lhasa
Xigaze
Leshan
Chongqing
Changsha
Fuzhou
NEPAL
Selwuan
DALOU SHAN
Luzhou
Hengyang
Zhangzhou
Estrecho de Taiwan
BUTÁN
Xiaguan
AILAO SHAN
Kunming
Guiyang
NAN-LING
Xi Jiang
Guangzhou
Zhangjiang
Xiamen
Shantou
Taipei
TAIWAN
Kaohsiung
MYANMAR (Birmania)
Gejiu
Liuzhou
Nanning
Macao
Hong Kong
Mekong
Pingxiang
Zhanjiang
VIETNAM
Golfo de Tonkín
Haikou
Hainan
LAOS

N
O E
S

COREA DEL SUR

CHINA

⊙ LA GRAN MURALLA
Con sus 7.400 km de longitud, la Gran Muralla china fue levantada para impedir invasiones del norte.

TAIWAN

⊙ SHANGHAI
Shanghai es la mayor ciudad de China, su puerto más activo y una ciudad industrial.

◊ KOWLOON, HONG KONG
Hong Kong está formada por 235 islas y un área de tierra firme, donde se extiende Kowloon, una zona muy activa llena de tiendas e industrias.

◊ RECOLECCIÓN DE TÉ
El té es uno de los principales cultivos en el sur de China, el segundo mayor productor del mundo después de India.

DATOS

COREA DEL SUR
Daehan Min-Kuk
SUPERFICIE: 99.274 km²
POBLACIÓN: 47.600.000 hab.
CAPITAL: Seúl
OTRAS CIUDADES: Pusan, Taegu
PUNTO MÁS ALTO: Halla-san (1.950 m)
LENGUA OFICIAL: coreano
MONEDA: won

TAIWAN
Chung-hua Min-kuo
SUPERFICIE: 36.179 km²
POBLACIÓN: 22.300.000 hab.
CAPITAL: Taipei
OTRAS CIUDADES: Kao-hsiung, T'ai-tung
PUNTO MÁS ALTO: Yu Shan (3.997 m)
LENGUA OFICIAL: chino mandarín
MONEDA: nuevo dólar taiwanés

En los últimos años, Asia oriental ha sufrido numerosos conflictos. Uno de ellos afecta a Taiwan, que, desde 1949, al tomar los comunistas chinos el poder, ha sido el refugio de los nacionalistas, fundadores de la «otra» República de China. El gobierno chino reclama Taiwan, pero los habitantes de la isla se oponen a la unión con China. Aparte de este conflicto, se han solucionado algunos viejos problemas coloniales: en 1997, el Reino Unido devolvió Hong Kong a China, y en 1999 Portugal hizo lo propio con Macao, un pequeño territorio enclavado en el sudeste. Además, en 1998, China y Rusia resolvieron sus problemas fronterizos.

La cuestión tibetana no tiene solución a corto plazo. El Tíbet forma parte de China desde la década de 1950; muchos desean obtener la independencia de nuevo y esperan el retorno del exilio de su líder: el Dalai Lama.

◊ PESCA CON PÁJAROS
Para la pesca en aguas interiores, los pescadores chinos entrenan a unas aves acuáticas llamadas cormoranes.

◊ LA BOLSA DE HONG KONG
Hong Kong es uno de los centros financieros más importantes del mundo.

La frontera entre Corea del Norte y Corea del Sur aún es motivo de disputa. Después de la Segunda Guerra Mundial, Corea del Norte se convirtió al comunismo y Corea del Sur, apoyada por Estados Unidos, se alió con Occidente. De 1950 a 1953, la guerra de Corea causó una gran destrucción: desde entonces, el país está dividido. Corea del Sur es una democracia, como Mongolia, que fue comunista hasta 1990. China y Corea del Norte poseen regímenes comunistas.

◊ LEÓN DORADO
Este león dorado es una de las muchas estatuas de la Ciudad Prohibida de Pekín, un enorme complejo de palacios de emperadores.

⟳ MERCADO, PEKÍN
Los chinos de las áreas rurales acuden a las ciudades para vender en los mercados productos como verduras, aves y otros animales que se cocinan o se comen con arroz o pasta.

⟳ ARROZ

⟳ CAMELLO DE JADE
Desde tiempos inmemoriales, los chinos han extraído jade, que han usado para labrar bonitas esculturas. Este camello tiene más de 1.000 años.

Cerca de un 70% de la población de Asia oriental (salvo Japón) trabaja en la agricultura. China cuenta con sólo un 10% de campo cultivado, y, aun así, el país es un gran productor de arroz, batata, té y trigo. Además, China cría una tercera parte del ganado porcino de todo el mundo.

Sólo un 29% de la población china vive en áreas urbanas, si bien más de 30 ciudades superan el millón de habitantes. Entre los recursos económicos destacan el carbón y el petróleo. Aunque mucha población es pobre, China se desarrolla rápidamente.

En el este existen «zonas económicas especiales» con muchas industrias, financiadas en parte con capital extranjero.

Corea del Sur y Taiwan son importantes países industriales. Corea del Norte también posee industrias, aunque allí el nivel de vida es muy inferior.

⟳ IMPRENTA, COREA DEL SUR
La impresión de libros, periódicos y revistas es muy importante para la educación del pueblo. La mayoría de los asiáticos cree que la formación es vital para el progreso de sus países.

⟳ JUNCO CHINO
Los juncos son barcos de madera de dos o más velas usados tradicionalmente por los chinos y otros pueblos de Asia oriental. Hay gente que vive en ellos.

177

◑ COMIDA CHINA

En el sur se come arroz, pero en el norte se prefiere el trigo. La verdura, el tocino y las aves también son populares.

◐ VIDA SOBRE EL AGUA

En la mayoría de las ciudades chinas, la vivienda escasea y hay gente que vive en barcas. Algunas zonas del país poseen la mayor densidad de población del mundo.

En China vive más de una quinta parte de la población mundial. La tasa de natalidad era tan alta que el gobierno tuvo que tomar medidas para reducir el crecimiento demográfico. Así, por ejemplo, se fomenta que las parejas sólo tengan un hijo; las mujeres no pueden casarse hasta los 20 años de edad y los hombres hasta los 22.

Cerca del 92% de la población china pertenece al grupo han. Su lengua, el chino, siempre se escribe de la misma manera, aunque el chino hablado tiene muchos dialectos. Con frecuencia, los habitantes de una parte del país no entienden a los de otras partes. El dialecto del norte, también llamado *mandarín*, es la lengua oficial del país.

Además de los han, en China viven 55 etnias minoritarias. Algunas hablan dialectos del chino; mientras que otras tienen su propia lengua. Entre las minorías importantes destacan los kazakos y uigures del noroeste, y los tibetanos del sudoeste.

Los gobiernos comunistas de Asia oriental han intentado alejar al pueblo de la religión. No obstante, mucha gente profesa el budismo, el confucianismo, o el taoísmo, y a veces una mezcla de las tres. En el oeste de China y Mongolia viven algunos musulmanes, y un cuarto de los coreanos del sur es cristiano.

◐ LUCHA SIN ARMAS

El kung-fu es una forma china de karate. A diferencia de los golpes directos típicos del karate clásico, en el kung-fu los movimientos son circulares.

◑ NIÑOS PRODIGIO

Los niños chinos con capacidades especiales reciben clases el fin de semana. Algunos aprenden a tocar la piba, un instrumento de cuerda.

◒ YURT, MONGOLIA

La casa tradicional de los pastores de Mongolia es el yurt, una tienda de fieltro que se desmonta fácilmente para plantarse en otro sitio.

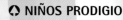

☼ MONJE BUDISTA

En China (incluido el Tíbet), Corea del Sur y Mongolia se practican varias formas de budismo.

Asia oriental posee una larga tradición artística. Entre el antiguo arte chino destacan las estatuas de jade y la cerámica. De China también sobresalen la literatura, las acuarelas, la escultura, la música, el teatro y los bordados.

Los pasatiempos de la gente son muy variados: algunos chinos se levantan a primera hora de la mañana y practican unos ejercicios conocidos como *taichi*, y entre los deportes figuran el béisbol, el baloncesto, el fútbol, el tenis de mesa y el voleibol.

En las regiones del sur, el arroz es un alimento básico, aunque en el norte predomina el trigo. El tocino y las aves son carnes habituales, mientras que los tallos de bambú, los repollos y el *tofu* (cuajada de soja) son

☼ FIESTA DE VERANO

Cada mes de mayo, Hong Kong celebra regatas de piraguas con forma de dragón. Tras las regatas tienen lugar exhibiciones de artes marciales y obras de teatro en la calle. En los dragones, los participantes toman una suerte de albóndigas y cacahuetes asados. De noche se lanzan fuegos artificiales.

alimentos populares entre los vegetarianos. El pato de Pekín es un plato especial a base de lonchas de pato asado envueltas en finas creps. En Corea se come el *kimchi*, una picante mezcla de repollo, rábano y otras hortalizas. El té es la bebida principal.

☼ ESCRITURA CHINA

La lengua china se escribe con caracteres que significan palabras o parte de ellas.

☼ PLAZA DE TIANANMEN, PEKÍN

En la plaza de Tiananmen se lanzan fuegos artificiales y se celebran desfiles. La plaza se extiende entre la Ciudad Prohibida y el Parlamento.

☼ ÓPERA CHINA

La ópera de Pekín combina el drama con canciones y danzas. Los actores se maquillan y llevan un vestuario muy elaborado.

☼ JARRÓN QING

Durante toda su historia, los artistas chinos han realizado obras de cerámica. La primera época de la dinastía Qing, que comenzó en 1614, nos ha legado estupendos jarrones como éste.

179

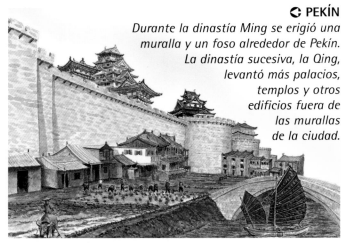

◐ PEKÍN

Durante la dinastía Ming se erigió una muralla y un foso alrededor de Pekín. La dinastía sucesiva, la Qing, levantó más palacios, templos y otros edificios fuera de las murallas de la ciudad.

Las civilizaciones más antiguas se desarrollaron en los fértiles valles del este de China hace unos 3.500 años. La historia del país, desde el siglo XVIII a.C. hasta 1912, se divide en dinastías, esto es, el reinado de los miembros de una familia determinada.

La dinastía Qin (221–206 a.C.) fue la primera que estableció un gobierno central fuerte en el este de China. La dinastía sucesiva, la Han, creó un gran imperio de extensión comparable a la del Imperio romano. En el siglo XII, el país cayó bajo el dominio de los mongoles, quienes impusieron a la dinastía Yuan. El Imperio mongol se extendía desde Corea hasta Europa oriental. Aun así, en 1368, se restauró el gobierno de origen chino.

En el siglo XVIII, una dinastía manchú, la Qing, tomó las riendas del país. En 1895, cuando China fue derrotada por Japón, que, a su vez, ocupó Corea en 1910, el poder manchú se debilitó. El Imperio terminó en 1912, al convertirse China en una república. Japón invadió Manchuria en 1931, y luchó con los chinos de 1937 a 1945.

Tras la Segunda Guerra Mundial prosiguió la guerra civil entre nacionalistas y comunistas. Estos, liderados por Mao Tse-tung (1893–1976), tomaron el control de la China continental en 1949, y los nacionalistas de Chiang Kai-shek (1887–1975) se retiraron a Taiwan.

Los gobiernos comunistas de China, Corea del Norte y Mongolia se apropiaron de las tierras y de las industrias. Aunque las condiciones de vida de mucha población pobre mejoraron, los comunistas eliminaron a todos sus adversarios.

◑ EJÉRCITO DE TERRACOTA, XIANYANG

En la cámara funeraria del emperador Qin, Shi Huangdi, se hallaron miles de guerreros de arcilla a tamaño natural.

◑ LA RUTA DE LA SEDA

La Ruta de la Seda era una larga y ardua vía comercial entre China y Siria que se utilizó desde la época romana y que atravesaba montañas y desiertos.

◐ EMPERADOR MANCHÚ

Los manchúes impusieron la dinastía Qing. Sólo el emperador podía vestir un traje bordado con un dragón de cinco garras.

◐ EL PUERTO DE CANTÓN

Cantón (hoy Guangzhou) es un puerto de China al noroeste de Hong Kong. En el siglo XIX, era el único puerto chino abierto a los occidentales.

☉ EL ÚLTIMO EMPERADOR

Pu Yi fue el último emperador de China. Cuando fue coronado, en 1908, tenía sólo dos años.

Algunas reformas políticas causaron graves crisis económicas. En la década de 1980, China emprendió reformas de carácter económico y favoreció la implantación de compañías extranjeras, si bien los comunistas siguieron gobernando el país.

En 1990, Mongolia celebró elecciones libres, tras las cuales, se formó un gobierno democrático. Corea del Sur, Taiwan, y la colonia británica de Hong Kong crearon industrias de tecnología punta que ayudaron a su rápido desarrollo. En 1997, Hong Kong, colonia británica desde 1842, fue devuelta a China y pasó a ser una «región administrativa especial» que aún conserva muchas leyes de la antigua legislación británica.

☉ MAO TSE-TUNG

Mao Tse-tung se convirtió en el presidente de China cuando los comunistas tomaron el poder en 1949. Murió en 1976.

☉ LA LARGA MARCHA

En la década de 1930, atacados por los nacionalistas, los comunistas chinos emprendieron la Larga Marcha hacia el norte, en la que Mao Tse-tung destacó como líder comunista.

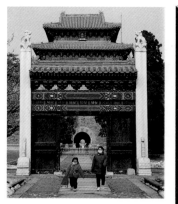

☉ TUMBA MING

Muchos chinos y extranjeros visitan las tumbas de la dinastía Ming, que reinó de 1368 a 1644.

☉ DENG XIAOPING

A partir de 1976, Deng Xiaoping llevó a cabo reformas económicas en China.

CRONOLOGÍA

a.C.

s. XVIII Primera gran civilización de Asia oriental en el valle del Huang He.

214 Unificación de China bajo el emperador Shi Huangdi; se alza la Gran Muralla y se unen sus partes.

202 La cultura china florece bajo la dinastía Han (hasta 220 d.C.).

d.C.

1279 Los mongoles dominan Mongolia, Corea y China.

1368 Desarrollo de la cultura china bajo la dinastía Ming (hasta 1644).

1644 Dominio manchú en China, Mongolia y Corea (hasta 1910, cuando Japón ocupa la península).

1912 Fundación de la República de China.

1937 China en guerra contra Japón (hasta 1945).

1949 Los comunistas fundan la República Popular de China.

1950 Guerra de Corea (hasta 1953).

1989 Masacre estudiantil en la plaza de Tiananmen, Pekín.

1997 El Reino Unido devuelve Hong Kong a China.

1999 Portugal devuelve Macao a China.

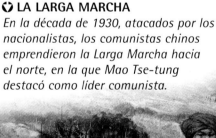

181

JAPÓN

DATOS

JAPÓN
Nihon, o Nippon Koku
SUPERFICIE: 377.801 km²
POBLACIÓN:
127.000.000 hab.
CAPITAL: Tokio
OTRAS CIUDADES: Osaka,
Yokohama, Nagoya
PUNTO MÁS ALTO: monte Fuji
(3.776 m)
LENGUA OFICIAL: japonés
MONEDA: yen

◯ FLORES DE PRIMAVERA
*Cada primavera, el florecimiento de los cerezos,
primero en el cálido sur y luego en el norte,
da inicio a una serie de fiestas de primavera.*

◯ ESTATUA BUDISTA, KYOTO
*Muchos japoneses profesan
una mezcla de sintoísmo y
budismo, las dos principales
religiones del país.*

Japón forma parte de Asia oriental, y se compone de cuatro islas principales y miles de islas pequeñas. Las islas principales son, por orden de extensión, Honshu (la mayor), Hokkaido, Kyushu, y Shikoku (la menor). En ellas vive más del 98% de la población japonesa.

Al sur de Shikoku se encuentran las islas Ryukyu, y al sur de Tokio, las Bonin. El país es muy montañoso, aunque existen pequeños y fértiles llanos densamente poblados en las áreas costeras. El monte Fuji, un volcán inactivo, es el pico más alto de Japón. La mayor parte de los ríos del país son cortos y de fuerte pendiente.

El clima varía de norte a sur. Hokkaido, en el norte, posee inviernos fríos con mucha nieve, mientras que los inviernos de Kyushu y Shikoku son moderados. Estas islas, además, gozan de veranos largos y calurosos. Las lluvias abundan en el norte y los bosques cubren casi dos tercios de la región. En el norte crecen coníferas como el abeto o la pícea, y en el centro y sur del país, caducifolios como el arce o el roble. Entre los animales salvajes figuran el oso, el ciervo, y el macaco japonés, aunque cabe destacar que, en el planeta, no existen monos más al norte de Japón.

En los mares que rodean las islas, viven ballenas, delfines y muchas clases de peces. En el país viven, además, muchas aves acuáticas, como el cormorán, que se emplea para pescar.

Japón se sitúa en el llamado *cinturón de fuego,* a lo largo del cual la placa del Pacífico se hunde bajo la euroasiática, provocando terremotos como el de 1923, que destruyó Tokyo y Yokohama, y causó 100.000 muertos. Los terremotos que se originan frente a la costa desencadenan olas gigantes o *tsunamis*, que al llegar a tierra provocan una gran destrucción. El terremoto de 1923 generó un *tsunami* de 11 m de altura.

◯ LAS LUCES DE TOKIO
*Tras los graves daños sufridos en el terremoto de 1923 y en
la Segunda Guerra Mundial, Tokio es ahora un moderno y
próspero centro financiero y una ciudad densamente poblada.*

⟳ BAÑOS CALIENTES

Los macacos japoneses son monos largos que viven en la isla de Hokkaido, en el extremo norte de Japón. Cuando hace frío, a veces se bañan en fuentes de agua caliente conocidas como onsen.

⟳ LA DESTRUCCIÓN DE UN TERREMOTO

Un fuerte terremoto sacudió Kobe en 1995 y causó más de 5.000 muertos.

JAPÓN

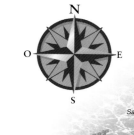

⟳ LOS BONSÁIS

Los jardineros nipones han perfeccionado el arte de cultivar árboles en miniatura, que se conocen como bonsáis.

⟳ LA ISLA DE KYUSHU

Kyushu es la más meridional de las cuatro islas principales de Japón. Su clima es más templado que el del norte del país.

⟳ PEZ GLOBO

Denominado también fugu, *este pez venenoso es un plato selecto en Japón. Los chefs deben practicar al menos tres años para aprender a extirpar las partes venenosas del pez.*

⟳ EL MONTE FUJI

Conocido también como «Fujiyama» o «Fuji-san», este volcán es el pico más alto de Japón (3.776 m). Su última erupción tuvo lugar en 1708.

FAROLILLOS DE PAPEL
Japón produce madera, pasta de madera y papel. Entre los derivados de la madera figuran los farolillos o las paredes correderas utilizadas en las casas.

ROBOTS EN LAS FÁBRICAS
Los robots han contribuido a que Japón se haya convertido en el primer productor de coches del mundo, aunque también exporta camiones y motocicletas. El uso de tecnología moderna reduce los costes y el precio final de los productos.

Durante un largo período de su historia, Japón ha sido gobernado por emperadores, que gozaban de un gran poder. Antes y durante la Segunda Guerra Mundial, se consideró al emperador Hiro Hito como un dios. Tras la guerra, Japón se convirtió en una monarquía constitucional y el emperador, en un símbolo del estado relegado a representar al país en las ceremonias. Japón posee una dieta o parlamento bicameral cuyos miembros eligen al primer ministro.

PLANTACIÓN DE TÉ
Japón es uno de los mayores productores mundiales de té. En cada comida se bebe té verde.

Los nipones viven en el octavo país más poblado del mundo. Aunque las áreas montañosas están muy deshabitadas, las llanuras costeras figuran entre las áreas más densamente pobladas del planeta. Cerca del 78% de la población habita en zonas urbanas, y 11 ciudades del país superan el millón de habitantes.

Japón carece de recursos naturales y debe importar alimentos y muchos materiales necesarios para su industria. Aun así, es el segundo país, tras Estados Unidos, en cuanto a la producción de bienes y servicios. Sólo el 15% de la tierra está cultivada, aunque, con la ayuda de métodos científicos intensivos, los agricultores japoneses alcanzan una gran productividad. Japón produce cerca del 70% de sus necesidades alimentarias. El arroz es el principal cultivo, aunque otros alimentos importantes son los huevos, la fruta, la carne, la leche y las hortalizas. Japón ocupa el cuarto lugar del mundo en volumen de capturas pesqueras. El arroz, el pescado y las verduras son habituales en los platos japoneses, como el popular *sushi*.

EL SUSHI
El sushi, un delicioso plato muy popular, consiste en rollitos de arroz aderezados con vinagre, pescado crudo, marisco y pepinillos.

LA CAZA DE LA BALLENA
Las ballenas son una importante fuente de alimento y de aceite, y, si bien las leyes internacionales han forzado a Japón a reducir las capturas, su caza es motivo de fiesta.

JUEGOS DE ORDENADOR
Los productos electrónicos japoneses de alta tecnología, como los juegos de ordenador, se venden en todo el mundo.

EL PUENTE DE AKASHI KAIKYO
Terminado en 1998, este puente comunica las islas de Awaji y Honshu, y es el puente colgante más largo del mundo.

El país constituye una de las grandes potencias industriales y comerciales del planeta: encabeza la producción de coches, barcos y acero, y destaca como productor de vehículos comerciales, ordenadores, equipos electrónicos y aparatos de línea blanca, como frigoríficos, congeladores y lavadoras. Japón también cuenta con una importante industria química y otra más tradicional, la de la seda.

Además, el estado importa carbón y petróleo para las centrales térmicas, aunque posee centrales nucleares y, junto a muchos ríos, centrales hidroeléctricas. Japón cuenta con una de las mejores redes de transporte y con una de las flotas mercantes más extensas del mundo.

EL MAGLEV
Los trenes Maglev (levitación magnética) flotan sobre un raíl fijo sin tocarlo y pueden alcanzar los 500 km/h. Japón cuenta con una extensa red ferroviaria de trenes de cercanías.

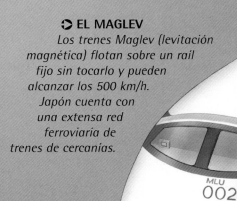

ABANICO DECORADO
El abanico plegable se inventó en Japón hace unos 1.300 años, y hoy lo usan los animadores.

CÁMARAS DIGITALES
Japón fabrica instrumentos de precisión de alta calidad, como cámaras fotográficas, lentes, cámaras de vídeo, y grabadoras.

CULTIVO DE OSTRAS
Los japoneses cultivan ostras como alimento y como fuente para la obtención de perlas preciosas.

185

◔ LA CEREMONIA DEL TÉ

De la tradicional ceremonia del té se encargan las geishas, quienes aprenden desde jóvenes a entretener a los invitados con música, danzas y conversaciones.

Casi el 99% de los habitantes de Japón son japoneses. Las principales minorías son los ainu (muchos de los cuales viven en Hokkaido), los coreanos y los chinos. Algunos eruditos creen que los ainu fueron los primeros habitantes de las islas. El japonés es la lengua oficial del país, aunque posee varios dialectos. El de Tokio es la forma estándar empleada en la radio y en la televisión. Las religiones más extendidas son el sintoísmo y el budismo.

El béisbol y el sumo son los deportes preferidos de los japoneses, junto a artes marciales como el judo, el karate o el kendo (un tipo de esgrima). Los nipones también destacan en el golf, el esquí, el tenis y el voleibol. La caligrafía, la música y la danza son representaciones artísticas muy comunes en Japón.

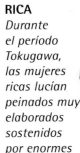

◑ MUJER RICA

Durante el período Tokugawa, las mujeres ricas lucían peinados muy elaborados sostenidos por enormes alfileres.

◖ SAMURÁI JAPONÉS

En la Edad Media, los samuráis eran caballeros o guerreros profesionales.

El teatro goza de mucha popularidad. Las antiguas obras *noh* son interpretadas por actores enmascarados, mientras que en los melodramáticos *kabuki* se usan decorados espectaculares. Desde la Segunda Guerra Mundial, el cine japonés se ha popularizado en todo el mundo; muchas películas narran la historia de los guerreros samuráis y de los *shogun* (generales que gobernaban en nombre del emperador). Otras formas artísticas son la arquitectura, la literatura, la pintura y la escultura.

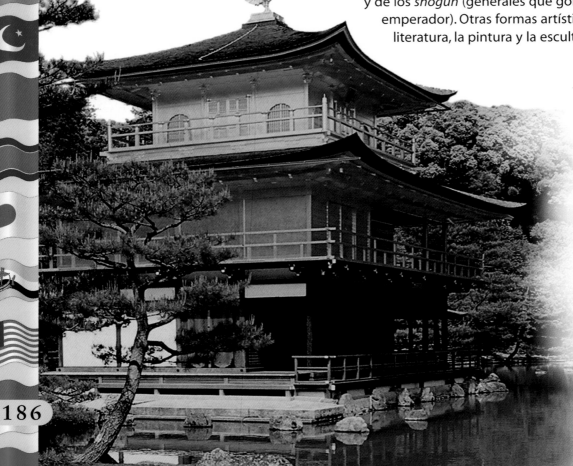

◔ CARPA KOI

Las bellas carpas koi se crían para decorar los tranquilos estanques de los jardines ornamentales japoneses.

◖ TEMPLO DEL PABELLÓN DE ORO, KYOTO

Kyoto, capital de Japón desde el año 794 al 1868, todavía conserva bellos edificios antiguos, como este magnífico templo, reconstruido en 1955 tras un incendio devastador.

La historia moderna de Japón comenzó cuando los navegantes portugueses alcanzaron las islas en 1543. Los japoneses temían que la introducción del cristianismo ayudara a los europeos a dominar el territorio, así que en la década de 1630, Japón se aisló del resto del mundo y, hacia 1640, el cristianismo ya casi había desaparecido.

En 1853, Estados Unidos forzó al *shogunato* de Tokugawa a abrir sus puertos al comercio estadounidense. Tras la restauración de los poderes del emperador en 1867, Japón modernizó su economía y creó industrias, con lo que aumentó su poder militar y desencadenó las victorias contra China y Rusia.

En la Primera Guerra Mundial (1914–1918), los nipones se pusieron del lado de los aliados. En 1931, Japón ocupó Manchuria; en 1937, buena parte de China y, durante la Segunda Guerra Mundial, hasta su derrota en 1945, el Sudeste asiático y el Pacífico occidental. En la década de 1950, el país recompuso su industria y, desde entonces, constituye una de las mayores potencias económicas del planeta.

FARO RECORDATORIO
En 1945, Estados Unido lanzó bombas atómicas sobre Hiroshima y Nagasaki. La terrible destrucción condujo a la rendición de Japón.

COCHE BLINDADO
La invasión japonesa de China en 1937 fue un preludio de la Segunda Guerra Mundial (1939–1945).

LUCHADORES DE SUMO
Una forma de lucha llamada sumo *es uno de los deportes más populares de Japón.*

HIROSHIGE, OLAS AGITADAS POR EL VIENTO EN SHICHI-RI
Hiroshige (1797–1858) fue uno de los mejores artistas japoneses del siglo XIX.

KABUKI
En los tradicionales kabuki, *los actores gesticulan de forma exagerada y lucen un vestuario muy elaborado.*

CRONOLOGÍA

a.C.

660	Según la leyenda, Jimmu Tenno, primer emperador de Japón.

d.C.

300	El reino de Yamato unifica Japón.
600	El príncipe Shotoku hace del budismo la religión oficial y establece la primera constitución.
710	Nara, capital nipona.
785	Heian (hoy Kyoto), capital de Japón (hasta 1868).
1192	Se nombra el primer *shogun* o general.
1274	Invasión mongol frustrada por un tifón.
1600	Período Tokugawa de aislamiento del país (hasta 1867).
1854	El comandante americano Matthew C. Perry abre dos puertos japoneses al comercio.
1867	Fin de los *shogun*.
1904	Guerra contra Rusia (hasta 1905): victoria de Japón.
1914	Primera Guerra Mundial (hasta 1918): Japón junto a los aliados.
1937	Japón, en guerra contra China.
1939	Segunda Guerra Mundial (hasta 1945): Japón, con Alemania; bombas atómicas en Hiroshima y Nagasaki.
1947	Japón adopta una constitución democrática.
1989	Muere el emperador Hiro Hito; le sucede su hijo Aki Hito.

SUDESTE ASIÁTICO

☉ SERPIENTE PITÓN RETICULADA
La pitón reticulada del Sudeste asiático puede alcanzar los 9 m de longitud.

☉ ORANGUTÁN
Los orangutanes viven en Borneo y en Sumatra. La destrucción de la selva los está diezmando.

☉ RANGÚN, MYANMAR
Las pagodas son torres de templos budistas. Su forma se basa en la stupa india, que cubre los restos de un rey o de un hombre santo.

El Sudeste asiático se extiende sobre una gran península adosada a India y a China, y sobre miles de islas situadas al este y al sur de tierra firme. Al igual que Asia oriental, el Sudeste asiático engloba países que han experimentado un rápido desarrollo, como Singapur, Tailandia o Malasia.

La península presenta fértiles llanuras, donde se concentra la mayoría de la población, y algunas áreas montañosas. La región es avenada por varios ríos de notable longitud, el más largo de los cuales, el Mekong, nace en el Tíbet, cruza Laos, Tailandia y Camboya, y forma un extenso delta en Vietnam. Myanmar (Birmania, hasta 1989) es atravesado por el Ayeyarwadi (antiguo Irrawaddy). En su delta se extiende uno de los mayores arrozales del mundo.

Malasia comprende un sector peninsular y una parte de la isla de Borneo. El pequeño estado de Singapur está formado por unas 50 islas; mientras que el archipiélago de las Filipinas incluye unas 7.100, e Indonesia, unas 13.600. Filipinas e Indonesia son regiones muy montañosas y propensas a los terremotos; además, muchos de sus picos más altos son volcanes activos. Algunas erupciones volcánicas de la era contemporánea (Tambora, 1815; Krakatoa, 1883; monte Merapi, 1931; Pinatubo, 1991) han tenido lugar en esta zona.

El Sudeste asiático posee altas temperaturas y lluvia abundante durante todo el año; sin embargo, mientras que buena parte de la península tiene un clima monzónico con una estación húmeda y otra seca, las islas meridionales reciben lluvia perpetuamente. Por este motivo, las áreas más húmedas comprenden selvas tropicales con una gran diversidad de flora y fauna. En muchas costas crecen bosques de manglares.

DATOS

BRUNÉI
Negara Brunei Darussalam – State of Brunei Darussalam
SUPERFICIE: 5.765 km²
POBLACIÓN: 344.000 hab.
CAPITAL: Bandar Seri Begawan
OTRAS CIUDADES: Seria, Kuala Belait
PUNTO MÁS ALTO: Bukit Betalong (913 m)
LENGUAS OFICIALES: malayo, inglés
MONEDA: dólar de Brunéi

CAMBOYA
Preah Reach Ana Pak Kampuchea
SUPERFICIE: 181.035 km²
POBLACIÓN: 12.700.000 hab.
CAPITAL: Phnom Penh
OTRAS CIUDADES: Kampong Cham, Batdambang
PUNTO MÁS ALTO: Phnum Aôral (1.813 m)
LENGUA OFICIAL: khmer
MONEDA: riel

INDONESIA
Republik Indonesia
SUPERFICIE: 1.904.569 km²
POBLACIÓN: 212.000.000 hab.
CAPITAL: Yakarta
OTRAS CIUDADES: Bandung, Surabaya, Medan
PUNTO MÁS ALTO: Puncak Jaya (5.030 m)
LENGUA OFICIAL: indonesio bahasa
MONEDA: rupia indonesia

LAOS
Saathiaranarath Prachhathipatay Prachhachhon Lao
SUPERFICIE: 236.800 km²
POBLACIÓN: 5.600.000 hab.
CAPITAL: Vientiane
OTRAS CIUDADES: Savannakhet, Luang Prabang
PUNTO MÁS ALTO: monte Bia (2.817 m)
LENGUA OFICIAL: lao
MONEDA: kip

LAGOS EN CRÁTERES
Los cráteres de algunos volcanes de Indonesia están llenos de un agua de color brillante rica en minerales.

MEZQUITA, BRUNÉI
Dos tercios de la población de Brunéi son musulmanes. El islam también es la principal religión de Indonesia.

MYANMAR

LAOS

CAMBOYA

MALASIA

VIETNAM

FILIPINAS

INDONESIA

TAILANDIA

SINGAPUR

BRUNÉI

MONTAÑAS DE VIETNAM
Panorámicas montañas se elevan a lo largo de las fronteras de Vietnam con China, Laos y Camboya. No obstante, la mayoría de la población vive en las tierras bajas.

TIMOR ORIENTAL

Map labels:
MYANMAR (BIRMANIA), CHINA, Mandalay, Hanoi, Haiphong, ARAKAN YOMA, PEGU YOMA, ARDANNABELY YOMA, Akyab, Luang Prabang, LAOS, Vientiane, Yangon (Rangún), Chiang Mai, Pathen, Mawlamyine, TAILANDIA, Nakhon Ratchasima, Da Nang, BILAUKTAUNG, Tavoy, Bangkok, CAMBOYA, TONLE SAP, Nha Trang, Mergui, Phnom Penh, VIETNAM, Ho Chi Minh, Golfo de Tailandia, Phuket, George Town, Kuala Terengganu, MALASIA, Ipoh, Kelang, Medan, Kuala Lumpur, Johor Baharu, SINGAPUR, Sumatra, Natuna, Bandar Seri Begawan, BRUNÉI, SABAH, Sandakan, SARAWAK, Kapuas, Pontianak, BORNEO, Balikpapan, Pádang, Hari, MONTES BARISAN, Jambi, Bangka, Palembang, Belitung, Barito, Banjarmasin, INDONESIA, Yakarta, MAR DE JAVA, Semarang, Bandung, Java, Surabaya, Malang, Maiang, Bali, Lombok, Sumbawa, Flores, Ende, Sumba, Kupang, MAR DE FLORES, Wetar, Dili, TIMOR ORIENTAL, MAR DE BANDA, Islas Tanimbar, Laoág, Luzon, Pinatubo 2.122 m, Manila, Mindoro, FILIPINAS, Panay, Iloilo, Tacloban, Cebu, Palawan, Negros, Bohol, MAR DE SULÚ, Mindanao, Davao, Zamboanga, Apo 2.954 m, Kinabalu 4.094 m, MAR DE CÉLEBES, Manado, MAR DE LAS MOLUCAS, Halmahera, Sorong, Moluccas, Celebes, Palu, Buru, MAR DE CERAM, Seram, Ambon, Islas Aru, Ujung Pandang, Baubau, Puncak Jaya 5.030 m, Jayapura, NUEVA GUINEA, Digul, PAPÚA NUEVA GUINEA

PENANG, MALASIA
La isla de Penang está situada en la costa noroeste de Malasia. En el siglo XIX, George Town, su puerto principal, fue un destacado centro comercial. Hoy, la isla es un importante destino turístico.

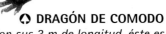

DRAGÓN DE COMODO
Con sus 3 m de longitud, éste es el lagarto más largo del planeta.

189

⊃ CRIBA DE RUBÍES
Los rubíes más finos del mundo se encuentran en los ríos de Myanmar, así como en Tailandia.

⊃ RECOLECCIÓN DE COCOS
En Tailandia se entrena a los monos para recoger cocos.

⊃ ESTATUA DE PALACIO
El Palacio Real de Bangkok cuenta con muchas estatuas que resaltan la elegancia del pueblo tai.

⊃ TURISMO
En Tailandia, el turismo emplea a una parte importante de la población. La isla de Bali, en Indonesia, Malasia y Filipinas también atraen a numerosos turistas.

El Sudeste asiático comprende 11 estados. Camboya, Malasia y Tailandia son monarquías con parlamentos electos. Brunéi, en cambio, es un sultanato, cuyo sultán o príncipe se ha convertido en uno de los hombres más ricos del mundo gracias al petróleo.

En general, la mayoría de los países de la región son repúblicas, si bien no todas democráticas. Vietnam tuvo un gobierno comunista tras su reunificación en 1975, aunque posteriormente se orientó hacia una economía de mercado. Filipinas y Singapur cuentan con un régimen multipartidista y una economía basada en sus exportaciones, y Myanmar posee un gobierno militar.

El país más extenso de la zona es Indonesia, el estado islámico más poblado del mundo. Sus minorías étnicas y religiosas, como los aceh en Sumatra, los cristianos en Maluku, y los habitantes de Timor Oriental, han sido duramente reprimidas. Timor Oriental, ocupado por Indonesia tras la marcha de los portugueses en 1975, accedió a la independencia en 2002. Por aquel entonces, Indonesia ya había derrocado a su autoritario presidente Suharto (en el gobierno de 1967 a 1998). En un estado tan multiétnico, donde existen más de 200 grupos, la unidad nacional es difícil.

Casi la mitad de la población del territorio es campesina y muy pobre. El arroz es el principal cultivo en Indonesia, Myanmar, Filipinas, Tailandia y Vietnam, lo que sitúa a estos países entre los diez mayores productores del mundo.

⊃ CESTAS DE FRUTA
En la cálida y turística isla de Bali, Indonesia, crecen muchas frutas tropicales.

DATOS

MALASIA
Persekutuan Tanah Malaysia
SUPERFICIE: 329.758 km²
POBLACIÓN: 22.600.000 hab.
CAPITAL: Kuala Lumpur
OTRAS CIUDADES: Ipoh, Johor Baharu
PUNTO MÁS ALTO: monte Kinabalu (4.101 m)
LENGUA OFICIAL: malayo
MONEDA: ringgit

MYANMAR (BIRMANIA)
Myanmar Naingngandaw
SUPERFICIE: 676.578 km²
POBLACIÓN: 42.000.000 hab.
CAPITAL: Rangún
OTRAS CIUDADES: Mandalay, Moulmein
PUNTO MÁS ALTO: Hkakabo Razi (5.881 m)
LENGUA OFICIAL: birmano
MONEDA: kyat

FILIPINAS
Republika ng Pilipinas – Republic of the Philippines
SUPERFICIE: 300.000 km²
POBLACIÓN: 78.600.000 hab.
CAPITAL: Manila
OTRAS CIUDADES: Quezon City, Cebu, Davao
PUNTO MÁS ALTO: monte Apo (2.954 m)
LENGUAS OFICIALES: tagalo, inglés
MONEDA: peso filipino

PALACIO REAL, BANGKOK
Tailandia es una monarquía que, a diferencia de otros países del Sudeste asiático, nunca fue colonizada por los europeos.

Otros productos son el café, las frutas tropicales, como la piña, el maíz, la goma, el té y la madera. Brunéi, Indonesia, Malasia y Vietnam producen petróleo y gas natural. La región cuenta con otros recursos, como el carbón en Indonesia y Vietnam; las piedras preciosas en Myanmar, y el estaño en Indonesia, Malasia, Tailandia y Vietnam.

Cerca de un tercio de la población vive en áreas urbanas. Las ciudades más grandes son Yakarta, en Indonesia; Manila, en Filipinas; Bangkok, en Tailandia; Ho Chi Minh y Hanoi, en Vietnam, y Singapur. Esta última es la capital del minúsculo país homónimo, el más rico de la región gracias a sus industrias químicas, electrónicas, mecánicas de precisión, textiles y de la construcción naval. Indonesia, Malasia y Tailandia también disponen de industrias. Vietnam, Camboya y Laos son países pobres cuyas economías se han visto seriamente afectadas por las guerras.

OSTRAS Y PERLAS
En las aguas situadas frente a la isla de Célebes, Indonesia, abundan las ostras con perlas de alta calidad.

MERCADOS FLOTANTES
En los canales que cruzan Bangkok, Tailandia, las barcas cargadas de fruta y verdura ofrecen el aspecto de un mercado flotante.

BÚFALO DE AGUA
Los agricultores usan búfalos de agua para arar los campos inundados. Estos animales gozan revolcándose por el lodo y el agua.

SINGAPUR DE NOCHE
La ciudad de Singapur es un activo centro industrial, financiero y comercial.

ARROZALES EN TERRAZAS
En las empinadas laderas de Filipinas abundan las terrazas agrícolas, destinadas sobre todo al cultivo de arroz.

191

◑ PROCESIÓN EN BALI

En la isla de Bali, de mayoría hindú, se celebran procesiones.

◑ MONJES BUDISTAS, MYANMAR

Cerca del 90% de la población de Myanmar profesa el budismo, que también es la religión mayoritaria en Laos, Camboya y Tailandia.

◑ NIÑOS TAI

En Tailandia, la educación primaria es gratuita; el 94% de la población mayor de 15 años sabe leer y escribir.

En el Sudeste asiático viven unos 490 millones de habitantes. La mayoría es de origen chino, indio o malayo. También existe una gran variedad de lenguas, sobre todo en Indonesia, donde se hablan unas 250.

El budismo es la religión dominante en buena parte de la península malaya, si bien el islam es importante tanto en Malasia como en Brunéi. Cerca del 87% de los indonesios son musulmanes, aunque también hay minorías cristianas, hindúes y budistas. Filipinas es el único gran país asiático de mayoría cristiana, religión que profesa el 90% de la población. Los gobiernos de Laos y Vietnam han alejado al pueblo de toda creencia religiosa.

La arquitectura, antigua o moderna, es una de las formas de arte más destacadas. Los visitantes pueden admirar bellos templos budistas e hindúes, así como mezquitas musulmanas. La música y la danza son populares, sobre todo en las fiestas con motivo de la cosecha o en las ferias de los pueblos. En Indonesia, bandas de *gamelanes* tocan tambores, flautas, *gongs* de metal e instrumentos de cuerda y otros parecidos a xilófonos.

◑ GUERRERO NEGRITO

Entre los pueblos de las áreas más alejadas de Filipinas figuran los pigmeos negritos, descendientes de gentes que llegaron allí hace 30.000 años.

DATOS

SINGAPUR
Hsin-chia-p'o Kung-ho-kuo (chino mandarín) –
Republik Singapura (malayo) –
Singapore Kudiyarasu (tamil) –
Republic of Singapore (inglés)
SUPERFICIE: 618 km²
POBLACIÓN: 3.300.000 hab.
CAPITAL: Singapur
OTRAS CIUDADES: inexistentes
PUNTO MÁS ALTO: Timah Hill (177 m)
LENGUAS OFICIALES: chino, malayo, tamil, inglés
MONEDA: dólar de Singapur

TAILANDIA
Pathet Thai
SUPERFICIE: 774.815 km²
POBLACIÓN: 61.200.000 hab.
CAPITAL: Bangkok
OTRAS CIUDADES: Nakhon Ratchasima, Songkhla
PUNTO MÁS ALTO: monte Inthanon (2.595 m)
LENGUA OFICIAL: tai
MONEDA: baht

VIETNAM
Công Hòa Xã Hôi Chu Nghia Viêt Nam
SUPERFICIE: 331.689 km²
POBLACIÓN: 80.000.000 hab.
CAPITAL: Hanoi
OTRAS CIUDADES: Ho Chi Minh, Hai Phong
PUNTO MÁS ALTO: Fan Si Pan (3.143 m)
LENGUA OFICIAL: vietnamita
MONEDA: dong

✪ ESTATUA DE BUDA, VIETNAM

El gobierno de Vietnam ha intentado desalentar el culto religioso. No obstante, mucha gente profesa el budismo.

El teatro de marionetas es popular en Indonesia y Malasia. El titiritero narra la historia y recita los diferentes papeles de los personajes. Filipinas y Vietnam tienen una gran tradición literaria.

Entre los deportes más difundidos destacan el fútbol, el bádminton y el baloncesto. En las fiestas indonesias se celebran carreras de bueyes y luchas de toros. En Tailandia, una variante del boxeo permite a los luchadores emplear las manos y los pies para golpear al adversario.

Muchos habitantes de las ciudades visten como en Occidente. Sin embargo, también se llevan los *sarongs* –vestidos largos que hombres y mujeres enrollan alrededor de sus cuerpos– o ropas similares. Los musulmanes suelen usar sombrero y las mujeres se cubren la cabeza, aunque pocas llevan velo.

El arroz es el alimento principal en el Sudeste asiático, y se come con carne, pescado o verduras. En Malasia es muy popular el *satay*: trozos de carne cocinados e insertados en un pincho acompañados de una salsa picante para mojar. En Filipinas, el *adobo* es un plato de pollo y tocino bañado en salsa de soja y vinagre.

✪ MUJER DAYAK

En zonas muy aisladas de Asia viven pequeños grupos tribales, como los dayak de Borneo.

✪ DEVOTOS DEL DOLOR

En la fiesta de Taipsu, George Town, Malasia, algunos devotos se torturan para demostrar su fe.

✪ DANZAS TÍPICAS, BALI

En Bali, la danza se usa para contar historias hindúes. Los bailarines realizan elegantes movimientos, sobre todo con las manos y los pies, que implican muchos años de entrenamiento.

✪ CASAS DAYAK

Las familias dayak de Borneo viven en casas alargadas en las que pueden residir hasta un centenar de personas.

✪ SOMBRAS DE TÍTERES, JAVA

En Java, Indonesia, los titiriteros representan cuentos proyectando sombras de títeres en una pantalla.

193

Hacia el año 3000 a.C., pueblos de Asia central y China meridional empezaron a colonizar el Sudeste asiático y los pueblos originarios, de piel más oscura, tuvieron que emigrar a zonas más remotas. En el siglo II d.C. surgieron en la región grandes reinos, como el de Funan en Camboya. A partir del siglo VI, el reino Srivajaya de Sumatra se convirtió en una gran potencia marítima. No obstante, el reino más famoso puede que haya sido el de la civilización angkor, que floreció en Camboya entre los siglos IX y XV, y cuyo nombre deriva de su capital, las ruinas de la cual, con sus soberbios templos, todavía pueden contemplarse actualmente.

◑ RAMA IV
El rey Mongut (Rama IV) reinó en Tailandia de 1851 a 1868 y permitió la introducción de muchas ideas occidentales.

◑ LA BIRMANIA BRITÁNICA
El Reino Unido conquistó Birmania (actual Myanmar) tras las guerras de 1824-1826, 1852 y 1885. Birmania acabó siendo una provincia india.

En el siglo XIX, el Reino Unido ocupó Singapur, Malasia y Birmania (actual Myanmar), mientras que Francia conquistó Indochina (actualmente, Camboya, Laos y Vietnam). A principios del siglo XX sólo Tailandia permanecía sin colonizar. El poder europeo de la zona se desplomó cuando Japón conquistó toda la región durante la Segunda Guerra Mundial (1939–1945). Tras la derrota nipona en 1945, el Sudeste asiático se liberó paulatinamente de la colonización europea.

El comunismo atrajo a mucha gente de la región, que luchaba por la independencia de sus países.

La influencia europea en la región aumentó con la llegada de los españoles a Filipinas en 1521. Éstos se hicieron con el control de las islas poco a poco. Cien años más tarde, los neerlandeses se instalaron en Indonesia, donde el islam se gestaba como religión principal.

◐ RELIQUIA DE ANGKOR
Angkor fue la capital de una antigua civilización que floreció en Camboya entre los siglos IX y XV. Esta figura de un guardián fue hallada en la ciudad.

◑ GUERREROS JEMERES
En el siglo XIII los soberanos jemeres de Angkor invadieron zonas que actualmente pertenecen a Laos, Tailandia y Vietnam.

◐ POL POT
El líder comunista Pol Pot (1925–1998) gobernó Camboya en la década de 1970. Sus tropas asesinaron a miles de camboyanos.

En 1954 Francia se retiró de Indochina, que fue dividida en Camboya, Laos, Vietnam del Norte y Vietnam del Sur. El Vietnam del Norte comunista prestaba su apoyo a los comunistas del resto de la región, y a principios de la década de 1960, Estados Unidos envió tropas para impedir la ocupación de Vietnam del Sur por parte de los comunistas. La guerra terminó en 1975 con la reunificación del país.

Hacia el año 2000, pese a la guerra civil en Camboya y el poder militar en Myanmar, la economía de varios países de la zona había prosperado notablemente. En el año 2003, la Asociación de Naciones del Sudeste asiático (ASEAN), fundada en 1967 para promover los intercambios comerciales, ya agrupaba a todos los países de la región.

◐ EL HOTEL RAFFLES
Fundador de Singapur, Sir Stamford Raffles (1781–1826) desempeñó un papel esencial en el establecimiento de los británicos en el Sudeste asiático. Su nombre permanece en este hotel.

◐ ANGKOR WAT
El templo de Angkor Wat era el edificio más deslumbrante de la antigua capital de Angkor, cuyas ruinas fueron descubiertas en 1860.

CRONOLOGÍA

s. IX	Poderoso reino hindú-budista en Camboya, con capital en Angkor (hasta el siglo xv).
1431	Fuerzas del reino tai Ayutthaya conquistan Angkor.
1525	España gobierna Filipinas (hasta 1898).
1620	Los neerlandeses controlan Indonesia.
1898	España cede Filipinas a EE. UU.
s. XIX	El Reino Unido y Francia conquistan gran parte del Sudeste asiático.
1941	Japón conquista el Sudeste asiático (hasta 1945).
1946	Laos proclama su independencia de Francia; Filipinas se convierte en una república.
1953	Camboya proclama su independencia de Francia.
1957	Guerra de Vietnam (hasta 1975).
1963	Se forma Malasia.
1965	Singapur se separa de Malasia.
1984	Independencia total del sultanato de Brunéi.
1986	Revolución en Filipinas.
1998	Caída del régimen del general Suharto en Indonesia.
2002	Independencia de Timor Oriental, antigua provincia de Indonesia.

◐ LOS ZAPATOS DE IMELDA
El presidente de Filipinas, Ferdinand Marcos (1917–1989) fue derrocado en 1986 acusado de corrupción. Su esposa Imelda guardaba una extensa colección de vestidos y zapatos.

◐ HO CHI MINH
El líder comunista Ho Chi Minh (1890–1969) gobernó Vietnam del Norte durante la guerra de Vietnam (1957–1975).

195

N
O E
S

MARRUECOS

TÚNEZ

ARGELIA

LIBIA

EGIPTO

SAHARA
OCCIDENTAL

MAURITANIA

MALÍ

NÍGER

CHAD

SUDÁN

ERITREA

SENEGAL

GAMBIA

BURKINA
FASO

YIBUTI

GUINEA-
BISSAU

GUINEA

BENÍN

SOMALIA

SIERRA
LEONA

GHANA

NIGERIA

ETIOPÍA

COSTA
DE MARFIL

TOGO

LIBERIA

CAMERÚN

REPÚBLICA
CENTROAFRICANA

GUINEA ECUATORIAL

UGANDA

KENIA

GABÓN

REPÚBLICA
DE
CONGO

REPÚBLICA
DEMOCRÁTICA
DEL CONGO

RUANDA

BURUNDI

SEYCHELLES

TANZANIA

ANGOLA

ZAMBIA

MALAWI

COMORAS

MOZAMBIQUE

MADAGASCAR

ZIMBABUE

MAURICIO

NAMIBIA

Reunión (FR)

BOTSUANA

SUAZILANDIA

SUDÁFRICA

LESOTHO

196

🜨 PERRO SALVAJE AFRICANO

ÁFRICA

⊕ Duna de arena,
NAMIBIA

⊕ Valle del Níger,
MALÍ

⊕ Casa pintada,
GHANA

⊕ Elefante,
TANZANIA

Á frica es el tercer continente del planeta en extensión y cubre cerca del 20% de las tierras emergidas. La mayor parte de África se extiende sobre una meseta rodeada por estrechas llanuras litorales. El pico más alto es el Kilimanjaro, un volcán inactivo del norte de Tanzania. Varios ríos de longitud considerable, como el Nilo, el Congo o el Níger avenan el continente.

El noroeste y el sudoeste de África gozan de un clima típicamente mediterráneo. Entre ambas regiones se extienden vastos y calurosos desiertos, sabanas y selvas. La sabana está habitada por antílopes, elefantes, leones y zebras, mientras que en las selvas viven gorilas y chimpancés. El número de animales ha disminuido en África a causa de la caza y de la destrucción de sus hábitats para crear tierras de cultivo. Muchos gobiernos han establecido parques nacionales para proteger a su flora y fauna.

El continente está habitado por dos grupos étnicos principales. Al norte del desierto del Sahara, los árabes y beréberes son de raza blanca y profesan el islam. El África negra, al sur del Sahara, está poblada por más de 1.000 grupos étnicos, algunos de los cuales son musulmanes, otros cristianos y muchos practican antiguas religiones locales de tipo animista.

En África se encuentran muchos de los países más pobres del mundo. La agricultura ocupa a casi un 60% de la población, aunque muchas familias apenas pueden sobrevivir con lo que recogen, así que las sequías suelen causar una gran mortalidad. África dispone de recursos muy apreciados, como petróleo y metales, destinados a la exportación. Aparte de Sudáfrica y Egipto, pocos países poseen industrias.

Hace unos 50 años, países europeos dominaban la mayor parte del continente. Hoy, casi todos los estados son independientes; no obstante, en algunas zonas, el progreso se ha visto impedido por problemas económicos y una gran inestabilidad.

ÁFRICA
DEL NORTE

☉ ZORRO DEL DESIERTO

☉ ANTIGUOS VOLCANES

En los montes del Ahaggar, sur de Argelia, se elevan picos puntiagudos formados por los conos de antiguos volcanes extinguidos.

Como se muestra en el mapa, África del norte comprende cerca de la mitad del continente. La mayor parte del territorio se extiende sobre una meseta de unos 150–600 m de altitud. Los picos más altos se elevan en el macizo Etíope, en el sudeste, y en el Atlas, en el noroeste, y entre la meseta afloran pequeños relieves volcánicos.

El noroeste de Marruecos y las llanuras litorales mediterráneas tienen veranos calurosos y secos, e inviernos templados y lluviosos. El Sahara, el desierto más extenso del mundo, cubre más del 60% del norte de África: con una superficie de unos 9.300.000 km², es casi tan grande como Estados Unidos.

La temperatura ambiente más alta del planeta, 58 °C, se ha registrado en el Sahara. A pesar de todo, las noches pueden ser frías, por lo que la gente viste mantos gruesos. En el Sahara pueden pasar varios años sin que llueva; de pronto, una lluvia ocasional pero violenta puede causar inundaciones. En el desierto también existen verdes oasis, donde el agua del suelo emana a la superficie. La región con más agua es el valle del Nilo. Al sur del Sahara, el desierto se funde con una región esteparia denominada *sahel*, y en su parte meridional se extiende la sabana, donde hay árboles diseminados. En el extremo sudoeste se encuentran algunas áreas de selva.

En la región mediterránea crecen árboles como la encina o el olivo; las palmeras, en cambio, son típicas del resto de la región. El animal más destacado del desierto es el camello, que puede recorrer largas distancias sin necesidad de beber agua. Otros animales de la zona son el macaco del nordeste y el gelada en Etiopía.

☉ DESIERTO, MARRUECOS
El desierto del Sahara, en el norte de África, se extiende del océano Atlántico al mar Rojo.

ARGELIA
Jamhuriya al Jazairiya ad-Dimuqratiya ash-Shabiya
SUPERFICIE: 2.381.741 km²
POBLACIÓN: 30.800.000 hab.
CAPITAL: Argel
OTRAS CIUDADES: Orán, Constantine, Annaba
PUNTO MÁS ALTO: monte Tahat (2.918 m)
LENGUA OFICIAL: árabe
MONEDA: dinar argelino

CABO VERDE
República de Cabo Verde
SUPERFICIE: 4.033 km²
POBLACIÓN: 446.000 hab.
CAPITAL: Praia
OTRAS CIUDADES: Mindelo, São Vicente
PUNTO MÁS ALTO: Pico de Fogo (2.829 m)
LENGUA OFICIAL: portugués
MONEDA: escudo de Cabo Verde

CHAD
République du Tchad
SUPERFICIE: 1.284.000 km²
POBLACIÓN: 8.700.000 hab.
CAPITAL: Yamena
OTRAS CIUDADES: Moundou, Bongor
PUNTO MÁS ALTO: Emi Koussi (3.415 m)
LENGUAS OFICIALES: árabe, francés
MONEDA: franco CFA (Communauté Financière Africaine)

YIBUTI
Jumhouriyya Djibouti
SUPERFICIE: 23.200 km²
POBLACIÓN: 619.000 hab.
CAPITAL: Yibuti
OTRAS CIUDADES: Obock
PUNTO MÁS ALTO: Mousa Alli (2.063 m)
LENGUAS OFICIALES: árabe, francés
MONEDA: franco de Yibuti

◑ LA VIDA A ORILLAS DEL NILO

Este río proporciona el agua necesaria para el regadío de los campos.
El valle del Nilo, en Egipto, es la región más poblada del norte de África.

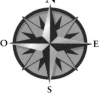
EGIPTO

ARGELIA

TÚNEZ

LIBIA

ERITREA

◑ VALLE DEL NÍGER, MALÍ

El Níger es el tercer río más
largo de África y aporta
agua a regiones muy secas
del sur del Sahara.

MARRUECOS

YIBUTI

Estrecho de Gibraltar · Tetuán · Orán · Argel · Annaba · Túnez
Madeira · Rabat · Oujda · Constantine · Sfax
Casablanca · Oran
MARRUECOS · ATLAS · Ghardaia · Trípoli · Golfo de Sirte · Darnah
Marrakech · Agadir · Béchar · Ghadamis · Misurata · Banghazi · Alejandría · Port Said
Islas Canarias · Ifni · In Salah · El Cairo · Península del Sinaí
Las Palmas · Tindouf · Adrar · Suez
SAHARA OCCIDENTAL · A R G E L I A · L I B I A · Asuán · Qena
Dajla · S A H A R A · DESIERTO DE LIBIA · E G I P T O · Aswän
Cabo Blanco · MONTES DEL AHAGGAR · Tahat 2.918 m · MACIZO DE TIBESTI · Lago Nasser
MAURITANIA · Emi Koussi 3.415 m · Desierto de Nubia
ABO VERDE · M A L Í · MACIZO DÉ AÏR · Faya-Largeau · Merowe · Port Sudan
Nuakchot · Tombuctú · N Í G E R · C H A D · Atbara
Praia · Senegal · Kaédi · Níger · BODÉLÉ · S U D Á N · Kassala · ERITREA
Dakar · Kayes · Ségou · Niamey · Zinder · Lago Chad · Abéché · El Obeid · Omdurmán · Asmara
SENEGAL · Bamako · Kano · Maiduguri · Jabal Marrah 3.088 m · Jartum · MACIZO ETÍOPE · YIBUTI
Banjul · GAMBIA · BURKINA FASO · Yamena · El Obeid · Kosti · Lago Tana · Gonder · Yibuti
GUINEA · GHANA · BENÍN · NIGERIA · Chari · Sarh · Addis Abeba · Debre Markos
COSTA DE MARFIL · TOGO · REPÚBLICA CENTROAFRICANA · Gore · ETIOPÍA · Ogadén
SUDD · Uebi Shebeli · SOMALIA
Nimule · UGANDA · KENIA

CABO VERDE

MAURITANIA

◐ ASNI, MARRUECOS

Asni es un centro comercial al pie del
Atlas, al sur de la ciudad de Marrakech.

MALÍ

SUDÁN

ETIOPÍA

CHAD

NÍGER

◐ SÍMBOLO DEL DESIERTO

Construidas por los antiguos
faraones hacia 3000 a.C.,
las pirámides egipcias se
alzan cerca
de El Cairo.

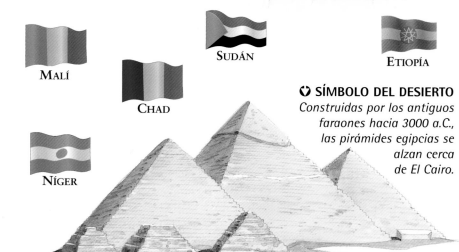

✿ CACAHUETES

Sudán es un gran productor de esta clase de frutos secos.

DATOS

EGIPTO
Jumhuriyat Misr al-Arabiya
SUPERFICIE: 1.001.449 km²
POBLACIÓN: 65.200.000 hab.
CAPITAL: El Cairo
OTRAS CIUDADES: Alejandría, Giza
PUNTO MÁS ALTO: Jabal Katrinah (2.637 m)
LENGUA OFICIAL: árabe
MONEDA: libra egipcia

ERITREA
SUPERFICIE: 117.600 km²
POBLACIÓN: 4.300.000 hab.
CAPITAL: Asmara
OTRAS CIUDADES: Assab, Keren
PUNTO MÁS ALTO: monte Soira (3.103 m)
LENGUA OFICIAL: árabe
MONEDA: birr etíope

ETIOPÍA
SUPERFICIE: 1.104.300 km²
POBLACIÓN: 66.000.000 hab.
CAPITAL: Addis Abeba
OTRAS CIUDADES: Dire Dawa, Harer
PUNTO MÁS ALTO: Ras Dashen (4.620 m)
LENGUA OFICIAL: amárico
MONEDA: birr

LIBIA
Jumhuriya Al-Arabiya Al-Libiya Al Shabiya Al-Ishtirakiya Al-Uzma
SUPERFICIE: 1.759.540 km²
POBLACIÓN: 5.200.000 hab.
CAPITAL: Trípoli
OTRAS CIUDADES: Banghazi, Misurata
PUNTO MÁS ALTO: monte Bette (2.286 m)
LENGUA OFICIAL: árabe
MONEDA: dinar libio

En el norte de África existen 14 países independientes: doce son repúblicas, Marruecos es una monarquía y Eritrea, que formó parte de Etiopía de 1952 a 1993, cuenta con un gobierno de transición.

La región también incluye el territorio del Sahara Occidental, colonia española hasta 1976. Cuando España se retiró, Marruecos ocupó los dos tercios septentrionales y Mauritania, el resto. Los saharianos exigieron la independencia y atacaron a los invasores. Mauritania se retiró en 1979, pero las tropas marroquíes aún siguen allí. La lucha continuó, con los rebeldes reclamando la independencia de su territorio. La ONU ha intentado mantener la paz y resolver este conflicto.

Las diferencias étnicas y religiosas también han causado problemas. En Sudán, por ejemplo, las fuerzas gubernamentales musulmanas han mantenido un conflicto armado con los pueblos del sur, mayoritariamente animistas o cristianos.

En el norte de África existe mucha pobreza. Las Naciones Unidas clasifican a la mayoría de los países

✿ CURTIDURÍAS, FEZ

Fez es una antigua ciudad real de Marruecos. Sus curtidurías preparan el cuero, que se emplea en numerosos productos.

✿ CORONAS REALES

Aksum, una histórica ciudad en el norte de Etiopía, fue la capital del reino desde el año 500 a.C., y conserva muchos tesoros antiguos.

✿ ARTE MARROQUÍ

Alfombras bien decoradas figuran entre los productos elaborados por los hábiles artesanos árabes y beréberes del norte de África.

✿ DROMEDARIO ENGALANADO

Los turistas gozan de los paseos en dromedario. Estos animales tienen una sola joroba, y se arrodillan para que el jinete monte y se apee.

☼ EL CANAL DE SUEZ
Inaugurado en 1869, el canal de Suez constituye un valioso atajo para la navegación entre el océano Índico y el mar Mediterráneo.

☼ NARANJAS, TÚNEZ
Las naranjas y otros cítricos se adaptan bien al clima soleado del norte de África.

como «pobres» y «en vías de desarrollo». Los más ricos de la zona son Argelia y Libia, que poseen reservas de petróleo y gas natural, y Marruecos, con yacimientos de fosfatos, utilizados como fertilizantes. Níger, uno de los países más pobres, es un gran productor de uranio.

En todas partes, la agricultura emplea a más del 50% de los norteafricanos. Entre los principales cultivos destacan la cebada, los cítricos y el olivo, en los países mediterráneos; el algodón y la caña de azúcar, en el valle del Nilo, y los dátiles, en el desierto. Al sur del Sahara, el mijo y el sorgo son los alimentos básicos, mientras que el café es la principal exportación de Etiopía.

En la mayoría de los países del norte de África, la industria carece de importancia. La mayor región industrial de la zona se encuentra en el delta del Nilo, al norte de El Cairo, que, con más de 10 millones de habitantes, es la ciudad más grande del norte de África. Cerca del 37% de los norteafricanos vive en áreas urbanas. Otras ciudades con más de 2 millones de habitantes son Giza y Alejandría, en Egipto; Casablanca, en Marruecos, y Addis Abeba, en Etiopía.

☼ MERCADO, ARGELIA
Los días de mercado, la gente compra y vende, se encuentra con los amigos y se entera de las noticias locales.

☼ LA PRESA DE ASUÁN
La presa de Asuán, en la parte egipcia del Nilo, produce energía hidroeléctrica. La presa empezó a funcionar en 1968 y forma el lago Nasser.

☾ ENCANTADORES
Los encantadores de serpientes y otros animadores abarrotan la plaza de Jemaa El Fna, un mercado en el centro de Marrakech.

DATOS

MALÍ
République du Mali
SUPERFICIE: 1.240.192 km²
POBLACIÓN: 11.000.000 hab.
CAPITAL: Bamako
OTRAS CIUDADES: Ségou, Mopti
PUNTO MÁS ALTO: Hombori Tondo (1.155 m)
LENGUA OFICIAL: francés
MONEDA: franco CFA

MAURITANIA
République Islamique Arabe et Africaine de Mauritanie
SUPERFICIE: 1.025.520 km²
POBLACIÓN: 2.600.000 hab.
CAPITAL: Nuakchot
OTRAS CIUDADES: Nouadhibou, Kaédi
PUNTO MÁS ALTO: Kediet Ijill (915 m)
LENGUA OFICIAL: árabe
MONEDA: ouguiya

MARRUECOS
Mamlaka al Maghrebia
SUPERFICIE: 446.500 km²
POBLACIÓN: 29.000.000 hab.
CAPITAL: Rabat
OTRAS CIUDADES: Casablanca, Marrakech
PUNTO MÁS ALTO: Jabal Toubkal (4.165 m)
LENGUA OFICIAL: árabe
MONEDA: dirham

NÍGER
République du Niger
SUPERFICIE: 1.267.000 sq km
POBLACIÓN: 10.300.000 hab.
CAPITAL: Niamey
OTRAS CIUDADES: Zinder, Maradi
PUNTO MÁS ALTO: monte Gréboun (1.944 m)
LENGUA OFICIAL: francés
MONEDA: franco CFA

201

○ DÍA DE MERCADO

Una mujer lleva a su bebé por un mercado de Bamako, la capital de Malí. Bamako es un gran centro económico a orillas del río Níger.

○ OBELISCO, AKSUM

En Aksum, Etiopía, aún pueden contemplarse obeliscos de hasta 30 m de altura. El reino de Aksum duró del siglo II d.C. al siglo XI.

Al norte del Sahara, la mayoría de la gente habla árabe y es musulmana. Los países comparten una cultura común, con una arquitectura, literatura y formas artísticas parecidas. Algunos musulmanes sienten aversión por las ideas occidentales y reclaman un retorno a los fundamentos del islam. En Argelia, el conflicto entre el gobierno y los islamistas condujo a una guerra civil en la década de 1990.

○ MEZQUITA DEL SULTÁN, EL CAIRO

Entre la enorme ciudad de El Cairo, la mayor de África, sobresalen los altos minaretes, torres de oración, de la mezquita del Sultán.

Al sur del Sahara se hablan muchas lenguas, y las costumbres de la gente varían de un grupo a otro. Así, por ejemplo, en Etiopía, cuyo idioma oficial es el amárico, se hablan más de 70 lenguas y 200 dialectos. Otros países utilizan un idioma europeo para la administración. El fútbol es el deporte dominante en toda la zona.

En Egipto y Sudán es típico un plato llamado *ful*, a base de habas cocinadas con aceite.

○ MUAMMAR AL-GADDAFI

El coronel Gaddafi (1942) se hizo con el poder en Libia en 1969 e impulsó un retorno a los principios fundamentales del islam.

DATOS

SUDÁN
Jamhuryat es-Sudan
SUPERFICIE: 2.505.813 km²
POBLACIÓN: 36.000.000 hab.
CAPITAL: Jartum
OTRAS CIUDADES: Omdurmán, Jartum Norte, Port Sudan
PUNTO MÁS ALTO: monte Kinyeti (3.187 m)
LENGUA OFICIAL: árabe
MONEDA: libra sudanesa

TÚNEZ
Jumhuriya at Tunisiya
SUPERFICIE: 163.610 km²
POBLACIÓN: 9.800.000 hab.
CAPITAL: Túnez
OTRAS CIUDADES: Sfax, Sousse
PUNTO MÁS ALTO: monte Chambi (1.544 m)
LENGUA OFICIAL: árabe
MONEDA: dinar tunecino

SAHARA OCCIDENTAL
(territorio ocupado por Marruecos desde 1976 y denominado República Saharaui Árabe Democrática por los independentistas)
SUPERFICIE: 266.000 km²
POBLACIÓN: 228.000 hab.
CAPITAL: El Aaiún
OTRAS CIUDADES: Dajla
PUNTO MÁS ALTO: (lugar sin nombre) 823 m
LENGUA OFICIAL: árabe
MONEDA: dirham marroquí

○ ANÍBAL

En el año 218 a.C., el gran general originario de Cartago (actual Túnez) atacó por sorpresa a los romanos con elefantes.

⟳ CAMPAMENTO BEDUINO
Los pastores árabes llamados beduinos *yerran por el desierto en busca de pastos para sus rebaños.*

CRONOLOGÍA

a.C.

5000	El Sahara es verde.
4000	El Sahara empieza a secarse cuando el clima se calienta.
3100	Unión del Alto y Bajo Egipto y formación de una de las civilizaciones antiguas más grandes del mundo.
1400	El antiguo Egipto alcanza su cénit.
264	Guerras Púnicas entre Roma y Cartago.
30	Egipto y las costas septentrionales del Mediterráneo, bajo dominio romano.

d.C.

639	Árabes de Arabia introducen el árabe y el islam en el norte de África.
1000	En el sudoeste de la región se forman grandes reinos.
s. XIX	Los europeos empiezan a invadir el norte de África.
1882	Tropas británicas ocupan Egipto.
1922	Egipto se convierte en una monarquía semiindependiente.
1950	Independencia de Libia (1951), Sudán (1952), Marruecos y Túnez (1956).
1960	Chad, Malí, Mauritania y Níger obtienen la independencia de Francia.
1962	Independencia de Argelia.
1978	Egipto alcanza un acuerdo de paz con Israel tras 30 años de hostilidades.
1991	Argelia anula las elecciones ganadas por un partido islamista; guerra civil hasta 2000.
1993	Eritrea se independiza de Etiopía tras una larga guerra.

⟳ HORNO DE ARENA, TOMBUCTÚ
Tombuctú, Malí, fue antaño un gran centro comercial. Muchas antiguas tradiciones aún perduran.

El cuscús, o sémola de trigo, servido con pescado, carne o verduras, es muy popular en el noroeste de África. A los etíopes les gusta el *wat*, un pincho picante que se come con *injera*, un pan plano.

Hace unos 7.000 años, África del norte era mucho más húmeda que en la actualidad, y el Sahara, una pradera. 4.000 años a.C. el clima cambió, pasó a ser más seco y la gente se desplazó a zonas con agua, como el fértil valle del Nilo. Aquí, hacia 3100 a.C., se desarrolló la gran civilización egipcia. Otras culturas antiguas se crearon en el sur, en Sudán y Etiopía, que se convirtieron en un imperio cristiano en el siglo IV d.C.

En la Edad Media, comerciantes árabes y beréberes cruzaron el desierto en caravanas de camellos e informaron sobre grandes imperios regidos por africanos, como los de Ghana y Malí, en la región del alto Níger.

⟲ TUAREG
Los tuareg son un pueblo nómada. Los hombres visten ropas de un azul llamativo.

A principios del siglo XX, la mayoría de los países de África del norte, aparte de Etiopía, se hallaba bajo el dominio europeo. Pese a que se independizaron en las décadas de 1950 y 1960, los problemas económicos han ralentizado su desarrollo.

⟳ ESFINGE, LUXOR
En las avenidas que conducían a los templos de ciudades del antiguo Egipto, como Karnak o Luxor, se alzaban estatuas de criaturas llamadas esfinges.

⟲ HACIENDO LA COLADA
Los egipcios del valle del Nilo aún lavan en el río del mismo modo que antaño.

ÁFRICA
OCCIDENTAL

↻ LORO
Los loros viven en los bosques de África occidental.

Á frica occidental engloba un 12% del territorio de todo el continente, desde Senegal y Gambia, en el oeste, hasta Camerún, en el este. El país más extenso, Nigeria, en el que vive más de la mitad de la población de la zona, ocupa cerca de un cuarto de África occidental. Con 126 millones de habitantes, Nigeria es el país más poblado del continente.

El territorio está formado por unas llanuras costeras y una meseta interior. La cima más alta es el monte Camerún, un volcán activo que detiene los húmedos vientos del mar, lo que origina precipitaciones. Con una media de 10.000 mm de lluvia anuales, su vertientes son uno de los lugares más húmedos de la Tierra.

En África occidental, las temperaturas son altas durante todo el año y sus costas reciben abundante lluvia. En otros tiempos, densas selvas cubrían la región, pero buena parte del bosque original ha sido talado para usos agrícolas. La parte norte de África occidental tiene veranos muy lluviosos, pero los inviernos son secos, y la selva se transforma en sabana y en bosques galería a lo largo de los ríos.

El principal río de la zona, el Níger, que nace cerca del océano Atlántico, describe un amplio arco a través de Malí y Níger, y desemboca en el golfo de Guinea, en Nigeria. Una parte del lago Chad está situada en el nordeste de Nigeria, aunque el lago más extenso de África occidental puede considerarse el Volta, un embalse formado por una enorme presa.

DATOS

BENÍN
République du Bénin
SUPERFICIE: 112.622 km²
POBLACIÓN: 6.600.000 hab.
CAPITAL: Porto Novo
OTRAS CIUDADES: Cotonou, Djougou, Abomey-Calavi
PUNTO MÁS ALTO: macizo de Atacora (610 m)
LENGUA OFICIAL: francés
MONEDA: franco CFA

BURKINA FASO
République Démocratique du Burkina Faso
SUPERFICIE: 274.000 km²
POBLACIÓN: 12.300.000 hab.
CAPITAL: Uagadugú
OTRAS CIUDADES: Bobo-Dioulasso, Koudougou
PUNTO MÁS ALTO: Aiguille de Sindou (717 m)
LENGUA OFICIAL: francés
MONEDA: franco CFA

CAMERÚN
République du Cameroun – Republic of Cameroon
SUPERFICIE: 475,442 km²
POBLACIÓN: 15.800.000 hab.
CAPITAL: Yaoundé
OTRAS CIUDADES: Douala, Bafoussam, Garoua
PUNTO MÁS ALTO: monte Camerún (4.070 m)
LENGUAS OFICIALES: francés, inglés
MONEDA: franco CFA

↻ PALAFITOS
En África occidental, las fuertes lluvias pueden provocar el desbordamiento de los ríos. Por eso, muchas casas se alzan sobre pilares.

☽ MERCADER, BURKINA FASO

La agricultura emplea al 90% de la población de Burkina Faso. Cerca del 70% es analfabeta.

☽ PLAYAS HERMOSAS

África occidental goza de playas y paisajes muy hermosos. Gambia cuenta con una industria turística muy desarrollada.

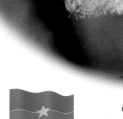

GUINEA

SENEGAL

COSTA DE MARFIL

BURKINA FASO

☽ CON LA MIRADA FIJA

Los gálagos actúan de noche y se desplazan como flechas de un árbol a otro.

GAMBIA

☽ CASCADA, NIGERIA

Las cascadas y los rápidos son comunes en el tramo en el que el río Níger discurre por Nigeria. Muchos tramos del río no son navegables.

NIGERIA

Dakar · Kaédi
SENEGAL · Kayes
Banjul GAMBIA
Bissau · Bamako · Niamey · Zinder
GUINEA-BISSAU Uagadugú Kano
Conakry BURKINA FASO Maiduguri
Kankan Zaria Kaduna
GUINEA Tamale Abuja Benue Yola
COSTA GHANA TOGO BENÍN Níger Garoua Sarh
Freetown DE MARFIL Lago Porto- Ibadan NIGERIA
SIERRA Man Bouaké Volta Novo Benin City
LEONA Yamoussoukro Kumasi Lagos CAMERÚN
Monrovia Accra Port Harcourt
LIBERIA Lomé Yaoundé
Greenville Abiyán Malabo Douala
Cabo de las Palmas Bioko
GUINEA ECUATORIAL

GUINEA-BISSAU

CAMERÚN

SIERRA LEONA

LIBERIA

GHANA

BENÍN

GUINEA ECUATORIAL

TOGO

☽ MONTES AISLADOS

A espaldas de las estrechas llanuras litorales, el terreno asciende hacia unas mesetas interrumpidas por montes aislados.

☽ ACACIAS

Las acacias son típicas del África tropical. Muchas crecen en las secas sabanas del oeste del continente.

ÁFRICA

⟳ LAGOS, NIGERIA

Antigua capital de Nigeria, Lagos es la mayor ciudad de África occidental. Cuando se colapsó, una nueva capital fue construida en Abuja.

África occidental alberga 14 estados, la mayoría de los cuales son repúblicas, tras largos períodos de gobiernos militares. Los líderes castrenses suelen afirmar que los civiles son ineficientes o corruptos, aunque de esta acusación tampoco se han salvado ellos.

Nigeria se independizó del Reino Unido en 1960. En 1966, un grupo de militares derrocó al gobierno civil y, desde entonces, se han producido numerosos conflictos. En 1967, el pueblo ibo del sudeste intentó formar un país independiente de Nigeria, Biafra, lo que originó una guerra civil que duró hasta 1970. Los militares recuperaron el poder en 1983. Las elecciones de 1993 fueron anuladas por los militares y Nigeria fue gobernada por el ejército hasta las elecciones de 1999, tras las que se formó un gobierno democrático.

⟳ VENDEDOR DE PLÁTANOS

En Ghana, como por toda África occidental, se cultivan plátanos, pero el producto más exportado es el cacao.

En la mayoría de los países de la zona ha habido regímenes militares; dos de ellos, Guinea Ecuatorial y la República Centroafricana, han vivido períodos de brutal dictadura militar. Incluso países que han gozado de una relativa estabilidad, como Camerún o Senegal, han sufrido estallidos de violencia.

El Banco Mundial sitúa a estos 14 países en el grupo de «economías de bajos ingresos». El 55% de la población trabaja en el campo, pero muchos campesinos son pobres y producen poco más que sus necesidades básicas.

DATOS

GUINEA ECUATORIAL
República de Guinea Ecuatorial
SUPERFICIE: 28.051 km²
POBLACIÓN: 486.000 hab.
CAPITAL: Malabo
OTRAS CIUDADES: Bata, Cogo
PUNTO MÁS ALTO: pico de Basilé (3.008 m)
LENGUAS OFICIALES: español, francés
MONEDA: franco CFA

GAMBIA
Republic of The Gambia
SUPERFICIE: 11.295 km²
POBLACIÓN: 1.400.000 hab.
CAPITAL: Banjul
OTRAS CIUDADES: Serekunda, Brikama
PUNTO MÁS ALTO: (lugar sin nombre) 75 m
LENGUA OFICIAL: inglés
MONEDA: dalasi

GHANA
Republic of Ghana
SUPERFICIE: 238.533 km²
POBLACIÓN: 19.900.000 hab.
CAPITAL: Accra
OTRAS CIUDADES: Kumasi, Tamale, Sekondi-Takoradi, Tema
PUNTO MÁS ALTO: monte Afadjato (885 m)
LENGUA OFICIAL: inglés
MONEDA: cedi

GUINEA
République de Guinée
SUPERFICIE: 245.857 km²
POBLACIÓN: 7.600.000 hab.
CAPITAL: Conakry
OTRAS CIUDADES: Kankan, Nzérékoré
PUNTO MÁS ALTO: monte Nimba (1.752 m)
LENGUA OFICIAL: francés
MONEDA: franco guineano

⟳ GUINDILLAS, NIGERIA

Las guindillas se usan para elaborar comidas picantes.

⟳ GOMA, LIBERIA

Los árboles del caucho crecen en plantaciones de Costa de Marfil, Liberia y Nigeria. Los trabajadores sangran los árboles para extraer látex, un fluido que se transformará en goma.

206

DATOS

GUINEA-BISSAU
República da Guiné-Bissau
SUPERFICIE: 36.125 km²
POBLACIÓN: 1.300.000 hab.
CAPITAL: Bissau
OTRAS CIUDADES: Bafatá, Gabú
PUNTO MÁS ALTO: (lugar sin nombre) 300 m
LENGUA OFICIAL: portugués
MONEDA: franco CFA

COSTA DE MARFIL
République de la Côte d'Ivoire
SUPERFICIE: 322.463 km²
POBLACIÓN: 16.400.000 hab.
CAPITAL: Yamoussoukro
OTRAS CIUDADES: Abiyán, Bouaké, Daloa
PUNTO MÁS ALTO: monte Nimba (1.752 m)
LENGUA OFICIAL: francés
MONEDA: franco CFA

LIBERIA
Republic of Liberia
SUPERFICIE: 111.369 km²
POBLACIÓN: 3.200.000 hab.
CAPITAL: Monrovia
OTRAS CIUDADES: Harbel, Gbarnga, Buchanan
PUNTO MÁS ALTO: monte Wuteve (1.380 m)
LENGUA OFICIAL: inglés
MONEDA: dólar liberiano

NIGERIA
Federal Republic of Nigeria
SUPERFICIE: 923.768 km²
POBLACIÓN: 126.600.000 hab.
CAPITAL: Abuja
OTRAS CIUDADES: Lagos, Ibadan, Kano, Ogbomosho
PUNTO MÁS ALTO: monte Dimlang (2.042 m)
LENGUA OFICIAL: inglés
MONEDA: naira

○ BALSAS DE MADERA
En África occidental, los árboles de la selva se talan. Maderas muy apreciadas como el ébano o la teca se destinan a la exportación.

En el cálido y húmedo sur, los cultivos más importantes son los plátanos, la mandioca, el cacao, el café, la palmera aceitera, la goma y el ñame. Hacia el norte, en cambio, destacan los cacahuetes, el maíz, el mijo y el sorgo. En la sabana se practica la ganadería.

Entre los recursos minerales figuran el petróleo, en Nigeria y Camerún; la bauxita, en Guinea y Ghana; el oro, en Ghana, y el hierro, en Liberia. La industria ha crecido en torno a Abiyán, en Costa de Marfil; Dakar, en Senegal, y Nigeria, pero en los demás países aún tiene escasa relevancia.

○ TURISMO EN GAMBIA
Los turistas que visitan Gambia organizan safaris o excursiones para contemplar la vida en la selva.

Cerca del 38% de la población vive en áreas urbanas. La ciudad más grande es Lagos, antigua capital de Nigeria, con unos 13 millones de habitantes. Otras ciudades: Abiyán, Costa de Marfil, con 2,5 millones; Accra, Ghana, con 1,8 millones; Dakar, Senegal, con 1,7 millones, y Conakry, Guinea, con 1,5 millones.

○ DIAMANTES, GHANA
Ghana produce diamantes, bauxita (de la que se obtiene aluminio), oro y manganeso. No obstante la mayoría de la población vive del campo.

○ SACOS DE SAL, GAMBIA
La sal se obtiene de agua de mar atrapada en lagunas y secada al aire libre.

○ PESCA, NIGERIA
El pescado es un alimento básico en estos países. Los pescadores faenan en aguas interiores, en lagunas costeras y en alta mar.

SENEGAL
République du Sénégal
SUPERFICIE: 196.722 km²
POBLACIÓN: 10.300.000 hab.
CAPITAL: Dakar
OTRAS CIUDADES: Thiès,
Kaolack, Ziguinchor
PUNTO MÁS ALTO: (lugar sin
nombre) 498 m
LENGUA OFICIAL: francés
MONEDA: franco CFA

SIERRA LEONA
Republic of Sierra Leone
SUPERFICIE: 71.740 km²
POBLACIÓN: 5.400.000 hab.
CAPITAL: Freetown
OTRAS CIUDADES: Koidu-New
Sembehun, Bo
PUNTO MÁS ALTO: Loma
Mansa (1.948 m)
LENGUA OFICIAL: inglés
MONEDA: leone

TOGO
République Togolaise
SUPERFICIE: 56.785 km²
POBLACIÓN: 5.100.000 hab.
CAPITAL: Lomé
OTRAS CIUDADES: Sokodé,
Kpalimé
PUNTO MÁS ALTO: monte
Agou (986 m)
LENGUA OFICIAL: francés
MONEDA: franco CFA

◯ FAMILIA NIGERIANA

Los nigerianos visten con atuendos tradicionales de colores vivos. En las ciudades suelen usar vestimentas occidentales.

◯ ESCULTURA YORUBA, NIGERIA

Las esculturas yoruba son de las más finas de África. Algunas de ellas servían para decorar la corte; otras, para fines religiosos.

Con 210 millones de habitantes, África occidental es la parte más poblada del continente. La población se compone de muchas etnias diferentes (sólo en Nigeria, hay más de 250), cada una con su propia lengua. El islam es la religión mayoritaria en Gambia, Guinea, Nigeria, Senegal y Sierra Leona, así como en el norte de muchos países. Cerca de un tercio de los habitantes es cristiano y cerca de un quinto, animista.

La música y la danza son muy populares, y el fútbol es el deporte más extendido. La narración de historias que se han transmitido de una generación a otra también es una parte importante de la cultura.

◯ ATAÚD CON FORMA DE LEÓN

Para honrar a los muertos, algunas personas en Ghana compran ataúdes tallados y pintados con forma de león, de otros animales, o incluso de Cadillac.

Entre los alimentos más cultivados figuran la mandioca, el maíz, el mijo, los plátanos y el ñame, que se consume acompañado de salsas picantes.

Una de las culturas antiguas mejor conocidas floreció en el centro de Nigeria hace unos 2.000 años: el pueblo nok, que creó grandes y bellas esculturas de terracota, las más antiguas del África subsahariana.

◯ CERÁMICA NOK, NIGERIA

En Nok, donde hace 2.000 años ya se producían magníficas esculturas de arcilla, se sigue trabajando la cerámica, que se cuece en hornos de arcilla.

CASAS PINTADAS, GHANA

Las casas tienen espesas paredes de barro y ventanas pequeñas para mantenerse frescas. Muchas están bellamente decoradas.

TAMBORES AFRICANOS

Los tambores desempeñan un papel básico en la música de África occidental. Los músicos siguen ritmos muy variados.

Hacia el año 1000 d.C., otra cultura nigeriana, la ife, produjo soberbias esculturas de bronce. No obstante, las más famosas proceden del reino de Benín (1450–1750). Hoy, este arte aún es importante en la región, y máscaras y tallas de madera se usan en las tradicionales ceremonias religiosas.

Durante la Edad Media, el norte de África occidental estuvo en contacto con el norte de África mediante comerciantes musulmanes que cruzaban el Sahara con caravanas de camellos. Los europeos exploraron la costa occidental africana a mediados del siglo XV, y hacia 1530 empezó el comercio de esclavos entre África y América. Los portugueses, y más tarde neerlandeses, británicos, franceses, suecos y daneses comerciaron con esclavos. Los británicos abolieron la esclavitud en 1807, si bien ésta continuó hasta mediados del siglo XIX, a finales del cual la mayor parte de África occidental estaba bajo control europeo. Los países colonizados se independizarían entre 1950 y 1960.

INSTRUMENTO MUSICAL

El kora es una suerte de laúd con el que se acompaña a los narradores de cuentos.

JEFES PARA LA DEMOCRACIA

En 1957, Ghana fue el primer país de África en obtener la independencia. El poder fue traspasado por el Reino Unido a un parlamento elegido, pero la democracia demostró ser frágil. Ghana, como otros países africanos, ha vivido períodos de dictadura.

CRONOLOGÍA

a.C.

500   La civilización nok florece en Nigeria central (hasta el año 200 d.C.).

d.C.

s. XII   Kano, en el norte de Nigeria, gran centro comercial de las caravanas del Sahara; difusión del islam en toda la región.

1440   Los portugueses alcanzan África occidental. Poco después empieza la trata de esclavos.

s. XVII   Reino Ashanti, que incluirá el oeste de Togo, la mayor parte de Ghana y el oeste de Costa de Marfil.

1822   La American Colonization adquiere tierras en Liberia para esclavos libres.

1847   Independencia de Liberia.

1880   Colonización europea de África.

1957   Independencia de Ghana.

1958   Independencia de Guinea.

1960   Independencia de Benín, Burkina Faso, el Camerún francés, República Centroafricana, Costa de Marfil, Nigeria, Senegal y Togo.

1961   Independencia del Camerún británico: una parte pasa a Nigeria y la otra, a Camerún.

1965   Independencia de Gambia.

1968   Independencia de Guinea Ecuatorial y Sierra Leona.

1999   Restauración del poder civil en Nigeria; guerra civil en Sierra Leona.

ÁFRICA
CENTRAL, ORIENTAL
Y MERIDIONAL

○ ¡TODAS EN GUARDIA!

Mangostas centinelas vigilan para impedir el ataque de los depredadores.

Á frica central abarca la cuenca del segundo río más largo de África: el Congo. África oriental, en cambio, es una elevada meseta en la que se erigen los picos más altos del continente: el Kilimanjaro, en Tanzania, y el monte Kenia, en Kenia. África meridional también comprende una meseta marcada por algunas depresiones, como la del delta del Okavango, en el norte de Botsuana. La llanura litoral es estrecha, excepto en Mozambique y Somalia.

La región también incluye Madagascar, la cuarta isla más extensa del mundo, y los pequeños estados insulares de Comoras, Mauricio y Seychelles.

El clima de África central es cálido y húmedo. Las selvas cubren buena parte del sector norte de la cuenca del Congo, que también comprende una zona sur de sabana. Ésta cubre la mayor parte de África oriental, donde las temperaturas son inferiores. Gran parte de África meridional también está cubierta de sabana, pero algunas zonas son secas. El desierto de Namib, en el sudoeste, es uno de los lugares más secos de la Tierra, y el Kalahari, entre Namibia, Botsuana y Sudáfrica, constituye un semidesierto. La parte meridional de Sudáfrica cuenta con un clima templado. La zona en torno a Ciudad del Cabo, en el sudoeste, tiene veranos cálidos y secos, e inviernos templados y lluviosos.

En la cuenca del Congo viven muchos animales de selva. Algunos, como el gorila de montaña del este del Congo y Ruanda, han sido diezmados por los cazadores. Otras especies en peligro de extinción son los monos y el okapi, de la misma familia que la jirafa.

○ MACIZO DE ISALO, MADAGASCAR

Madagascar alberga plantas y animales únicos que no se encuentran en ningún otro lugar del planeta.

○ MONTE KILIMANJARO, TANZANIA

LAS CATARATAS VICTORIA

Estas cascadas se forman en el río Zambeze, entre Zambia y Zimbabue.

REPÚBLICA CENTROAFRICANA

EL DESIERTO DE NAMIB

Enormes dunas de arena se forman y desplazan por el desierto de Namib, en la costa de Namibia. Pocos seres pueden sobrevivir en él.

KENIA

BURUNDI

CHIMPANCÉ

Los chimpancés viven en las selvas de África central.

GABÓN

CONGO

UGANDA

RUANDA

SOMALIA

REP. DEM. DEL CONGO

ANGOLA

NAMIBIA

BOTSUANA

SUDÁFRICA

LESOTHO

SUAZILANDIA

ZIMBABUE

SOMALIA

TANZANIA

ZAMBIA

SEYCHELLES

MALAWI

MAURICIO

MOZAMBIQUE

MADAGASCAR

JIRAFAS

Las jirafas viven en la sabana africana, un hábitat lleno de especies salvajes, como el león, el elefante, la zebra o el jabalí verrugoso.

EL BAOBAB

Reconocibles por sus troncos hinchados que almacenan agua, los baobabs africanos pueden vivir más de 1.000 años.

PAISAJE RURAL DE ZIMBABUE

Mesetas en las que sobresalen montes rocosos como éste de Zimbabue son típicas de África meridional.

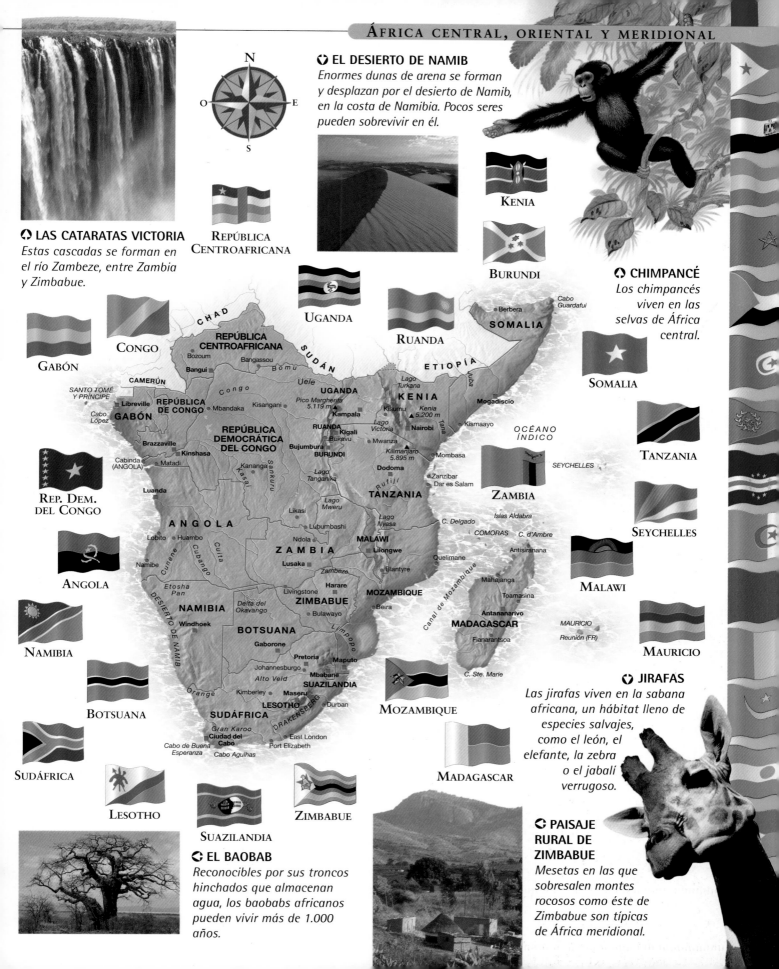

Map labels:

N O E S

CHAD

REPÚBLICA CENTROAFRICANA
Bozoum
Bangassou
Bangui
Bomu

SUDÁN

ETIOPÍA

SOMALIA
Berbera
Cabo Guardafui

CAMERÚN
Congo
Uele
UGANDA
Lago Turkana
KENIA
Mogadiscio

SANTO TOMÉ Y PRÍNCIPE
REPÚBLICA DE CONGO
Libreville
Mbandaka
Kisangani
Pico Margherita 5.119 m
Kampala
Kisumu
Kenia 5.200 m
Nairobi
Kismaayo

GABÓN
Cabo López
RUANDA
Kigali
Lago Victoria
Mwanza
Mombasa
OCÉANO ÍNDICO

REPÚBLICA DEMOCRÁTICA DEL CONGO
Brazzaville
Bujumbura
BURUNDI
Kilimanjaro 5.895 m
Zanzíbar
Dar es Salam
SEYCHELLES

Cabinda (ANGOLA)
Kinshasa
Matadi
Kanana
Dodoma

Luanda
Kasai
Sankuru
Lago Tanganika
TANZANIA
Rufiji

ANGOLA
Likasi
Lago Mweru
Lago Nyasa
C. Delgado
Islas Aldabra
COMORAS
C. d'Ambre

Lobito
Huambo
Lubumbashi
Ndola
ZAMBIA
MALAWI
Lilongwe
Antisiranana

Namibe
Cunene
Cubango
Cuito
Lusaka
Blantyre
Quelimane
Mahajanga

Etosha Pan
Livingstone
Zambeze
Harare
MOZAMBIQUE
Toamasina

DESIERTO DE NAMIB
NAMIBIA
Delta del Okavango
ZIMBABUE
Bulawayo
Beira
Antananarivo
MADAGASCAR
MAURICIO
Reunión (FR)

Windhoek
BOTSUANA
Limpopo
Fianarantsoa

Gaborone
Pretoria
Maputo

Orange
Johannesburgo
Alto Veld
Mbabane
SUAZILANDIA
C. Ste. Marie

Kimberley
Maseru
LESOTHO
Durban

SUDÁFRICA
DRAKENSBERG
Gran Karoo
Ciudad del Cabo
East London
Port Elizabeth

Cabo de Buena Esperanza
Cabo Agulhas

Canal de Mozambique

DATOS

COMORAS
République Féderale Islamique
des Comores
SUPERFICIE: 2.235 km²
POBLACIÓN: 560.000 hab.
CAPITAL: Moroni
OTRAS CIUDADES:
Mutsamudu
PUNTO MÁS ALTO: monte
Kartala (2.361 m)
LENGUAS OFICIALES:
comorense, árabe, francés
MONEDA: franco comorense

REPÚBLICA DEMOCRÁTICA DEL CONGO
République Démocratique
du Congo
SUPERFICIE: 2.344.858 km²
POBLACIÓN: 53.000.000 hab.
CAPITAL: Kinshasa
OTRAS CIUDADES:
Lubumbashi, Mbuji-Mayi,
Kisangani
PUNTO MÁS ALTO: macizo de
Ruwenzori (5.109 m)
LENGUA OFICIAL: francés
MONEDA: franco congoleño

CONGO
République du Congo
SUPERFICIE: 342.000 km²
POBLACIÓN: 2.900.000 hab.
CAPITAL: Brazzaville
OTRAS CIUDADES: Pointe-
Noire, Loubomo
PUNTO MÁS ALTO: monte
Létéki (1.040 m)
LENGUA OFICIAL: francés
MONEDA: franco CFA

GABÓN
République Gabonaise
SUPERFICIE: 267.668 km²
POBLACIÓN: 1.200.000 hab.
CAPITAL: Libreville
OTRAS CIUDADES: Port-Gentil,
Franceville
PUNTO MÁS ALTO: monte
Iboundji (1.190 m)
LENGUA OFICIAL: francés
MONEDA: franco CFA

KENIA
Jamhuri ya Kenya –
Republic of Kenya
SUPERFICIE: 580.367 km²
POBLACIÓN: 30.700.000 hab.
CAPITAL: Nairobi
OTRAS CIUDADES: Mombasa,
Kisumu, Nakuru
PUNTO MÁS ALTO: monte
Kenia (5.199 m)
LENGUAS OFICIALES: swahili,
inglés
MONEDA: chelín de Kenia

PESCA, LUANDA
*La pesca es una actividad
destacada a lo largo de
las costas de Angola.*

**MANZANAS
SUDAFRICANAS**

**CIUDAD DEL CABO,
SUDÁFRICA**
*La cima llana del Tafelberg
domina Ciudad del Cabo,
la capital legislativa de
Sudáfrica, que también
es un gran puerto y centro
industrial.*

África central, oriental y meridional se compone de 24 estados independientes y un departamento francés de ultramar, Reunión. Todos los países son repúblicas, salvo Suazilandia y Lesotho, que tienen reyes como jefes de Estado.

Las fronteras entre los países fueron trazadas durante la época colonial, cuando la región estaba en manos de las potencias europeas. Algunas de ellas dividen a personas del mismo grupo étnico. Los somalíes, por ejemplo, no sólo viven en Somalia, sino también en Yibuti, Etiopía y el norte de Kenia, hecho que ha acarreado problemas fronterizos.

Muchos países están habitados por un gran número de etnias, lo que ha provocado conflictos violentos como los de Burundi y Ruanda, donde el enfrentamiento entre los dos grupos mayoritarios, los tutsi y los hutu, se ha cobrado miles de víctimas. Otros países que han sufrido guerras civiles étnicas en los últimos años han sido Angola, Uganda y la República Democrática del Congo (el antiguo Zaire).

En Sudáfrica, los colonizadores europeos siguieron una política denominada *apartheid* en la que los no-blancos quedaban al margen del poder.

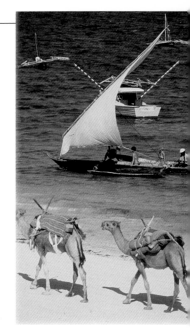

MOMBASA, KENIA
*El sol y las playas de
África ecuatorial atraen a los
turistas. Paseos en dromedario
y en barca destacan entre
otras atracciones.*

◯ MINA DE ORO
*La provincia de Gauteng, Sudáfrica,
cuenta con importantes minas de oro.*

En 1994, la situación cambió y
un gobierno de mayoría negra
alcanzó el poder. Nelson
Mandela, el líder negro de la
oposición al *apartheid*, fue
presidente de 1994 a 1999.

GUERRAS CIVILES ◯
*El conflicto entre los hutu y los tutsi en Ruanda y
Burundi ha sacudido la economía de ambos países.*

En esta parte de África, la
agricultura emplea a unos dos
tercios de la población. A pesar de
todo, muchos campesinos apenas pueden subsistir con el fruto recogido. Los
cultivos dependen del clima de cada área; el maíz es uno de los más importantes,
y el café, el tabaco, el té y la fruta figuran entre las principales exportaciones.

Entre los recursos naturales figuran el petróleo, en Gabón y en el Congo; el cobre,
en Zambia; los diamantes, en Botsuana, la República Democrática del Congo,
Sudáfrica y Namibia; el oro, en Sudáfrica, y el uranio, en Sudáfrica y Namibia.
Aparte de Sudáfrica, los demás países cuentan con una industria poco desarrollada.

Sudáfrica es el país más floreciente
de la zona, aunque muchos de sus
habitantes negros son pobres.

En 2001, la Organización para
la Unidad Africana se reunió por
última vez en Zambia. Después
de 38 años, esta organización de
estados africanos se transformó
en la Unión Africana, con un
parlamento, un tribunal, una
moneda y unas leyes propios.

◯ PRESA HIDROELÉCTRICA, ZIMBABUE
*Las centrales hidroeléctricas situadas al pie de
las presas de los grandes ríos africanos producen
una gran cantidad de energía a bajo coste.*

◐ CRÍAS DE AVESTRUZ, SUDÁFRICA
*Apreciadas antaño por sus plumas,
en la actualidad, las avestruces se
crían principalmente por su piel.*

DATOS

LESOTHO
Kingdom of Lesotho
SUPERFICIE: 30.355 km²
POBLACIÓN: 2.200.000 hab.
CAPITAL: Maseru
OTRAS CIUDADES: Maputsoe,
Teyateyaneng
PUNTO MÁS ALTO: Thabana
Ntlenyana (3.482 m)
LENGUAS OFICIALES: sotho,
inglés
MONEDA: loti

MADAGASCAR
Repobikan'i Madagasikara –
République de Madagascar –
Republic of Madagascar
SUPERFICIE: 587.041 km²
POBLACIÓN: 16.000.000 hab.
CAPITAL: Antananarivo
OTRAS CIUDADES: Toamasina,
Antsirabe, Mahajanga
PUNTO MÁS ALTO: monte
Maromokotro (2.876 m)
LENGUAS OFICIALES:
malgache, francés, inglés
MONEDA: franco malgache

MALAWI
Dkiko la Malawi – Republic
of Malawi
SUPERFICIE: 118.484 km²
POBLACIÓN: 10.500.000 hab.
CAPITAL: Lilongwe
OTRAS CIUDADES: Blantyre,
Mzuzu
PUNTO MÁS ALTO: monte
Sapitwe (3.000 m)
LENGUA OFICIAL: inglés,
chichewa
MONEDA: kwacha malawino

MAURICIO
Republic of Mauritius
SUPERFICIE: 2.040 km²
POBLACIÓN: 1.200.000 hab.
CAPITAL: Port Louis
OTRAS CIUDADES: Beau
Bassin-Rose Hill, Vacoas-
Phoenix
PUNTO MÁS ALTO: Piton de la
Rivière Noire (826 m)
LENGUA OFICIAL: inglés
MONEDA: rupia de Mauricio

MOZAMBIQUE
República de Moçambique
SUPERFICIE: 801.590 km²
POBLACIÓN: 19.400.000 hab.
CAPITAL: Maputo
OTRAS CIUDADES: Beira,
Nampula
PUNTO MÁS ALTO: monte
Binga (2.436 m)
LENGUA OFICIAL: portugués
MONEDA: metical

○ BAILARÍN MBUTI

Los mbuti son un pueblo pigmeo que vive en el nordeste de la República Democrática del Congo.

La mayoría de la gente de África central, oriental y meridional habla una lengua bantú; así, por ejemplo, el congo, en África central; el swahili, en África oriental, y el xhosa y el zulú, en Sudáfrica.

Los antepasados de los bantúes provenían de la frontera entre Camerún y Nigeria y eran agricultores que usaban herramientas de hierro. Hace más de 2.000 años empezaron a desplazarse hacia el este y el sur, y se asentaron en el territorio de otros pueblos, como los pigmeos, cazadores de la selva, o los khoikhoi y los san, conocidos también como *hotentotes* y *bosquimanos*. Algunos de estos pueblos aún sobreviven en zonas remotas, aunque los principales grupos minoritarios son de origen europeo y asiático.

El cristianismo fue introducido por misioneros europeos y, todavía hoy, más del 60% de la población es cristiana. Cerca de un 22% profesa religiones tradicionales africanas, la mayoría de las cuales incluye el culto a los antepasados y a los espíritus. Los musulmanes, que constituyen el 12%, abundan en África oriental.

La música, sobre todo de tambores, es un arte muy popular en la región.

○ MUJER HUTU

En Ruanda y Burundi viven tres grupos étnicos: los hutu, mayoritarios, los tutsi y unos pocos pigmeos.

DATOS

NAMIBIA
Republic of Namibia
SUPERFICIE: 824.292 km²
POBLACIÓN: 1.800.000 hab.
CAPITAL: Windhoek
OTRAS CIUDADES: Swakopmund, Rundu
PUNTO MÁS ALTO: Brandberg (2.580 m)
LENGUA OFICIAL: inglés
MONEDA: dólar namibio

RUANDA
Republika y'u Rwanda –
République Rwandaise
SUPERFICIE: 26.338 km²
POBLACIÓN: 7.300.000 hab.
CAPITAL: Kigali
OTRAS CIUDADES: Ruhengeri, Butare
PUNTO MÁS ALTO: macizo de Karisimbi (4.507 m)
LENGUAS OFICIALES: kinyarwanda, francés
MONEDA: franco de Ruanda

SANTO TOMÉ Y PRÍNCIPE
República Democrática de São Tomé e Príncipe
SUPERFICIE: 964 km²
POBLACIÓN: 147.000 hab.
CAPITAL: Santo Tomé
OTRAS CIUDADES: Trinidade, Santana
PUNTO MÁS ALTO: pico de São Tomé (2.024 m)
LENGUA OFICIAL: portugués
MONEDA: dobra

SEYCHELLES
Repiblik Sesel –
République des Seychelles –
Republic of the Seychelles
SUPERFICIE: 455 km²
POBLACIÓN: 80.000 hab.
CAPITAL: Victoria
OTRAS CIUDADES: Cascade
PUNTO MÁS ALTO: Morne Seychellois (905 m)
LENGUAS OFICIALES: criollo, francés, inglés
MONEDA: rupia de las Seychelles

○ MUJERES ZULÚES

Muchos hombres zulúes trabajan en la minería y en la industria. Sus esposas cuidan de la casa y los hijos.

○ HOMBRE SAMBURU, KENIA

En Kenia habitan unos 40 grupos étnicos. Los samburu provienen de la misma familia que los masai.

↻ MÁSCARA CONGO
Las máscaras se utilizan en las ceremonias de muchas religiones tradicionales.

↻ TOWNSHIP
Los township son barrios de viviendas construidas con derribos y situadas junto a las grandes ciudades de Sudáfrica. En estos sitios, la pobreza y la criminalidad son habituales.

En los últimos años se han desarrollado varios tipos de *jazz* africano. La danza es otra afición tradicional. El fútbol es el deporte más difundido, pero también el *cricket* y el *rugby*, sobre todo en Sudáfrica, Zimbabue y otros países.

Las tallas y las máscaras de madera son un arte muy extendido, sobre todo en África central. Muchas de ellas se emplean en las tradicionales ceremonias religiosas y ya no se utilizan más. La cerámica, la decoración de cestas con collares y conchas, así como los escudos usados en las danzas rituales figuran entre otros artículos de gran belleza típicos de la zona.

Los platos más comunes son simples, pues la mayoría de la gente no puede permitirse grandes manjares. El maíz es el principal alimento en la sabana. Se muele y de su harina se hacen unas gachas, que se comen con judías u otras verduras y, con frecuencia, aderezadas con una salsa picante. La carne y el pescado se consumen cuando la gente se lo puede permitir.

↻ CATEDRAL, GABÓN
El cristianismo es la religión dominante en África central, oriental y meridional. Fue introducido por misioneros europeos y por el explorador David Livingstone.

↻ ATLETA KENIATA
África oriental es la cuna de muchos excelentes atletas, que sobresalen en las carreras de larga distancia, especialmente a gran altitud.

↻ ALDEA XHOSA
La mayoría de los xhosa que viven en aldeas del sudeste sudafricano depende del dinero que envían los parientes que trabajan en las ciudades.

DATOS

SOMALIA
Jamhuriyadda Dimugradiga ee Soomaaliya
SUPERFICIE: 637.657 km²
POBLACIÓN: 7.500.000 hab.
CAPITAL: Mogadiscio
OTRAS CIUDADES: Hargeysa, Kismaayo, Berbera
PUNTO MÁS ALTO: Surud Ad (2.408 m)
LENGUAS OFICIALES: somalí, árabe
MONEDA: chelín somalí

SUDÁFRICA
Republic of South Africa
SUPERFICIE: 1.221.037 km²
POBLACIÓN: 43.500.000 hab.
CAPITAL: Pretoria (administrativa), Ciudad del Cabo (legislativa), Bloemfontein (judicial)
OTRAS CIUDADES: Johannesburgo, Durban, Port Elizabeth
PUNTO MÁS ALTO: Mount aux Sources (3.282 m)
LENGUAS OFICIALES: afrikaans, inglés, ndebele, sotho septentrional, sotho meridional, suazi, tsonga, tsuana, venda, xhosa, zulú
MONEDA: rand

SUAZILANDIA
Umboso weSwatini – Kingdom of Swaziland
SUPERFICIE: 17.364 km²
POBLACIÓN: 1.100.000 hab.
CAPITAL: Mbabane
OTRAS CIUDADES: Manzini, Nhlangano
PUNTO MÁS ALTO: monte Emlembe (1.862 m)
LENGUAS OFICIALES: suazi, inglés
MONEDA: lilangeni

TANZANIA
Jamhuri ya Muungano wa Tanzania – United Republic of Tanzania
SUPERFICIE: 883.749 km²
POBLACIÓN: 36.200.000 hab.
CAPITAL: Dodoma
OTRAS CIUDADES: Dar es Salam, Mwanza, Tanga
PUNTO MÁS ALTO: monte Kilimanjaro (5.895 m)
LENGUAS OFICIALES: swahili, inglés
MONEDA: chelín tanzano

◑ LA GRAN MARCHA

En 1836, los colonos bóers emigraron de la colonia del Cabo hacia el interior para huir de los británicos.

Los científicos han hallado fósiles de seres parecidos a humanos que vivieron en África oriental hace más de 2 millones de años. Algunos expertos creen que ahí aparecieron los primeros hombres modernos.

En la prehistoria, África central, oriental y meridional estuvo habitada por cazadores y recolectores. Hace unos 2.000 años, agricultores bantúes penetraron en la región desde el noroeste, y se fundieron con los pueblos de la zona, aunque algunos de estos cazadores y recolectores siguieron viviendo en áreas remotas.

Los bantúes fundaron reinos grandes y poderosos. A partir del siglo XV, no obstante, la mayoría de ellos se debilitó a causa del tráfico de esclavos practicado por los europeos. Éstos no solían aventurarse hacia el interior del continente, pero africanos de la costa atacaban los reinos interiores y capturaban prisioneros que luego vendían como esclavos a los comerciantes europeos. Zonas muy extensas fueron devastadas por estas guerras.

◑ FORT JESUS, KENIA

Fort Jesus fue construido hacia 1590 por los portugueses, que lo utilizaron como base para controlar África oriental.

◑ EL GRAN ZIMBABUE

Esta gran ciudadela amurallada, ahora en ruinas, fue construida por los shona en Zimbabue en el siglo XIV.

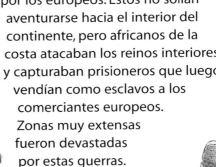

◑ AUSTRALOPITECUS

En África oriental y meridional se han hallado restos de los primeros humanos.

◑ GUERRAS ZULÚES

En 1836, los zulúes de Sudáfrica se enfrentaron con unos colonizadores blancos llamados bóers. La resistencia de los africanos continuó hasta 1879, cuando fueron derrotados por tropas británicas.

DATOS

UGANDA
Republic of Uganda
SUPERFICIE: 241.038 km²
POBLACIÓN: 24.000.000 hab.
CAPITAL: Kampala
OTRAS CIUDADES: Jinja, Mbale, Masaka
PUNTO MÁS ALTO: macizo del Ruwenzori (5.109 m)
LENGUA OFICIAL: inglés
MONEDA: chelín ugandés

ZAMBIA
Republic of Zambia
SUPERFICIE: 752.618 km²
POBLACIÓN: 9.700.000 hab.
CAPITAL: Lusaka
OTRAS CIUDADES: Ndola, Kitwe, Mufulira
PUNTO MÁS ALTO: montes Mafinga (2.301 m)
LENGUA OFICIAL: inglés
MONEDA: kwacha de Zambia

ZIMBABUE
Republic of Zimbabwe
SUPERFICIE: 390.757 km²
POBLACIÓN: 11.300.000 hab.
CAPITAL: Harare
OTRAS CIUDADES: Bulawayo, Chitungwiza, Mutare
PUNTO MÁS ALTO: monte Inyangani (2.593 m)
LENGUA OFICIAL: inglés
MONEDA: dólar de Zimbabue

REUNIÓN (FRANCIA)
Département de la Réunion
SUPERFICIE: 2.510 km²
POBLACIÓN: 664.000 hab.
CAPITAL: Saint-Denis
OTRAS CIUDADES: Le Port, Le Tampon
PUNTO MÁS ALTO: Piton des Neiges (3.069 m)
LENGUA OFICIAL: francés
MONEDA: euro

En 1652, los neerlandeses fundaron una colonia muy importante, Ciudad del Cabo, que sirvió de base de abastecimiento para las naves que navegaban entre Europa y el Sudeste asiático, y que se convertiría en el núcleo de la Sudáfrica actual.

En el siglo XIX, varios exploradores cartografiaron el interior de África. A finales del siglo XIX, los estados europeos se repartieron la región. La mayoría de estas colonias accedió a la independencia en las décadas de 1960 y 1970. Zimbabue (antigua Rhodesia) no lo hizo hasta 1980 y Namibia, que entretanto había sido invadida por Sudáfrica, hasta 1990.

CRONOLOGÍA

1100	Mercaderes árabes se establecen en África oriental.
1250	Desarrollo del Gran Zimbabue.
1487	Bartolomeo Díaz llega a la punta sur de África.
1652	Los neerlandeses fundan Ciudad del Cabo.
s. XIX	Colonización europea.
1958	Independencia de la República Centroafricana.
1960	Independencia de la República Democrática del Congo, Gabón, el Congo y Somalia.
1962	Independencia de Burundi, Ruanda y Uganda.
1963	Independencia de Kenia.
1964	Independencia de Lesotho, Malawi, Tanzania y Zambia.
1966	Independencia de Botsuana.
1968	Independencia de Suazilandia.
1975	Independencia de Angola y Mozambique.
1990	Namibia se independiza de Sudáfrica.
1994	Primeras elecciones democráticas en Sudáfrica.
2002	La Organización para la Unidad Africana adopta el nombre de Unión Africana.

◯ **DISCRIMINACIÓN RACIAL**
Desde 1948, la vida en Sudáfrica estuvo marcada por las restricciones raciales. Los no-blancos debían usar instalaciones separadas de las de los blancos, así como playas separadas.

En 1948, el gobierno sudafricano de sólo blancos inauguró una política conocida como *apartheid*. Los blancos controlaban el gobierno y la economía; los negros, en cambio, no tenían derecho a votar y sus vidas estaban controladas estrictamente. Desde la década de 1960, la mayoría de los demás países condenó el régimen sudafricano, al tiempo que la oposición interior de grupos negros crecía gradualmente.

El *apartheid* concluyó a principios de la década de 1990 y, en 1994, el pueblo sudafricano eligió un gobierno negro. A pesar de todo, Sudáfrica se enfrenta hoy a enormes problemas, como la pobreza o la amplia difusión del virus del sida.

◑ **MONUMENTO A BARTOLOMEO DÍAZ**
Bartolomeo Díaz (1450–1500) fue el primer europeo en alcanzar la punta meridional de África.

◑ **NELSON MANDELA**
Nelson Mandela condujo a la victoria al Congreso Nacional Africano en las primeras elecciones libres de Sudáfrica en 1994. Mandela permaneció en la cárcel de 1962 a 1990 por su oposición al apartheid.

217

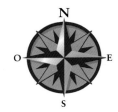

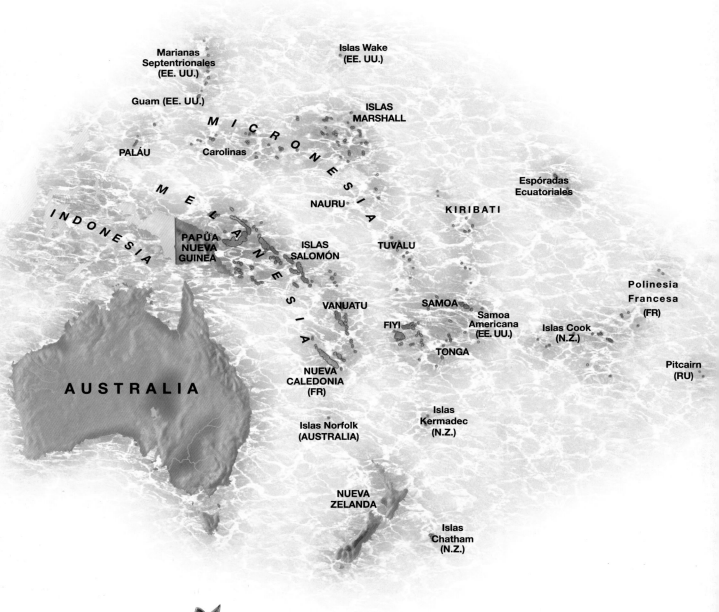

Marianas
Septentrionales
(EE. UU.)

Islas Wake
(EE. UU.)

Guam (EE. UU.)

ISLAS
MARSHALL

M I C R O N E S I A

PALÁU

Carolinas

Espóradas
Ecuatoriales

M E L A N E S I A

NAURU

KIRIBATI

INDONESIA

PAPÚA
NUEVA
GUINEA

ISLAS
SALOMÓN

TUVALU

Polinesia
Francesa
(FR)

VANUATU

SAMOA

Samoa
Americana
(EE. UU.)

Islas Cook
(N.Z.)

FIYI

AUSTRALIA

TONGA

Pitcairn
(RU)

NUEVA
CALEDONIA
(FR)

Islas
Kermadec
(N.Z.)

Islas Norfolk
(AUSTRALIA)

NUEVA
ZELANDA

Islas
Chatham
(N.Z.)

↺ CANGURO

OCEANÍA

◊ Gran Barrera Coralina,
AUSTRALIA

◊ Sydney Opera House,
AUSTRALIA

◊ Uluru (Ayers Rock),
AUSTRALIA

◊ Bungalows en una playa,
FIYI

Oceanía también es conocida como «Australasia», y comprende un amplio sector del océano Pacífico, desde el trópico de Cáncer, en el norte, hasta la isla de Stewart (Nueva Zelanda), en el sur.

Australia constituye el 90% de la tierra firme del continente. Demasiado grande para ser una isla, suele considerarse como el más pequeño de los continentes. Australia es un país de desiertos vacíos envueltos por praderas templadas, selvas ecuatoriales y matorrales.

Al norte de Australia se encuentra la isla de Nueva Guinea, cuya parte occidental pertenece a un país asiático, Indonesia, mientras que la oriental conforma el estado independiente de Papúa Nueva Guinea. Al sudeste se encuentra el archipiélago de Nueva Zelanda, que, dominado por la Isla del Norte y la Isla del Sur, contiene hermosas montañas volcánicas, tierras frescas, profundas ensenadas, bosques y llanuras herbáceas.

Esparcidas por todo el océano Pacífico pueden hallarse miles de minúsculas islas volcánicas y coralinas, agrupadas en estados independientes y dependencias. A veces, estas islas se dividen en regiones étnicas. Micronesia incluye Guam, Kiribati, y las islas Marianas, Marshall y Carolinas. Melanesia engloba Papúa Nueva Guinea, Vanuatu, Nueva Caledonia, Fiyi y las Islas Salomón. Finalmente, Polinesia agrupa Tonga, Samoa, las Espóradas Ecuatoriales, Tuvalu, la Polinesia Francesa y Pitcairn.

AUSTRALIA

DATOS

AUSTRALIA
Commonwealth of Australia
SUPERFICIE: 7.682.300 km²
POBLACIÓN: 19.300.000 hab.
CAPITAL: Canberra
OTRAS CIUDADES: Sydney,
Melbourne, Brisbane,
Adelaida, Perth
PUNTO MÁS ALTO: monte
Kosciuszko (2.229 m)
LENGUA OFICIAL: inglés
MONEDA: dólar australiano

↻ **DIABLO ESPINOSO**

↻ **ISLA PHILLIP**
El desplome de la roca ha creado columnas y pináculos frente a la Isla Phillip, situada entre Western Port y el estrecho de Bass, Melbourne, y famosa por sus pingüinos.

↻ **LA GRAN BARRERA**
Los submarinistas exploran este mágico mundo de corales, peces de vivos colores, almejas gigantes y estrellas de mar.

Australia está situada entre el océano Pacífico y el océano Índico. Su costa norte está bañada por cálidos mares tropicales, mientras que la isla de Tasmania, al sur, está rodeada por aguas más frías y turbulentas. La costa nordeste está protegida por la Gran Barrera Coralina, la más larga del mundo, que se extiende de norte a sur a lo largo de 2.027 km.

Paralelas a la costa este se alzan las montañas de la Gran Cordillera Divisoria, en cuyo extremo sur se elevan los Alpes australianos. El río más largo de Australia, el Murray, cuyo principal afluente es el Darling, nace cerca del monte Kosciuszko.

El interior de Australia está formado por el Gran Desierto Victoria, el desierto de Gibson y el Gran Desierto de Arena. Existen afloramientos rocosos, lagos salados y lagos secos. A lo largo de la Gran Bahía Australiana se extienden las llanuras de Nullarbor. Rodean los desiertos regiones de matorral seco, sabana, selva ecuatorial, praderas templadas y bosques de eucaliptos. En Australia viven animales y pájaros únicos en la Tierra, como el koala, el canguro, el diablo de Tasmania y el ornitorrinco.

La inmensa mayoría de los australianos vive en las grandes ciudades situadas a lo largo de las costas orientales, meridionales y sudoccidentales, donde la temperatura es más agradable y el suelo más fértil. En el interior, donde las condiciones lo permiten, hay grandes explotaciones ganaderas y mineras.

↻ **BAHÍA BYRON**
Playas vírgenes donde rompen grandes olas se extienden a lo largo de la costa norte de Nueva Gales del Sur.

◊ LOS OLGAS

Conocidos por los aborígenes como «Katatjuta», que significa «muchas cabezas», estos extraños domos rocosos se encuentran 50 km al oeste de Uluru (Ayers Rock) en el centro de Australia.

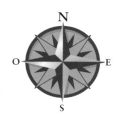

◊ SOBRE UN ÁRBOL

El peludo koala gris pasa la mayor parte del tiempo subido a los eucaliptos. Sus crías permanecen los primeros seis meses de vida en una bolsa del cuerpo de su madre.

Estrecho de Torres
Cabo York
Melville
Bathurst
Darwin
Cabo Arnhem
Golfo de Carpentaria
CAPE-YORK-HALBINSEL
Golfo de José Bonaparte
Bonaparte Archipelago
Tierra de Arnhem
Groote Eylandt
Wellesley
Gran Barrera Coralina
Drystale
Daly
Victoria
Roper
Mitchell
Gilbert
Norman
KIMBERLEY PLATEAU
BARKLY TABLELAND
Mount Isa
Flinders
Cairns
GRAN
Broome
Fitzroy
Eighty Mile Beach
Georgina
Townsville
Proserpine
Mackay
Port Hedland
De Grey
TERRITORIO DEL NORTE
QUEENSLAND
CORDILLERA
Barrow
Fortescue
GRAN DESIERTO DE ARENA
Diamantina
Thomson
C.Townsend
Ashburton
Mt. Bruce 1.226m
Rockhampton
Lago Macleod
DESIERTO DE GIBSON
MACDONNELL RANGES
Alice Springs
Barcoo
Bundaberg
Belyando
Carnarvon
Murchison
Uluru (Ayers Rock) 867 m
DESIERTO DE SIMPSON
Warrego
Dirk Hartog
AUSTRALIA OCCIDENTAL
MUSGRAVE RANGES
Finke
Alberga
Culgoa
Brisbane
Toowoomba
Gold Coast
GRAN DESIERTO DE VICTORIA
Lago Eyre
Cooper Creek
Barwon
Geraldton
Laverton
AUSTRALIA MERIDIONAL
Grafton
Lago Everard
Lago Torrens
Broken Hill
NUEVA GALES DEL SUR
Coffs Harbour
LLANURA DE NULLARBOR
FLINDERS RANGE
Darling
Kalgoorlie-Boulder
Lago Gairdner
Lachlan
Maitland
Perth
Gran Bahía Australiana
Newcastle
Fremantle
Wagga Wagga
Sydney
C. Naturaliste
Bunbury
Port Lincoln
Golfo de Spencer
Adelaida
Milgura
Murray
Wollongong
C. Leeuwin
Albany
Archipelago of the Recherche
Kangaroo
VICTORIA
Bendigo
Canberra
Kosciuszko 2.228 m
TERRITORIO AUSTRALIANO DE LA CAPITAL
C. Howe
Ballarat
Mount Gambier
Geelong
Melbourne
C. Otway
Wilson's Promontory
Estrecho de Bass
Flinders
Cape Barren
MAR DE TASMANIA
King
Davenport
Burnie
Launceston
TASMANIA
Queenstown
Hobart
South East C.

AUSTRALIA

◊ ROCA ONDULADA

Como una ola petrificada, esta roca de Australia Occidental ha sido modelada por el viento y la lluvia.

◊ TORTUGA DEL RÍO MURRAY

◊ EL LAGO EYRE

Este gran lago salado está situado en Australia Meridional bajo el nivel del mar, y suele estar seco, pues las aguas del río que lo alimentan se evaporan rápido y dejan atrás una corteza de sal.

◑ PLANTACIÓN DE PIÑAS

El clima cálido y húmedo de Queensland es apto para el cultivo de piñas, plátanos y caña de azúcar.

Australia es un país independiente de tipo federal. En el sudeste del país, Canberra, la capital, es una ciudad construida con fines exclusivamente administrativos. Los estados más poblados son Nueva Gales del Sur y Victoria, en el sudeste; seguidos de Queensland, en el nordeste; Australia Occidental; Australia Meridional, y la isla de Tasmania. El inhóspito Territorio Septentrional está escasamente habitado.

◑ DROMEDARIOS EN EL DESIERTO

Los dromedarios, o camellos de una joroba, fueron introducidos en Australia en la década de 1860. Usados por el explorador Robert O'Hara Burke (1820–1861), aún pueden verse en los desiertos.

Australia también tiene algunas posesiones oceánicas, como la isla Norfolk, la isla Christmas, las Islas Cocos (Keeling), las Islas Ashmore y Cartier, las Islas del mar del Coral, la isla Heard y la Islas Macdonalds.

Originariamente, Australia fue un grupo de colonias británicas; de hecho, el país aún tiene al monarca británico como jefe de Estado, a pesar de que los republicanos gozan de un apoyo cada vez mayor. Aunque los vínculos culturales con las Islas Británicas todavía son fuertes, Australia es un país cada día más integrado en la economía del Pacífico.

◑ ENERGÍA EÓLICA

Este molino de viento es uno de los símbolos de la soledad del interior de Australia. En estas tierras tan secas, el viento puede usarse para extraer agua del subsuelo, que se almacena en tanques.

◑ ISLA CHRISTMAS

En el océano Índico, a 300 km al sur de Java, se sitúa la pequeña isla australiana de Christmas. Su población, malayos y chinos, trabaja en las minas de fosfato o en el turismo.

◑ ¡INCENDIOS!

Una chispa puede causar un incendio si el bosque está seco. Los grandes fuegos son demasiado habituales, y amenazan casas y personas.

CAMIONES GIGANTES

Sin previsión de atascos, estruendosos y gigantescos camiones articulados levantan nubes de polvo mientras transportan su mercancía por territorios deshabitados.

El ganado bovino y ovino han sido siempre dos puntales de la economía australiana. Los ranchos, conocidos como *stations,* pueden abarcar hasta 10.000 km², y en muchos casos se necesitan aviones ligeros para desplazarse de un extremo a otro del terreno. Los principales cultivos son el trigo, la caña de azúcar y los frutales. Los vinos australianos son famosos en todo el mundo.

ESQUILEO DE OVEJAS

Si bien aún se ven, los esquiladores de ovejas, puntales de la economía del país, ya forman parte del folclore australiano.

VINO AUSTRALIANO

En la década de 1840 se plantaron viñedos en el valle de Barossa, en Australia Meridional. Su calidad ha mejorado, y actualmente Australia produce una amplia gama de excelentes vinos, que se exportan a todo el mundo.

A VISTA DE PÁJARO

Un helicóptero transporta turistas sobre azules mares y arrecifes frente a Cairns, norte de Queensland. Australia se ha convertido en un gran destino turístico.

La carrera del oro de la década de 1850 abrió Australia a la minería. Hoy, el país es un gran exportador de hierro, níquel, bauxita, oro, estaño, uranio, zinc y wolframio. Además, existen reservas de carbón, petróleo y madera, y los ríos de las Snowy Mountains, en la Gran Cordillera Divisoria, proporcionan energía hidroeléctrica.

La industria destaca en los sectores textil, químico y automovilístico. Australia se ha convertido en un gran centro de la televisión, el cine y la prensa, así como en un popular destino turístico, con gente que se desplaza hasta el país para disfrutar del sol, el surf, los deportes acuáticos o el *trekking.*

CANGUROS

Existen más de 50 especies de canguros australianos; grandes o pequeños, grises o rojizos, viven en los bosques, las praderas y las costas. Todos saltan apoyando sus poderosas patas traseras.

HARBOUR BRIDGE

Construido en 1932, este símbolo de Sydney enlaza el norte y el sur de la ciudad.

223

◯ IN MEMORIAM

El National War Memorial y el edificio del Parlamento de Canberra se comunican mediante el Anzac Parade. El Anzac Day, 25 de abril, conmemora a los soldados del Cuerpo de Ejército Australiano y Neozelandés caídos en la Primera Guerra Mundial.

◯ FÚTBOL AUSTRALIANO

El fútbol australiano es un deporte duro y rápido con 18 jugadores por equipo.

Los descendientes de los primeros australianos son conocidos como *aborígenes*; se dividen en varias culturas por todo el territorio del país, y, tradicionalmente, son expertos en la supervivencia en el desierto. Los isleños del estrecho de Torres, en el extremo norte, pertenecen a otro grupo étnico antiguo.

Los aborígenes fueron perseguidos en los años posteriores a la llegada de los británicos, en la década de 1770, y excluidos de la ciudadanía australiana hasta 1967. Hoy sólo representan el 1% de la población, se enfrentan a muchos problemas económicos y reclaman la devolución de sus antiguas tierras. En los últimos años ha aumentado en todo el mundo el interés por Australia, por su cultura y sus tradiciones.

La gran mayoría de los australianos desciende de habitantes de las Islas Británicas. La lengua inglesa se habla en todo el país, con un acento y expresiones propios. En los últimos 20 años, Australia se ha transformado en una sociedad multiétnica que ha recibido a inmigrantes escandinavos, polacos, neerlandeses, alemanes, italianos, griegos, libaneses, indios, chinos, tailandeses y vietnamitas.

◯ EXPLORANDO AUSTRALIA

Los australianos que residen en ciudades y que empiezan a explorar el interior del país y sus extraordinarios paisajes aumentan día a día.

◯ NUEVOS AUSTRALIANOS

Desde 1974 han llegado muchos inmigrantes del Sudeste asiático. Esta madre vietnamita y su hijo viven en Footscray, un barrio situado al oeste de Melbourne.

◯ BARBACOAS

La barbacoa se ha convertido en una famosa tradición australiana. No hay nada mejor que una parrillada de marisco fresco o de carne al aire libre.

◯ ASISTENCIA MÉDICA POR AVIÓN

Australia es pionera en los servicios médicos por radio y por avión. En caso de emergencia, el Flying Doctor Service proporciona asistencia sanitaria a las zonas remotas.

○ CIUDADANOS

Si bien los aborígenes son una minoría en su país, actualmente afrontan el futuro como ciudadanos de pleno derecho.

A muchos australianos les gustan las actividades y los deportes al aire libre, como el tenis, la vela, la natación, el surf, el *cricket*, el *rugby* o el fútbol australiano. En los últimos años, Sydney y Melbourne se han convertido en activos centros culturales. A pesar de que el 85% de la población vive en las modernas ciudades costeras o en otras áreas urbanas, existe una gran fascinación por el folclore y las tradiciones del interior. En zonas remotas, la vida es dura: si se produce un accidente en una granja aislada, puede que el médico tenga que desplazarse en avión. Hay profesores que incluso imparten clases a sus alumnos situados a centenares de kilómetros mediante comunicación por radio.

○ CONTRA LAS OLAS

En la actualidad, la vida australiana se centra tanto en la playa como en el interior. A los nadadores, socorristas, remeros y surfistas les gusta exhibir sus músculos a la multitud.

○ ARTE ABORIGEN

Tradicionalmente, los aborígenes usaban pigmentos naturales para sus pinturas en las rocas y en paneles de corteza. Muchas pinturas representan animales que la gente cazaba para comer.

○ ¡MANOS A LA OBRA!

En los últimos años se ha producido un notable interés internacional por el arte aborigen. Hoy, los pintores usan pinturas y materiales modernos, aunque los modelos abstractos que producen suelen hacer referencia a sus antiguas creencias espirituales.

○ LA SYDNEY OPERA HOUSE

Terminado en 1973, este edificio sobresale del puerto de Sydney como un conjunto de velas blancas hinchadas.

225

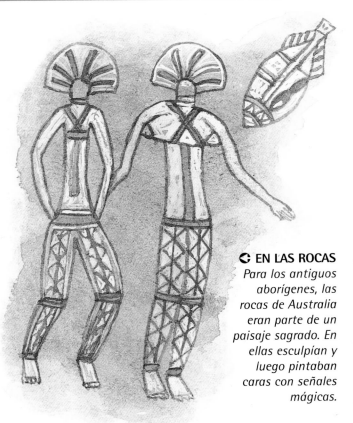

⊙ SUPERVIVIENTES
Los aborígenes han sobrevivido en una tierra inhóspita a fuerza de cazar y de dominar el hostil ambiente desértico.

⊙ LA ERA VICTORIANA
Australia se desarrolló rápidamente durante el mandato de la reina Victoria (1837–1901).

⊙ EN LAS ROCAS
Para los antiguos aborígenes, las rocas de Australia eran parte de un paisaje sagrado. En ellas esculpían y luego pintaban caras con señales mágicas.

Sur ya era una colonia de pleno derecho.

Los exploradores empezaron a adentrarse en las tierras del interior. Hacia 1850 acabó el traslado de prisioneros, y de las Islas Británicas llegaron miles de colonos atraídos por el hallazgo de oro. En Australia Meridional y Occidental se fundaron nuevas colonias, y Tasmania y Victoria se separaron de Nueva Gales del Sur. Muchos pueblos aborígenes, como los de Tasmania, fueron totalmente exterminados por los colonos británicos.

Se cree que Australia empezó a poblarse hace más de 50.000 años, cuando el descenso del nivel de los océanos facilitó la travesía desde el Sudeste asiático. Con los años, oleadas de aborígenes cazadores, recolectores y pescadores se esparcieron por el país.

Exploradores portugueses, españoles y neerlandeses navegaron por aguas australianas, pero fueron los británicos quienes colonizaron la región. En 1770, James Cook (1728–1779) llegó a Botany Bay y exploró la costa de Nueva Gales del Sur.

En 1787, los británicos fundaron una colonia penal en Sydney Cove, y en 1823, Nueva Gales del

⊙ PRESIDIARIOS
Transportados a las colonias, con frecuencia por delitos nimios, los presos británicos recibían castigos brutales.

↻ LA CARRERA DEL ORO
Hacia 1850 se descubrió oro en Nueva Gales del Sur y Victoria. De todo el mundo llegaron buscadores que esperaban enriquecerse.

↻ NED KELLY (1855–1880)
Este forajido australiano, atracador de bancos, llevaba una máscara de hierro en el momento de su detención tras un tiroteo. Kelly fue ahorcado en la cárcel de Melbourne.

Las colonias separadas se federaron y formaron la Commonwealth of Australia en 1901. En el siglo XX, Australia luchó junto al Imperio británico en las dos guerras mundiales (1914–1918 y 1939–1945), aunque durante la segunda, el país estuvo amenazado por la invasión japonesa del Sudeste asiático. En la década de 1950 llegó una nueva oleada de colonos británicos.

Tras la década de 1960, Australia se apartó poco a poco de sus estrechos vínculos políticos y comerciales con el Reino Unido, y Japón y Estados Unidos pasaron a ser sus mayores socios comerciales. De Asia y del Pacífico llegaron nuevos inmigrantes, y se reconocieron los derechos de los aborígenes.

↻ LAS VOCES ABORÍGENES
En los últimos 20 años, los aborígenes australianos, con su bandera roja, amarilla y negra, han exigido justicia social y la restitución de sus tierras. Muchos australianos blancos muestran un interés creciente por la historia del país.

CRONOLOGÍA

a.C.

50000	Asentamiento aborigen primitivo.
12000	Oleada de colonos.

d.C.

1606	Los neerlandeses descubren Australia.
1644	Abel Tasman cartografía la costa de Australia.
1770	James Cook toma posesión de Nueva Gales del Sur para la corona británica.
1788	Se funda la colonia penal de Sydney.
1825	Tasmania, colonia independiente.
1829	Colonización de Australia Occidental.
1836	Colonización de Australia Meridional.
1851	Carrera del oro (hasta 1861).
1851	Victoria, colonia independiente.
1856	Autogobierno.
1859	Colonización de Queensland.
1868	Fin del traslado de presos.
1901	Fundación de la Commonwealth of Australia.
1914	Primera Guerra Mundial (hasta 1918): muchos australianos mueren en Gallipoli.
1927	Gobierno federal en Canberra.
1931	Independencia de Australia.
1939	Segunda Guerra Mundial (hasta 1945).
1950	Gran inmigración europea.
1967	Los aborígenes, reconocidos como ciudadanos.
1970	Inmigración asiática y del Pacífico.
1992	Reconocido el derecho aborigen sobre las tierras.

227

NUEVA ZELANDA

Y LAS ISLAS DEL PACÍFICO

KIWI

El océano Pacífico está rodeado por un «cinturón de fuego», una región de intensa actividad volcánica. Volcanes submarinos en erupción han emergido y han dado lugar a nuevas islas. Bañadas por las cálidas aguas del Pacífico Sur, muchas de ellas cuentan con un armazón de coral. A veces, la roca volcánica se derrumba y forma un anillo de coral llamado *atolón*.

GÉISERS

En Whakarewarewa, cerca de Rotorua, Isla del Norte, Nueva Zelanda, existen siete espectaculares géisers.

Nueva Zelanda se sitúa 1.920 km al sudeste de Australia, y en ella viven animales muy exóticos como el kiwi. Sus partes principales, la Isla del Norte y la Isla del Sur, están separadas por el estrecho de Cook. La Isla del Norte goza de una tierra fértil, volcanes activos, géisers y fuentes termales. Entre las mayores ciudades figuran Wellington, la capital, y Auckland. En la Isla del Sur existen picos nevados en los Alpes Meridionales y fértiles llanos en Canterbury, junto a las ciudades de Christchurch y Dunedin.

Papúa Nueva Guinea es otro país volcánico con montes boscosos y frondosos valles tropicales, un hábitat ideal para las mariposas más grandes del mundo. El monte Wilhelm es el punto más alto de Oceanía. El territorio nacional también engloba muchas islas pequeñas, como el archipiélago de Bismarck o las Islas Salomón.

Los países y territorios del Pacífico están formados por miles de islotes diseminados. Algunos son barreras de coral o atolones; otros son montañosos y poseen selvas tropicales.

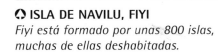

ISLA DE NAVILU, FIYI
Fiyi está formado por unas 800 islas, muchas de ellas deshabitadas.

CLAMIDOSAURIO DE KING

PAPÚA NUEVA GUINEA

KIRIBATI

NAURU

ISLAS MARSHALL

PALÁU

MICRONESIA

ISLAS SALOMÓN

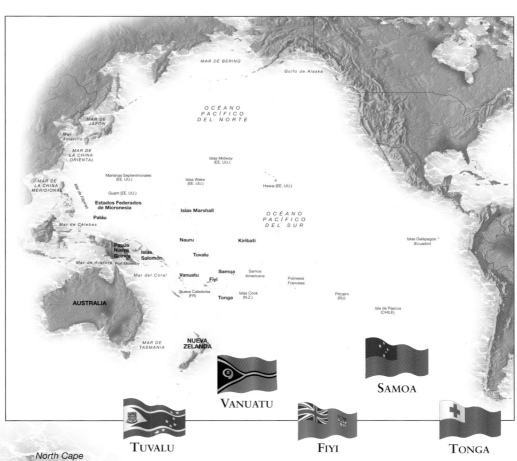

MAR DE BERING
Golfo de Alaska
OCÉANO PACÍFICO DEL NORTE
MAR DE JAPÓN
Mar Amarillo
MAR DE LA CHINA ORIENTAL
Islas Midway (EE. UU.)
MAR DE LA CHINA MERIDIONAL
Marianas Septentrionales (EE. UU.)
Islas Wake (EE. UU.)
Hawai (EE. UU.)
Guam (EE. UU.)
Mar de Filipinas
Estados Federados de Micronesia
Paláu
Islas Marshall
OCÉANO PACÍFICO DEL SUR
Mar de Célebes
Nauru
Kiribati
Islas Galápagos (Ecuador)
Papúa Nueva Guinea
Tuvalu
Mar de Arafura
Islas Salomón
Port Moresby
Mar del Coral
Vanuatu
Samoa
Samoa Americana
Polinesia Francesa
Fiyi
AUSTRALIA
Nueva Caledonia (FR)
Tonga
Islas Cook (N.Z.)
Pitcairn (RU)
Isla de Pascua (CHILE)
MAR DE TASMANIA
NUEVA ZELANDA

VANUATU

SAMOA

TUVALU

FIYI

TONGA

◑ LOS ALPES MERIDIONALES

Esta cordillera de más de 300 km constituye la espina dorsal de la Isla del Sur, Nueva Zelanda. Muchos de sus nevados picos alcanzan los 3.000 m de altitud.

North Cape
Whangerai
Gt. Barrier Island
Auckland
Manukau
Bay of Plenty
Hamilton
Waikato
Rotorua
East Cape
ISLA DEL NORTE
L. Taupo
Gisborne
New Plymouth
Ruapehu 2.797 m
Napier
Wanganui
Hastings
Cape Farewell
Palmerston North
Nelson
Estrecho de Cook
Westport
Blenheim
Wellington
Greymouth
ISLA DEL SUR
Canterbury Plains
Cook 3.764 m ▲
Christchurch
Timaru
Clutha
Dunedin
Invercargill
Estrecho de Foveaux
Stewart

NUEVA ZELANDA

◑ AGUAS TRANQUILAS

Con sus costas accidentadas, la Isla del Sur, en Nueva Zelanda, limita con el estrecho de Cook. En la foto, estrecho de la Reina Carlota.

N
O
E
S

◑ ROTORUA

En Rotorua, Isla del Norte, Nueva Zelanda, pueden visitarse fuentes de aguas calientes y pozas de barro burbujeante.

◑ TUATARA

◊ KIWIS
Esta jugosa fruta verde de origen chino, comercializada con un nombre más asociado a Nueva Zelanda, es objeto de exportación.

◊ SOL Y ARENA
Vanua Levu y sus islas adyacentes del norte de Fiyi atraen a los turistas por sus playas tropicales orladas de palmeras.

Nueva Zelanda es un país independiente cuyo jefe de Estado es el soberano británico, una muestra de sus vínculos históricos con el Imperio británico. Además, posee dos territorios en el océano Pacífico: Niue y las Islas Cook.

Nueva Zelanda se ha convertido en una de las economías más importantes del Pacífico. Se cría un gran número de cabezas de ganado y se exporta lana, carne (sobre todo de cordero), y derivados lácteos. También produce cereales, hortalizas y frutas (sobre todo manzanas y kiwis). La energía proviene de centrales hidroeléctricas y geotérmicas, que convierten el calor de la actividad volcánica subterránea en electricidad. El turismo se encuentra en un período de crecimiento.

Papúa Nueva Guinea es otra democracia independiente cuyo jefe de Estado también es el soberano británico. Las plantaciones de este país producen café, té, goma, aceite de palmera y copra, o cocos secados. Los aldeanos han deforestado algunas zonas para cultivar batata, maíz y plátanos para cubrir sus necesidades. El país cuenta con ricas reservas de oro, plata y cobre.

DATOS

MICRONESIA
Federated States of Micronesia
SUPERFICIE: 702 km²
POBLACIÓN: 100.000 hab.
CAPITAL: Palikir
OTRAS CIUDADES: Weno, Kolonia
PUNTO MÁS ALTO: monte Totolom (719 m)
LENGUA OFICIAL: inglés
MONEDA: dólar USA

NAURU
Republic of Nauru – Naoero
SUPERFICIE: 21 km²
POBLACIÓN: 10.000 hab.
SEDE DEL GOBIERNO: Yaren
PUNTO MÁS ALTO: (lugar sin nombre) 70 m
LENGUA OFICIAL: nauruano
MONEDA: dólar australiano

NUEVA CALEDONIA
Nouvelle Calédonie et Dépendances
TERRITORIO DE ULTRAMAR DE FRANCIA
SUPERFICIE : 18.580 km²
POBLACIÓN: 200.000 hab.
CAPITAL: Nouméa
LENGUA OFICIAL: francés
MONEDA: franco CFP

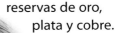

◊ RECOLECTORES DE PERLAS
Las cálidas aguas del Pacífico Sur son ideales para las ostras y las perlas. Éstas últimas se forman alrededor de pequeños granos de arena dentro de las conchas de las ostras.

◊ RECOLECCIÓN DE COCOS
La copra (carne de coco secada) es un producto típico de muchas islas del Pacífico. Los peludos cocos marrones son la semilla de grandes frutos verdes que crecen en lo alto de las palmeras.

☉ AUCKLAND

Es la ciudad más grande de Nueva Zelanda. Fundada en 1840, Auckland es un importante puerto marítimo y centro industrial.

☉ TIEMPO DE ESQUILEO

El clima y el terreno de Nueva Zelanda son ideales para la cría de ovejas. Su carne y su lana se exportan a todo el mundo.

Entre las islas menores del Pacífico existen monarquías independientes, repúblicas y territorios de ultramar como Nueva Caledonia o la Polinesia Francesa. La dispersión de la población, muy reducida, y la falta de tierra fértil limitan las oportunidades económicas de los isleños. Muchos cultivan cocos y fruta tropical, crían cerdos y pollos, y pescan. Los platos locales suelen prepararse con frutos del árbol del pan, mandioca o batata. La caña de azúcar es el principal cultivo de Fiyi, y el cacao, de las Islas Salomón. Islas como Tahití, en la Polinesia Francesa, han desarrollado una importante industria turística. En Nueva Caledonia se extrae níquel, y el minúsculo Nauru ha sido reducido a la nada por sus fosfatos, de los que se obtienen fertilizantes. Los fosfatos de Kiribati ya se han agotado.

DATOS

NUEVA ZELANDA
Dominion of New Zealand
SUPERFICIE: 268.680 km²
POBLACIÓN: 3.800.000 hab.
CAPITAL: Wellington
OTRAS CIUDADES: Auckland, Christchurch, Dunedin
PUNTO MÁS ALTO: monte Cook (3.754 m)
LENGUA OFICIAL: inglés
MONEDA: dólar neozelandés

PALÁU
Belu'u Era Balau
SUPERFICIE: 508 km²
POBLACIÓN: 20.000 hab.
CAPITAL: Koror
OTRAS CIUDADES: Melekeiok, Garusuun, Malakal
PUNTO MÁS ALTO: monte Ngerchelchauus (217 m)
LENGUAS OFICIALES: inglés, palauano
MONEDA: dólar USA

☉ EN PAPÚA NUEVA GUINEA

En los mercados locales se venden cerdos, aves, ñame, ocumo (una raíz), sagú (un cereal), plátanos y batatas.

☉ BODA, TONGA

Los invitados se reúnen para una boda real en Tonga. Los diferentes reinos de esta isla polinesia se unieron en uno solo en 1845.

MAORÍES ⟳

Los primeros habitantes del Pacífico Sur fueron los actuales antepasados de los melanesios, micronesios y polinesios. Durante miles de años exploraron el océano más extenso del mundo con sus canoas, y colonizaron varias islas, como Hawai y Pascua, donde esculpieron grandes y misteriosas estatuas de piedra.

Su última expansión tuvo lugar hace más de mil años, cuando los maoríes, un pueblo polinesio, colonizaron Nueva Zelanda.

Los maoríes eran feroces guerreros y cazaban unos enormes pájaros llamados *moas*, ya extinguidos. Hoy, los maoríes representan un 9% de la población de Nueva Zelanda y mantienen vivas su historia y su cultura.

Los neerlandeses exploraron las costas de Nueva Zelanda en 1642. El siguiente visitante europeo fue el navegante británico James Cook (1728–1779) en 1769.

⟳ TRADICIONES DE FIYI
Fiyi fue colonizado por melanesios, polinesios y, más tarde, por indios.

⟳ TEMPLO MAORÍ
Con su techo y sus jambas muy elaborados, el wharerunanga es un templo maorí construido a la manera tradicional.

⟳ TALLAS EN ÁRBOLES
Esculturas, costumbres y creencias religiosas vinculan muchas islas del Pacífico distantes entre sí, lo que revela un pasado común.

DATOS

ISLAS SALOMÓN
Solomon Islands
SUPERFICIE: 27.600 km²
POBLACIÓN: 400.000 hab.
CAPITAL: Honiara
OTRAS CIUDADES: Gizo, Kieta, Auki
PUNTO MÁS ALTO: monte Popomanaseu (2.331 m)
LENGUA OFICIAL: inglés
MONEDA: dólar de las Islas Salomón

TONGA
Kingdom of Tonga –
Pule'anga Fakatu'i'o Tonga
SUPERFICIE: 750 km²
POBLACIÓN: 100.000 hab.
CAPITAL: Nukúalofa
OTRAS CIUDADES: Neiafu, Pangai
PUNTO MÁS ALTO: monte Kao (1.033 m)
LENGUAS OFICIALES: tongano, inglés
MONEDA: pa'anga

TUVALU
Southwest Pacific State of Tuvalu
SUPERFICIE: 24 km²
POBLACIÓN: 10.000 hab.
CAPITAL: Funafuti
OTRAS CIUDADES: Vaitupu, Niutao
PUNTO MÁS ALTO: no existe ningún punto superior a 6 m
LENGUAS OFICIALES: inglés, tuvaluano
MONEDA: dólar australiano

VANUATU
Ripablik blong Vanuatu
SUPERFICIE: 14.800 km²
POBLACIÓN: 200.000 hab.
CAPITAL: Port Vila
OTRAS CIUDADES: Luganville
PUNTO MÁS ALTO: Tabwémasana (1.879 m)
LENGUAS OFICIALES: bislama, inglés, francés
MONEDA: vatu

SAMOA
Independent State of Samoa
SUPERFICIE: 2.830 km²
POBLACIÓN: 20.000 hab.
CAPITAL: Apia
OTRAS CIUDADES: Lalomanu, Falevai, Tuasivi, Falealupo
PUNTO MÁS ALTO: monte Silisili (1.859 m)
LENGUAS OFICIALES: samoano, inglés
MONEDA: tala

○ EL PRIMER ENCUENTRO CON EUROPEOS
En 1769, el explorador británico James Cook navegó alrededor de Nueva Zelanda, cartografió sus aguas y se topó con maoríes tatuados.

○ ARTE MAORÍ
Los dibujos intrincados y arremolinados esculpidos en madera, diente de ballena o piedra forman parte de la tradición maorí.

○ LOS «ALL BLACKS»
El equipo nacional de rugby de Nueva Zelanda destaca en los torneos internacionales. Los partidos empiezan con un ritual maorí: el haka.

En el siglo sucesivo llegaron a Nueva Zelanda muchos colonos británicos atraídos por el clima templado, los verdes pastos y el oro, pero se encontraron con la tenaz resistencia maorí. En 1852, Nueva Zelanda era una colonia británica con autogobierno, y en 1907 se convirtió en un dominio dentro del Imperio británico.

Nueva Zelanda luchó en las dos guerras mundiales (1914–1918 y 1939–1945), y mantuvo estrechos lazos con el Reino Unido. Hacia la década de 1970, no obstante, los estrechó cada vez más con los países del Pacífico (Japón, Australia y Estados Unidos). Hoy, los neozelandeses gozan de un alto nivel de vida. Sus principales aficiones son la vela, el esquí, el *rugby* y el *cricket*.

○ A LA IGLESIA
Los habitantes de Tonga se convirtieron al cristianismo hacia 1860. Hoy, las iglesias protestantes cuentan con muchos feligreses.

○ LA EDAD DE LOS GUERREROS
Los maoríes defendían sus tierras con canoas de guerra. Unas fortificaciones llamadas pa estaban rodeadas de empalizadas.

233

Las pequeñas islas del Pacífico fueron colonizadas en el siglo XIX por alemanes, franceses, estadounidenses y británicos. Algunos de los europeos llegaron para quedarse, pero la mayoría sólo como administradores. Los trabajadores fueron traídos a Fiyi desde India, y sus descendientes constituyen ahora una parte importante de su población. Algunas colonias pasaron de manos británicas a australianas o neozelandesas, aunque en la década de 1980 la mayoría de ellas ya era independiente.

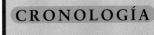

♻ CARAS DE PAPÚA
Papúa Nueva Guinea alberga a centenares de etnias. Muchas de ellas lucen un elaborado maquillaje en la cara y el cuerpo.

En las islas del Pacífico, las viejas costumbres cambiaron mucho en el período colonial. Los misioneros cristianos prohibieron los cultos tradicionales, y la gente empezó a trabajar en las plantaciones y en las minas.

El último país en abrirse al mundo exterior fue Papúa Nueva Guinea. Sus comunidades de los bosques y montes estaban tan aisladas entre sí, que existían más de 800 lenguas. Las viejas costumbres aún se manifiestan en muchas fiestas e incluyen espectaculares adornos con plumas, huesos y pinturas en el cuerpo.

El estilo de vida en el Pacífico actual es una mezcla entre lo antiguo y lo moderno. La vida social está marcada por las fiestas, las danzas y los cantos. A pesar de todo, las comunicaciones modernas han reducido las grandes distancias entre los archipiélagos y el transporte se efectúa tanto en canoa como en aviones ligeros o motoras.

♻ CASA DE ESPÍRITUS
La mayor parte de la población de Papúa Nueva Guinea es cristiana, pero las creencias tradicionales en espíritus y magia aún están muy difundidas.

♻ HÁBILES NAVEGANTES
Esta canoa es típica de Samoa, cuyas islas fueron colonizadas en el año 1000 a.C. por navegantes lapita, los antepasados de los actuales polinesios.

♻ INDIVIDUO TROBRIAND
Los habitantes de las islas Trobriand o Kiriwina son más altos y claros de piel que la mayoría de los demás melanesios.

CRONOLOGÍA

s. X	Polinesios (maoríes) colonizan Nueva Zelanda.
s. XIII	Esplendor de los reinos polinesios.
1526	Los portugueses descubren Papúa Nueva Guinea.
1642	Tasman descubre Nueva Zelanda.
1769	Cook explora la costa neozelandesa (hasta 1777).
1815	Primeros colonos británicos en Nueva Zelanda.
1840	Tratado de Waitangi: Nueva Zelanda unida a Australia.
1842	Formación de la Polinesia Francesa.
1845	Levantamiento maorí (hasta 1847).
1851	Nueva Zelanda, colonia británica separada.
1860	Levantamientos maoríes (hasta 1872).
1884	El Reino Unido y Alemania reclaman Nueva Guinea.
1907	Autogobierno de Nueva Zelanda.
1914	Primera Guerra Mundial: Australia ocupa la Nueva Guinea alemana.
1939	Segunda Guerra Mundial.
1970	Independencia de Tonga.
1975	Independencia de Papúa Nueva Guinea y Tuvalu.
1978	Independencia de las Islas Salomón.
1980	Independencia de Vanuatu.
1983	Independencia de Kiribati.
1990	Independencia de Micronesia.
1991	Independencia de las Islas Marshall.
1994	Independencia de Paláu.

OCÉANO PACÍFICO

☼ TORTUGA DEL SEPIK
Su nombre procede del río Sepik, en el norte de Papúa Nueva Guinea.

Con una superficie aproximada de 179 millones de km², el océano Pacífico es la masa de agua más grande del mundo. Limita con Asia, al oeste; América, al este, y, de forma artificial, con el Atlántico mediante el canal de Panamá.

El suelo oceánico ofrece un relieve muy accidentado. En la fosa de las Marianas se alcanzan los 11.033 m de profundidad, la mayor del planeta, mientras imponentes macizos volcánicos emergen del océano para formar las islas Hawai.

Debajo del Pacífico, la corteza terrestre se separa a un ritmo de 20 cm por año: una intensa actividad afecta a las placas tectónicas de este océano. Ésta es un área de volcanes y terremotos que, a su vez, pueden provocar olas gigantes llamadas *tsunamis*. La lava submarina crea archipiélagos de islas volcánicas, rodeados con frecuencia por barreras de coral.

Las corrientes oceánicas, como las de California o la de Kuroshio, circulan en el sentido de las agujas del reloj, en el Pacífico Norte; mientras que, de forma contraria, se mueven las corrientes de Humboldt y las de Australia oriental, en el Pacífico Sur. Unos ciclos cálidos (un efecto conocido como «El Niño») o fríos («La Niña») de las aguas repercuten en el clima del planeta y provocan violentas tormentas y huracanes.

♻ PEZ ESCORPIÓN, FIYI
Con frecuencia, el camuflaje disimula las venenosas espinas de este pez tropical.

♻ PIEDRAS MISTERIOSAS
Unas estatuas gigantes fueron esculpidas en la isla de Pascua, la más oriental de Polinesia, entre los años 1000 y 1600 d.C.

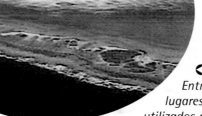

♻ EL ATOLÓN DE BIKINI
Entre las décadas de 1950 y 1980, lugares como éste del Pacífico Sur fueron utilizados para pruebas nucleares, a pesar de las numerosas protestas en todo el mundo.

235

OCÉANO ATLÁNTICO

PEZ MANTA
El pez manta vive cerca de la superficie y se alimenta de plancton.

Con unos 106 millones de km², el Atlántico es el segundo océano del planeta en extensión. Su profundidad media es de 3.580 m, aunque en algunas fosas se alcanzan los 9.000. Las mayores islas del Atlántico son Groenlandia, Islandia y las Islas Británicas.

La principal característica de este océano es la dorsal Medioatlántica, una cordillera submarina que se extiende de norte a sur. En medio de dicha dorsal existe una fosa tectónica, donde los terremotos son frecuentes, que constituye el límite entre dos placas gigantes que, a su vez, provocan el ensanchamiento del Atlántico a un ritmo de 2,5 cm por año. En esta fosa, la lava del manto superior de la Tierra emerge a la superficie y crea una nueva corteza.

Fuertes corrientes se desplazan por el Atlántico. Una muy famosa, la del Golfo, se origina en el golfo de México y alcanza el norte de Europa. Sus aguas mitigan el clima de lugares como la costa noruega. El océano contiene, además, importantes bancos de pesca, algunos de ellos sobreexplotados. El Atlántico es también el océano con mayor tráfico marítimo.

PETRÓLEO OCEÁNICO
El Atlántico posee grandes reservas de petróleo y gas natural, que se extraen en las plataformas costeras.

COLONOS VIKINGOS
Tras navegar por el Atlántico norte, de Noruega a Islandia y a Groenlandia, los vikingos fundaron numerosas colonias.

PESQUERO
De las aguas del Atlántico proviene cerca de un tercio de las capturas mundiales de pescado y marisco.

CALAMAR
Los pescadores del Atlántico consideran a los calamares como una plaga, pues se alimentan de arenques y caballas.

RORCUALES
Los rorcuales o yubartas viven en las aguas costeras de todos los océanos.

☉ TORTUGA VERDE
La caza ha reducido el número de tortugas verdes en el océano Índico.

OCÉANO ÍNDICO

Con una superficie de 74 millones de km², el océano Índico es el tercer océano del planeta en superficie. Limita al oeste con África; al este, con Indonesia y Australia, y al sur, con la Antártida. Incluye islas como Madagascar y Sri Lanka. Esta última e India, dividen la parte norte del océano entre el golfo de Bengala y el mar de Arabia.

La profundidad media del océano es de 3.840 m, aunque alcanza más de 7.400 m en la fosa de Java. Como el Atlántico, el Índico también contiene dorsales submarinas.

En las fosas tectónicas de estas dorsales, donde los terremotos son habituales, se forma nueva corteza terrestre.

La parte norte del océano Índico está situada en el trópico. La temperatura del agua es alta en algunas zonas, sobre todo en el mar Rojo y en el golfo Pérsico. No obstante, las corrientes oceánicas dependen de los vientos. Al norte del ecuador, la dirección de las corrientes varía cuando cambia la dirección del viento, fenómeno que origina el monzón.

☉ MORENA
La morena vive entre las grietas de los arrecifes de coral que se encuentran en las aguas tropicales.

◐ PEPINILLO DE MAR
Pese a su nombre, los pepinillos de mar son seres vivos. En las cálidas aguas del océano Índico pueden medir hasta 90 cm de longitud.

◖ EL TIBURÓN BLANCO
Los enormes tiburones blancos figuran entre los más peligrosos de su especie. Han atacado a un gran número de personas y pequeñas embarcaciones.

◖ PESCA TRADICIONAL
En las ricas aguas costeras del océano Índico, los pescadores capturan sardinas y anchoas, entre otras especies.

237

DATOS

ÁRTICO
SUPERFICIE: 12.000.000 km²
PROFUNDIDAD MEDIA: 1.120 m
MAYOR PROFUNDIDAD
REGISTRADA: 5.450 m

OCÉANO ÁRTICO

◑ LOS INUIT

Los inuit viven en el Ártico norteamericano. En 1999 les fue otorgado un territorio autónomo canadiense: Nunavut.

El Ártico es una región muy fría, y gran parte del océano homónimo que contiene está cubierto de hielo durante todo el año.

Este hielo bloqueó a los primeros exploradores que buscaban rutas marítimas entre Norteamérica y Asia, aunque, hoy, los rompehielos pueden atravesarlo. La primera expedición que alcanzó el Polo Norte fue la del estadounidense Robert E. Peary (1856–1920) en 1909.

La profundidad media del océano Ártico es de unos 1.120 m, y la máxima de 5.450 m. En este océano viven ballenas y muchos peces, como el bacalao o el halibut. Los osos polares viven sobre el hielo, donde cazan focas y peces en las aguas heladas.

El Ártico es la región situada al norte del Círculo Polar Ártico y engloba zonas de Asia, América del Norte, Europa y casi toda Groenlandia, la mayor isla del mundo. Estas áreas de tierra firme rodean el océano Ártico, el más pequeño del planeta. Cerca de su centro, cubierto de hielo, se encuentra el Polo Norte.

◑ ICEBERGS

Los icebergs se separan de los glaciares de valle y de la enorme masa helada de Groenlandia. Algunos de ellos van a la deriva.

La tierra firme del Ártico está cubierta por una llanura sin árboles llamada *tundra*. Los animales más comunes son el caribú y el reno, que pastan en ella durante el corto verano. Otros animales que habitan la región son el oso, el zorro, la liebre, el lemming y el ratón de campo. Muchos pájaros migran al Ártico en verano para criar, y se nutren de pequeños animales o de los insectos que inundan el pantanoso paisaje veraniego.

Groenlandia es una dependencia danesa, aunque goza de autogobierno desde 1981. Salvo la Antártida, es la tierra con menor densidad de población del mundo. En su centro helado, la temperatura puede descender hasta los –65 °C, aunque las corrientes oceánicas se encargan de mantener la costa sudoeste relativamente templada. La pesca es la principal actividad de los inuit de Groenlandia y del norte de Canadá. Otros pueblos árticos son los sami o lapones de Escandinavia, y los samoyedos, los tunguses y los yakutios de Asia. En el pasado, la mayoría vivía de la caza y la pesca, pero ahora se han tornado sedentarios.

◑ LOS INUIT Y SUS PERROS

Tradicionalmente, los inuit han utilizado perros para tirar de sus trineos a través de la nieve. Hoy, las motos de nieve son el medio más habitual para desplazarse.

SECANDO PESCADO BLANCO

La caza de focas y ballenas ha sido una de las actividades tradicionales de los pueblos árticos. En la actualidad, muchos de ellos viven en asentamientos fijos de una manera más confortable.

BARCOS BLOQUEADOS

En las aguas del océano Ártico, los barcos pueden quedar fácilmente bloqueados en medio del hielo.

Estrecho de Bering

Yukon

ALASKA (EE. UU.)

MAR DE LOS CHUKCHI

Ambarchik

Kolima

Indigulrka

RUSIA

Barrow

MAR DE SIBERIA ORIENTAL

Mackenzie

MAR DE BEAUFORT

Archipiélago de Nueva Siberia

Lena

CANADÁ

Banks

Estrecho de McClure

OCÉANO ÁRTICO

MAR DE LAPTIEV

Victoria

Nordvik

Reina Isabel

★ Polo Norte Magnético

Sievernaja Zemlja

Yeniséi

Ellesmere

★ Polo Norte

Dikson

Foxe Basin

MAR DE LINCOLN

Tierra de Francisco José

Baffin

Bahía de Baffin

Novaja Zemlja

MAR DE KARA

Ob

Pechora

Estrecho de Davis

Groenlandia (DINAMARCA)

Svalbard (Noruega)

MAR DE BARENTS

Cabo Norte

Godthåb

MAR DE GROENLANDIA

Murmansk

Estrecho de Dinamarca

MAR DE NORUEGA

Arjangelsk

ISLANDIA

Reikiavik

FOCA PÍA

Las focas pías recién nacidas eran cazadas por su piel blanca, muy apreciada por su suavidad.

EL CARIBÚ

El caribú es un ciervo de América del Norte que transcurre el verano en la tundra ártica.

OSO POLAR

BÚHO DE NIEVE

ZORRO ÁRTICO

MORSA

DATOS

ANTÁRTIDA
SUPERFICIE APROXIMADA:
14.000.000 km²
POBLACIÓN: no existe
de forma permanente
PUNTO MÁS ALTO: macizo
de Vinson (5.140 m)

LA ANTÁRTIDA

○ GLOBOS METEOROLÓGICOS
El estudio del tiempo es importante, pues las condiciones de la Antártida afectan al clima mundial.

○ ROALD AMUNDSEN
Este explorador noruego dirigió la primera expedición que alcanzó el Polo Sur, lo cual tuvo lugar el 14 de diciembre de 1911.

La Antártida es el quinto continente del planeta en extensión. En su centro se encuentra el Polo Sur, y sólo la punta de la península Antártica, que se alarga hacia Sudamérica, se sitúa por encima del Círculo Polar Antártico. Algunas veces, a las aguas que rodean el continente se las denomina «océano Antártico», pero la mayoría de los geógrafos las consideran parte de los océanos Atlántico, Pacífico e Índico.

El hielo cubre el 98% de la Antártida, aunque algunos picos montañosos emergen de la gran masa helada, cuyo espesor medio es de unos 2.200 m, pese a que en ciertos lugares alcanza los 4.800 m. La Antártida es una región muy fría; la temperatura más baja del planeta, –89,2 °C, fue registrada en la base soviética de Vostok en 1983. Pocas plantas y animales viven en el continente: las criaturas más conocidas, los pingüinos, son aves que no vuelan y que se alimentan de peces.

Los primeros exploradores de la Antártida se enfrentaron a condiciones climatológicas muy duras. La primera expedición que alcanzó el Polo Sur fue la dirigida por el noruego Roald Amundsen (1872–1928) en 1911. Otra expedición, dirigida por Robert Falcon Scott (1868–1912), llegó al polo cinco semanas más tarde, pero Scott y su equipo murieron de regreso. Los exploradores posteriores usaron aviones; el primero en volar al Polo Sur fue un oficial de la marina estadounidense, Richard E. Byrd (1888–1957).

Varios países han reclamado partes de la Antártida, pero las leyes internacionales no han contemplado las reivindicaciones. A mucha gente le gustaría convertir el continente en un inmenso parque internacional, un refugio de flora y fauna completamente virgen.

Hoy trabajan en la región científicos de todo el mundo. En la década de 1980, éstos descubrieron que la capa de ozono situada sobre la Antártida desaparecía por la acción de unos compuestos químicos, los clorofluorcarbonatos o CFC. La capa de ozono es básica, pues protege el planeta de los peligrosos rayos ultravioletas. Para reducir las emisiones de CFC a la atmósfera ya se han emprendido acciones internacionales.

○ PESCA EN LA ANTÁRTIDA
Las aguas cercanas a la Antártida poseen una rica vida marina. Entre las especies que las habitan destacan el krill, un minúsculo crustáceo; el calamar; la foca; la ballena, y muchos peces.

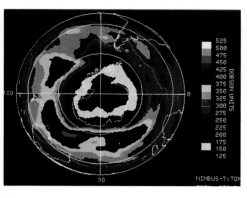

LA CAPA DE OZONO

La capa de ozono, situada en la estratosfera, bloquea la mayor parte de la radiación ultravioleta proveniente del Sol. Desde la década de 1980, la contaminación ha formado agujeros en la parte de la capa que se encuentra sobre la Antártida.

SUMINISTROS VITALES

Los víveres para los científicos llegan a la Antártida en barco o en avión.

ALBATROS

CUEVA DE HIELO

A lo largo de la costa antártica, el mar excava espectaculares cuevas de hielo.

Islas Orcadas del Sur

Cabo Norvegia

Islas Shetland del Sur

MAR DE WEDELL

Tierra de Coats

TIERRA DE LA REINA MAUD

Península Antártica

Berkner
Banquisa de Ronne

Tierra del Príncipe Carlos

Cabo Darnley

MAR DE BELLINGHAUSEN

Macizo de Vinson
▲ 5.140 m

MONTES DE PENSACOLA
Polo Sur ★

Tierra de la Reina Mary

Tierra de Ellsworth

MONTES TRANSÁNTÁRTICOS

MAR DE AMUNDSEN

Kirkpatrick 4.528 m ▲

Tierra de Marie Byrd

Banquisa de Ross

TIERRA DE WILKES

Erebus 3.794 m ▲
MAR DE ROSS

Tierra Victoria

C. Adare

Polo Sur Magnético ★

GRUPO DE PINGÜINOS

Los pingüinos de Tierra Adelia, los más comunes de la Antártida, construyen nidos de guijarros en la costa.

BALLENA AZUL

La ballena azul, el animal más grande que ha habitado la Tierra, se alimenta de krill en los mares antárticos.

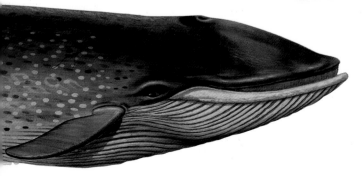

TIENDAS EN LA NIEVE

Durante sus exploraciones en la Antártida, los científicos usan tiendas especiales.

GLOSARIO

ATMÓSFERA Capa de aire que envuelve la Tierra.

AUTOMATIZACIÓN Utilización de máquinas o robots en tareas demasiado complejas, repetitivas, peligrosas o costosas.

BIOMA Comunidad de plantas y animales que habitan una gran región. Entre los biomas figuran la tundra, los bosques de coníferas, los bosques templados, las praderas, la sabana y las selvas ecuatoriales.

BOSQUE DE CONÍFERAS Bosque de árboles de hoja perenne y con frutos en forma de piña. Entre las coníferas más comunes destacan el abeto, el alerce, el pino y la pícea.

BRÚJULA Instrumento usado para determinar la dirección. Las brújulas magnéticas poseen agujas que señalan el Polo Norte magnético.

CIRCUNFERENCIA Distancia alrededor de un círculo.

COLONIA Territorio dominado por una potencia extranjera.

COMBUSTIBLE FÓSIL Combustible como el carbón, el petróleo o el gas natural, formado a partir de antiguos organismos vivos.

COMERCIO Compra y venta de productos y servicios.

COMETA Cuerpo celeste con un núcleo y una cola. Está formado por hielo y polvo, y sigue una trayectoria bien definida en el espacio.

COMUNISMO Sistema político en el que las tierras, la industria y los bienes son propiedad del Estado.

CONDENSACIÓN Cambio de estado que ocurre cuando un gas se transforma en un líquido. El vapor de agua, invisible, se condensa en gotas de agua cuando el aire está saturado.

CONTINENTE Masa muy extensa de tierra. La Tierra comprende seis continentes. De mayor a menor, Asia, América, África, Antártida, Europa y Oceanía.

CORAL Roca formada por los esqueletos de minúsculas criaturas llamadas *pólipos de coral*.

CUMULONIMBO Enorme nube de tormenta, habitualmente en forma de

yunque. Se desarrolla con el ascenso rápido de una masa de aire caliente y húmeda.

DELTA Superficie llana en la desembocadura de un río formada por sedimentos de limo depositados por dicho río.

AGRICULTURA DE SUBSISTENCIA Cultivo de campos que producen el alimento justo para

nutrir al campesino y a su familia. De lo obtenido, a menudo sobra una pequeña cantidad, que se cambia por otros bienes. Es la principal actividad en muchos países en vías de desarrollo.

AMONITES Molusco ya extinguido cuyo fósil es muy común en rocas mesozoicas. Igual que los dinosaurios, esta especie se extinguió hace 65 millones de años.

ÁRBOL CADUCIFOLIO Árbol que pierde sus hojas en una estación del año concreta. Los caducifolios de las latitudes medias, como los olmos o los robles, pierden sus hojas en otoño. En las regiones monzónicas, en cambio, las pierden en la estación seca.

ÁREA URBANA Zona que abarca una ciudad y los barrios edificados que la rodean.

ASTEROIDE Minúsculo planeta que gira alrededor del Sol. La mayoría de ellos se encuentran entre Marte y Júpiter.

DEPRESIÓN Zona de bajas presiones asociada a un cambio de tiempo con precipitaciones.

DIALECTO Variante de una lengua utilizada por un grupo de personas en una zona determinada.

DIÁMETRO Línea que divide un círculo en dos partes iguales.

ENERGÍA NUCLEAR Energía que libera una reacción nuclear controlada, que se produce en una central nuclear.

ENTORNO Condiciones externas que influyen en el crecimiento y desarrollo de plantas, animales y personas.

EROSIÓN Proceso por el cual las fuerzas naturales como la meteorización, el agua, el hielo, los vientos o el mar desgastan y transportan continuamente la tierra y el material denudado hasta depositarlo en algún lugar.

EROSIÓN DEL SUELO Eliminación de las capas superiores de suelo a causa de factores relacionados con la actividad humana, como la deforestación. Es muy rápida en áreas expuestas, sobre todo en las laderas. La erosión natural es un proceso mucho más lento.

ESTEPA Área herbácea de latitudes medias que se extiende de Ucrania a Asia central. La estepa es más seca que la pradera o la sabana y presenta una hierba más baja.

ESTRATOSFERA Parte de la atmósfera situada encima de la troposfera, entre unos 10 y 50 km de altitud. Contiene la capa de ozono, que impide la llegada a la Tierra de la mayor parte de la radiación ultravioleta procedente del Sol.

EVAPORACIÓN Cambio de estado que tiene lugar cuando un líquido se transforma en un gas. Por ejemplo, el calor transforma el agua en vapor de agua, que resulta invisible.

FALLA Fractura o brecha en las rocas que forman la corteza terrestre y que se produce tras un movimiento de dichas rocas, causando un terremoto.

FÓSIL Resto de vida prehistórica presente en algunas rocas. En estado fósil pueden hallarse restos de hojas, huesos, conchas o huellas de animales. A veces se han conservado animales y plantas enteros.

GLOBO Representación esférica de la Tierra. Algunos de ellos giran en torno a un eje central.

GRUPO ÉTNICO Grupo de personas con características comunes, como vínculos

ancestrales, cultura, lengua, nacionalidad o religión. Estas características los distinguen de otros pueblos del mismo país o de la misma zona.

HÁBITAT Tipo de lugar o de ambiente al que se adapta un animal o una planta. Los hábitats suelen definirse en términos de vegetación, altitud o clima.

HIDROELECTRICIDAD Electricidad generada por centrales que, a través de turbinas situadas en las presas, aprovechan la fuerza del agua que fluye.

HOMO SAPIENS Nombre científico de la especie humana actual, que la distingue de otras especies más antiguas como el *Homo erectus* o el *Homo habilis*.

HURACÁN Fuerte tormenta tropical que se forma en los océanos al norte y al sur del ecuador. Cuando alcanza tierra firme, el huracán suele causar muchos daños.

LATITUD MEDIA Término en el que se engloban la mayoría de las zonas climáticas templadas situadas entre los cálidos trópicos y las frías regiones polares.

LÍNEA INTERNACIONAL DE CAMBIO DE FECHA Línea imaginaria situada a $180°$ de longitud este y oeste, desde la cual se gana un día hacia el este, y se pierde uno hacia el oeste.

LLANURA ABISAL Parte más profunda del océano, al pie del talud continental.

MAGMA Roca que se funde en el interior de la corteza terrestre. El magma que asciende través de un volcán y se derrama en la superficie se denomina *lava*.

243

MAPA Representación de la Tierra, o de una parte de ella, sobre una superficie llana, como una hoja de papel. Los mapas son usados frecuentemente por los navegantes, entre otros.

MESETA Extensa llanura elevada.

METEORO Línea que cruza el espacio, también conocida como *estrella fugaz*, causada por un trozo de roca que se enciende al entrar en la atmósfera terrestre. Los que alcanzan la superficie se denominan *meteoritos*.

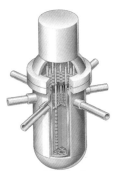

MIGRACIÓN Movimiento de animales o personas de un lugar geográfico a otro. Se suele producir para huir de un conflicto o para mejorar las condiciones de vida.

MINORÍA Grupo de personas que difieren en diversos aspectos, como la cultura o la lengua, del grupo mayoritario con el que conviven en una misma sociedad.

MONTAÑA EN BLOQUE Sistema montañoso que se forma cuando un bloque de tierra es empujado hacia arriba entre fallas paralelas.

NIEBLA TÓXICA Niebla mezclada con humo. La niebla fotoquímica está causada por la acción de los rayos solares en los gases de escape de coches y fábricas.

OZONO Forma inestable de oxígeno que se produce con la descarga de electricidad en el aire.

PANTANO DE MANGLARES Pantano de agua salada situado en regiones costeras tropicales, donde

crecen manglares, cuyas raíces a modo de zancos atrapan limo que más tarde se consolida creando una superficie nueva de tierra.

PENÍNSULA Parte de tierra rodeada por el mar, unida a una extensión mayor de tierra por tan sólo uno de los extremos.

PINGO Montículo que se forma en regiones muy frías cuando el hielo situado bajo la superficie empuja el suelo hacia arriba.

PLANCTON Plantas y animales microscópicos que flotan cerca de la superficie de los océanos y que son el alimento de muchas especies marinas.

PLANETA En nuestro sistema solar, cuerpo celeste que gira en torno al Sol. Los astrónomos han identificado otras estrellas lejanas con planetas que orbitan a su alrededor.

POLO MAGNÉTICO La Tierra constituye un iman gigante con dos polos magnéticos, el norte y el sur.

PRADERA Región herbácea de latitudes medias muy extensa en América del Norte. Los equivalentes en Sudáfrica y Sudamérica son el *veld* y la pampa respectivamente.

RECURSO NATURAL Material que la naturaleza ofrece en su estado natural y que el hombre puede aprovechar, como fuentes de energía, bosques o minerales.

REVOLUCIÓN INDUSTRIAL Importante suceso

histórico que supuso el uso de las primeras máquinas y el crecimiento de las fábricas. Empezó a finales del siglo XVIII en Gran Bretaña, y, a mediados del siglo XIX, ya se había difundido por toda Europa occidental y América del Norte. Este proceso aún se da en algunos países en vías de desarrollo.

RIFT Grieta que se forma cuando un bloque de tierra se hunde entre dos fallas paralelas.

SATÉLITE En astronomía, cuerpo que gira en torno a un planeta. Los satélites artificiales son objetos fabricados que giran alrededor de la Tierra o de otro cuerpo celeste. Pueden usarse para enviar y recibir señales de radio.

TASA DE NATALIDAD Y MORTALIDAD Número de nacimientos y defunciones por año y por cada 1.000 habitantes.

TELECOMUNICACIÓN Comunicación de información a larga distancia mediante una gran variedad de sistemas eléctricos y electrónicos como el teléfono, el telégrafo, la radio, la televisión y los satélites.

TEMPERATURA Medición de la cantidad de calor de un gas, un líquido o un sólido. Las escalas más utilizadas para medirla son la Celsius y la Fahrenheit.

TERREMOTO Movimientos o temblores repentinos de la corteza terrestre que causan súbitas sacudidas en el suelo.

TORNADO Pequeña pero intensa tormenta en forma de remolino con vientos que pueden alcanzar hasta 650 km/h.

VAPOR DE AGUA Humedad invisible en el aire. Tiene las propiedades de un gas hasta que se condensa en pequeñas gotas de agua.

VIENTO Movimiento del aire en la superficie terrestre o en la atmósfera. Por ejemplo, la corriente en chorro es un viento muy fuerte que sopla entre la troposfera y la estratosfera.

VOLCÁN Agujero o chimenea a través del cual se expulsa lava, gases, vapor y materia sólida. El término *volcán* también se utiliza para las montañas de ceniza y lava que se forman alrededor de la chimenea.

ÍNDICE
TOPONÍMICO

Los números en **negrita** remiten a los mapas.

ÍNDICE
GENERAL

Los editores desean expresar su agradecimiento a las fuentes que figuran
a continuación, por las fotografías que aparecen en este libro:

Pág. 15 (c/d)Rex Features; 15 (c/i) Keith Lye; 34 (ab/i) por cortesía de Legoland; 37 (ar/i) AKG, Londres; 41 (c/i) por cortesía de Nederlandse Philips Bedrijven BV; 41 (ar/i) Frank Spooner; 42 (ar/i) AKG, Londres; 42 (ab) Frank Spooner; 42 (ar/d) Frank Spooner; 49 (ar/i) Rex Features; 50 (c/i) AKG, Londres; 51 (c) Rex Features; 54 (ar/c) Rex Features; 55 (c/i) Spectrum Colour Library; 55 (ab/i) y Rex Features; 56 (ab/d) AKG, Londres; 57 (c/d) Rex Features; 57 (ar/i) Stock Market; 58 (ar/i) AKG, Londres; 58 (ar/d) Spectrum Colour Library; 59 (ar/i) AKG, Londres; 59 (ab/d) y (ab/i) Rex Features; 62 (ab/i) Dover Publications; 63 (ab/i) por cortesía de Volkeswagon; 64 (ar/d) Rex Features; 66 (ar/i) AKG, Londres; 67 (c/i) SIPA/Rex Features; 70 (ab/i) Stock Market; 70 (ab/i) por cortesía de SEAT; 72 (ab/i) Stock Market; 72 (ab/d) Stock Market; (72) por cortesía de la Oficina de Turismo en España; 72 (ab/i) Stock Market; 73 (c/i) Rex Features; 74 (ab/i) AKG, Londres; 75 (ar/i) AKG, Londres, (c/i) SIPA/Rex Features; 76 (c/i) Hilary Fletcher; 78 (ab/i) Spectrum Colour Library; 78 (ab/i) Stock Market; 78 (ar/i) y 79 (ab/i) Rex Features; 79 (ab/d) D. Parker/Science Photo Library; 80 (ar/d) Spectrum Colour Library; 80 (ab/i) AKG, Londres; 81 (ab/d) Rex Features; 82 (c/i) Frank Spooner; 82/83 AKG, Londres; 87 (ar/i) y 86 (ar/i) Spectrum Colour Library; 89 (c) Panos; 88 (ab/i) Mary Evans Picture Library; 91 (ar/d) AKG, Londres; 91 (c/i) Gamma/Frank Spooner Pictures, (ab/i) Spectrum Colour Library; 93 (ar/i) Spectrum Colour Library; 93 (ab/d) y (i/c) Spectrum Colour Library; 94 (c/d) Panos; 94 (ab/i) Hilary Fletcher; 95 (ar/i) y (c/i) Spectrum Colour Library, (ab/d) Hilary Fletcher; 96 (c/i) Spectrum Colour Library; 96 (ar/d) y 97 (ar/i) Spectrum Colour Library; 97(c/d) SIPA/Rex Features; 103 (ar/d) Frank Spooner; 107 (ab/d) Graham King, (ab/i) Hilary Fletcher;108 (ar/d) Hilary Fletcher, (ab/d) Keith Lye; 94 (c/d) Panos; 111 (ar/i) Stock Market, 110/111 (c) Hilary Fletcher; 111 (ar/d) Gamma/Frank Spooner; 112 (ab) 113 (c), (ar/d) Hilary Fletcher; 112 (c/i) y 113 (c/d) Gamma/Frank Spooner; 115 (c/i) y (c/d) Gamma/Frank Spooner; 117 (ab/d) Gamma/Frank Spooner; 118 (ar/c) Graham King; 119 (ab/i), (ar/i) y (ar/d) Panos; 120 (c/i) y121 (ar/d) Graham King; 122(c) Stock Market; 123 (ab/d) Hilary Fletcher; 123 (ar/d) Frank Spooner; 125 (ar/i) Gamma/Frank Spooner; 125 (ab) y (ar/d) Hilary Fletcher; 126 (ab/d) Mary Evans Picture Library; 126 (ab/i) Panos; 127 (ar/i) Gamma/Frank Spooner; 128 (ar/c) y 129 (c) Graham King; 128 (ab), 129 (ab/i), y (ar/d) Graham King; 130 (c/d) Graham King; 131 (ab/i), (c/i), Graham King; 131 (ar/i) y 130 (ab/d) y (ar/d) Graham King, 131 (d) Panos; 132 (ar/i), (ar/d) y 133 (c) (ar/Graham King; 132 (ab/i) Graham King, 132 (d/c) Jon Keyte; 133 (ar/d); 134 (ab/i) y 135 (ar/i) Graham King; 135 (ar/d) y (ab/i) Graham King; 137 (ar/i), 136 (ar/c) Panos; y (ar/d) Graham King; 137 (ab/i) Hutchison Library; 137 (ar/c) Hutchison Library; 138 (ab/i) y 139 (ar/i) Graham King, (c) Panos; 139 (i/c) Frank Spooner, (c/d) Panos; 140 (ar/i) AKG, Londres, (ar/i) Panos; 140 (c/d) 141 (c/d) y 141 (ab) Panos; 141 (c/i) Hutchison Library; 143 (c/d), (ar/d), (ar/i) y 142 (ab) Graham King; 142 (c/i) Jon Keyte; 143 (c/i) y (ab/i) Graham King; 144 (c/d) Hutchison Library, (ar/d), (c), 145 (ab/i) Graham King; 145 (ar/i), 144 (ab/i) 146 (ar/c) y 147 (ab/d); 146 (ab/i) y 147 (ar/i) Gamma/Frank Spooner, (c) Jon Keyte; 152 (ar/i) Rex Features; 153 (ar/d) Spectrum Colour Library, 153 (c/i) Spectrum Colour Library; 155 (ar/d) Rex Features; 160 (ab/i) Keith Lye; 163 (ab/d) Keith Lye; 164 (ab/c) y 165 (ar/d) Keith Lye; 167 (c/d) Keith Lye; 168 (c/i) y 169 (ab) Keith Lye; 168 (ar/d) Hilary Fletcher, 169 (ar/d) Frank Spooner; 170 (ab/c) Keith Lye; 171 (c) y (ab) Hilary Fletcher; 172 (ab) Hilary Fletcher; 177 (ar/i) Hilary Fletcher, (ar/d) E. T. Archive, (c/d) Hutchison Library; 178 (d/c) Keith Lye, (ar/d) Hutchison Library; 179 (d/c) Hilary Fletcher; 181 (ar/d) Hilary Fletcher; (ar/c) Stock Market; 182 (ab/d) y 183 (ab/d) Hutchison Library; 183 (i/c) Rex Features; 185 (ar/d), 184 (ab/i) y 184/5 (ab) Gamma/Frank Spooner; 185 (c/i) por cortesía de Sony, (c) por cortesía de Nikon; 187 (ab/i) V y A Museum/E. T. Archive; 194 (c/i) Hutchison Library; (ar/c) Gamma/Frank Spooner; 195 (ar/d) Hutchison Library, (ab/i) Frank Spooner; 198 (ab) Hilary Fletcher; 199 (ar/i), y (ab/i) Hilary Fletcher; 200 (c/d) Hilary Fletcher; 201 (ar/i) Hilary Fletcher; 206 (ar) Hutchison Library; 212 (ab) Keith Lye; 213 (c/d) Hutchison Library; 213 (ab/d) Keith Lye; 215 (ar/i) Keith Lye; 216 (ar/d) y 217 (ar/d) Hutchison Library; 222 (c/i) Gamma/Frank Spooner; 223 (c/d) Hutchison Library; 224/5 (c) Frank Spooner, 224 (c/i) Hutchison Library; 226 (ab) Mary Evans Picture Library; 227 (ar/i) Corbis; 231 (ar/i) Gamma/Frank Spooner; 231 (ab/i) Hutchison Library; 235 (ab/i) Rex Features; 237 (ab) Hutchison Library. El resto de fotografías pertenece a los archivos de Miles Kelly.

Los editores desean expresar su agradecimiento a los siguientes artistas, cuyo trabajo aparece en este libro:

David Ashby/Illustration Ltd; Richard Bonson; Vanessa Card; Kuo Kang Chen; Andrew Clark; Wayne Ford; Chris Forsey; Mike Foster/Maltings Partnership; Terry Gabbey/A. F. A.; Jeremy Gower; Gary Hincks; Sally Holmes; John James/Temple Rogers; Roger Kent/Illustration Ltd; Alan Male/Linden Artists; Jane Pickering/Linden Artists; Eric Rowe/Linden Artists; Peter Sarson; Rob Sheffield; Guy Smith/Mainline Design; Tony Smith; Christian Webb/Temple Rogers; Mike White/Temple Rogers; John Woodcock.